동북아시아의 설화적 상상력과 문화 연대

이 저서는 2017년 대한민국 교육부와 한국연구재단의 연구비 지원을 받아 발간됨
(NRF-2017S1A6A3A02079082)

NORTHEAST ASIA DIMENSION

동·북·아·다·이·멘·션
연구총서

2

동북아시아의 설화적 상상력과 문화 연대

원광대학교 한중관계연구원
동북아시아인문사회연구소 편

한관중계 한중관계연구원
Korean Chinese Relations Institute

원광대학교 한국연구재단 대학 동북아시아인문사회연구소
Institute for Northeast Asian Humanities & Social Science

발 간 사

　본 연구총서는 원광대학교 HK+ 동북아다이멘션연구단의 학술연구 결과물이다. 원광대학교 HK+동북아다이멘션연구단은 "동북아시아의 공동번영을 위한 동북아시아 다이멘션(NEAD) 토대 구축 : 역사, 문화 그리고 도시"라는 아젠다로 인문한국플러스 사업에 선정된 이래, 동북아시아의 지역적 연대를 형성하기 위한 방안들을 여러 학문 분야에 걸쳐 모색해 왔다. 동북아시아는 문자·사상·종교 등을 근간으로 하는 공통의 문화적 감수성을 오랜 세월에 걸쳐 배양해 왔으나, 국가 간 분쟁 및 정치적 갈등으로 인해 이를 지역문화적 연대로서 확장시킬 여유를 획득하지 못했다. 본 연구총서에 실린 글들은 이러한 지역문화적 연대 형성의 근간이 되는 문화와 감성 연구를 추진하기 위한 것이다. 특히 연구 논문들은 '동북아시아 이야기 모델'로서의 설화를 통해 동북아시아 문화 감성의 고유성을 파악하고 민족적 특성을 비교함으로써, 동북아시아 전역을 아우르는 문화적 공통성의 확보 및 연대의 구축에 기여하고자 하는 취지에서 작성되었다.

　동북아시아의 여러 문화 장르들 중에서도, 본 연구총서는 설화에 주목한다. 이는 동북아 지역문화에 깃든 원초적인 상상력을 발굴해내고, 이러한 상상력이 구전(口傳)을 통해 부족과 민족과 국가의 경계를 넘어 어떠한 이야기 모델로서 전파·변주됨으로써 동북아시아인들로 하여금 역사의 변동에 함께 대응하도록 했는지를 규명하기 위한 것이다.

"우리는 우리 자신에게 이야기한다. 살아가기 위해……. 이야기는 나침반이고 건축이다. 우리는 이야기로 길을 찾고, 성전과 감옥을 지어 올린다. 이야기 없이 지내는 건 북극의 툰드라나 얼음뿐인 바다처럼 사방으로 펼쳐진 세상에서 길을 잃어버리는 것과 같다."

위에 인용된 레베카 솔닛(Rebecca Solnit)의 말처럼, 이야기가 단순히 문화적 여흥(餘興)을 위한 것이 아니라 인간의 생존을 도모하고 문명을 건설하며 미래로 향하는 길을 형성하기 위한 것이라면, 우리는 동북아시아의 공통 기억 속에 담지된 설화에 대한 연구를 통해 선조(先祖)들이 "얼음뿐인 바다"에서 이야기라는 나침반을 따라 여행했듯이, 경계를 넘어 여행함으로써 곁에 있되 마주하지 못한 지역민(地域民)들의 얼굴과 대면하여 마침내 새로운 성전(聖殿)을 지어 올릴 수 있을 것이다.

여기, 동북아시아의 지역과 경계를 넘어 자연본성 자체로부터 부과된 인간의 운명에 함께 맞서고, 대답하고, 연대했던 문화적 기록들이 있다. 시대와 매체와 장르를 아우르는 이야기 모델 및 설화적 상상력에 대한 고찰을 통해, 인간의 운명에 맞서기 위한 동북아시아 문화 감성의 깊이를 향유할 수 있기를 기원한다. HK+동북아다이멘션연구단에서는 이러한 동북아 공통의 문화적 감수성에 대한 연구를 바탕으로, 지역민들을 공동번영과 평화의 시대로 이끌 수 있는 새로운 차원의 동북아시아 공동체(North-East Asia Dimension)에 대한 사유와 실천을 꾸준히 전개할 것이다.

2019년 11월
원광대 HK+동북아다이멘션연구단

차 례

발간사 • 5

총 론 상징체계로서의 설화 • 10
 - 설화 연구를 통한 동북아시아 다이멘션 정립

|1부| 동북아 신화에 나타난 타자인식과 초국경성

타자의 신화에서 차이의 신화학으로
 - 동서양 신화의 비교를 통하여
 _ 정재서
  1. 상상력의 정치학 서설 ·· 47
  2. 거인신체화생巨人身體化生 신화 ··································· 52
  3. 인류탄생 신화 ··· 60
  4. 반인반수半人半獸 신화 ··· 62
  5. 이방인 신화 ··· 66
  6. 맺음말 ··· 71

동북아시아 설화에 나타나는 새의 형상과 기능
 - 시베리아 에벤족을 중심으로
 _ 문준일
  1. 머리말 ··· 79
  2. 선행연구 현황 ··· 81
  3. 설화에 나타난 새의 형상들과 그 기능 ····················· 87
  4. 맺음말 ··· 107

동북아 건국신화의 신격화에 개입하는 타자성
  _ 문신
    1. 신화神話와 신격화神格話 ································· 111
    2. 신화 속 '타자'의 정체 ························· 115
    3. 타자-주체가 태어나는 방식: ························· 119
       性적 결합으로부터 聖적 전이로
    4. 건국신화에서 타자 수용 양상 ························· 124
    5. 맺음말 ························· 134

|2부| 동북아 대중문화에 나타난 설화적 상상력

전시체제기 야담의 두 가지 양상
   - 제국의 지역질서와 대중문화상품 간의 교차점을 중심으로
  _ 하신애
    1. 야담野談의 위상과 말기未期와의 조우 ························· 141
    2. 대동아공영권의 구축과 야담의 동원動員 ························· 147
    3. 야담의 시국 인식과 불온不穩한 정서의 상품화 ············· 157
    4. 지역질서와 대중문화상품 간의 교차점에서 ················· 162

민중미술 그룹 '두렁'의 작업에 나타난 설화, 민속, 샤먼의 의미
  _ 강인혜
    1. 머리말 ························· 167
    2. 민중문화운동과 전통, 민속문화 ························· 172
    3. 두렁과 전통적 요소 ························· 176
    4. 굿과 샤먼, 그리고 무속성 ························· 187
    5. 맺음말 ························· 194

동북아시아 '기로 설화'의 영화적 재현
  - 〈고려장〉과 〈나라야마 부시코〉를 중심으로
_ 이윤종
  1. 머리말: 한국과 일본의 '기로' 설화의 영화화 ·············· 197
  2. 설화의 영화화와 기로 설화 ····························· 202
  3. 〈고려장〉과 〈나라야마 부시코〉 ····················· 214
    - 스스로 기로를 선택하는 강인한 여성상으로서의 노모
  4. 맺음말 ··· 224

|부록| 동북아 설화 담론과 문화적 현장

설화 · 상상력 · 연대 ····································· 229
  - 동북아시아 설화를 둘러싼 좌담회
_하신애(편)

동북아 설화의 문화적 현장을 찾다 ····················· 239
  - 경기도미술관 김종길 선생님과의 인터뷰 &
    민중미술아카이브 탐방
  _ 강인혜(편)

상징체계로서의 설화*

설화 연구를 통한 동북아시아 다이멘션 정립

이윤종

1. 머리말

'동북아시아 다이멘션NEAD:Northeast Asia Dimension'은 한국, 중국, 일본을 위시하여 몽골과 러시아의 시베리아 지역까지 포괄한 동북아시아 지역학의 새로운 차원의 관점이다. 핀란드가 중심이 된 북유럽의 민간 연합체, '노던 다이멘션Nothern Dimension'처럼, 동북아시아의 평화와 공생을 위한 공동체를 형성하기 위한 학술적 토대 구축을 지향하고 있다. 동북아시아 다이멘션 연구를 정초하기 위해 원광대학교 HK+ 동북아시아 다이멘션 연구단의 문화분과에서는 2018년부터 2019년까지 동북아시아의 설화연구를 통해 동북아시아 다이멘션의 문화적 기틀을 닦아보려 한 바 있다. 본 연구총서는 그러한 연구의 결과물이며, 이 글은 그 결과물을 소개하기 위한 것이다. 이 글에서는 설화의 '상징성'에 초점을 맞춰 동서양의 설화를 둘러싼 담론을 비교연구하여 동

---

* 본 논문은 〈이윤종, 「상징체계로서의 설화－동서양 비교연구를 통해 본 동북아시아 설화의 상징성」, 『대중서사연구』 통권 51호, 2019, 267-302쪽〉에 수록된 내용을 수정·보완한 것임.

북아시아 설화연구의 한 가지 방향을 제시해 보며, 본 연구단의 연구 결과를 소개하려 한다.

'설화'는 크게 '신화', '전설', '민담'의 세 가지 형태로 구분되며, 역사 시대 이전부터 구전으로 전승된 이야기들을 일컫는다.[1] 서구에서는 17세기 이후부터 구전된 이야기들이 구술을 통해 채록되어 문자언어로 기록되기 시작하였고, 문자화와 동시에 설화에 대한 연구가 아시아에 비해서는 비교적 일찍부터 문학, 언어학, 인류학, 민족지학, 신화학 등의 학문 분야에서 활발하게 진행되어 앞서 언급한 삼분법의 도식이 통례로 정착되었다. 서구에서 유래한 설화의 삼분법적 구분에 대해 국문학 쪽에서는 이의를 제기하는 학자들도 있으나, 이에 대한 논의는 문학 연구자가 아닌 나의 소관은 아니라 생각되므로 이 글에서이에 대해 가타부타하지는 않으려 한다.[2] 이 글에서는 오히려 고전문학이나 구전문학, 설화연구 전공자가 아닌 문화 연구자의 입장에서 동북아시아 문화의 원천으로서의 설화를 거시적·담론적으로 살펴봄으

---

1) 정재서는 이러한 삼분법이 독일의 동화작가인 그림 형제(Brothers Grimm)에 의해 제안되었다고 말한다. 최연숙에 의하면 그림 형제, 즉 야콥 그림(Jacob Grimm)과 빌헬름 그림(Wilhelm Grimm)은 단순한 동화작가가 아니어서 그들의 "업적은 민담 연구뿐 아니라 전설, 문헌학, 인도게르만학과 독어독문학, 독일어사, 민속학 및 사전 연구 등에 걸쳐 독일을 넘어 전세계적으로 지대한 영향을 미쳤다"고 한다. 다음을 참조할 것. 정재서, 『앙띠 오이디푸스의 신화학 - 중국신화학의 새로운 정립을 위하여』, 창비, 2010, 29쪽. 최연숙, 『민담, 상징, 무의식』, 영남대학교 출판부, 2007, 29쪽.

2) 김화경은 서구에서 들어온 설화의 3분법적 분석범주가 일본에서 우선적으로 도입된 후 한국에서는 최남선을 통해 소개되고 손진태의 설화 연구와 함께 정착되었으나, 그 도식이 한국의 설화를 설명하기에는 적절치 않다고 지적한다. 김화경 이전에도 임동권, 장덕순 등이 3분법 도식에 대해 문제 제기를 했고, 조동일은 설화의 3분법을 보다 이론화해보려 한 바 있다. 다음을 참조할 것. 김화경, 『한국의 설화』, 지식산업사, 2002. 최인학, 『구전설화연구』, 1994, 새문사. 임동권, 「민속문학론」, 『현대문학』 3월호, 현대문학사, 1961. 장덕순, 『구비문학개설』, 일조각, 1971. 육당전집편찬위원회 편, 『육당최남선 전집』 5권, 현암사, 1973.

로써 동북아시아 다이멘션론의 기반을 닦아보려 한다.

이를 위해 이 글은 크게는 동양과 서양의 설화 연구에 대해 비교하는 메타 연구를 시행하며 설화를 둘러싼 담론들을 살펴볼 것이고, 작게는 한국, 중국, 일본을 중심으로 하는 동북아시아의 설화 해석에서 탐지되는 공통점을 서구의 설화연구론과 함께 비교고찰해 볼 것이다. 특히 이 글에서는 설화가 역사와 법 제정 시대 이전의 인간의 무의식을 반영하는 양피지palimpsest와 같은 기능을 하는 데에 주목하여, 그 안에 숨겨진 윤리와 도덕의 정착 단계 이전의 무의식의 형태가 역사 시대 이후에 문자를 통해 상징체계화하고 해석되는 방식에 집중해 보고자 한다. 무의식은 인간 의식의 밑바닥, 혹은 저 편에서 인지되지 않은 채 억눌린 형태로 존재하지만, 프로이트Sigmund Freud가 강조하는 "억압된 것의 귀환(return of the repressed)"의 모습으로, 언제, 어느 때고 갑자기 인간의 의식 중으로 떠올라 개인과 집단의 삶 모두를 예기치 못한 회오리 속으로 몰아넣곤 한다. 이런 이유로 프로이트를 비롯해 융Karl Gustav Jung과 같은 정신분석학자들은 신화연구를 통해 인간 무의식을 탐구하려 했다. 프로이트가 정신분석학에서 더 나아가 인류학적 관점에서 인간의 "생존 본능(life instinct 또는 Eros)"을 중심으로 '토템totem'과 '타부taboo'와 같은 원시 종교에 대해 관심을 기울였다면, 융은 신화의 상징체계를 통해 무의식의 '원형archetype'이나 '집단 무의식the collective unconscious'을 찾으려 했다.[3] 융은 특히 인류 문화의 신화적 '원형'을 찾기 위해 무의식이 최고조로 반영되었다고 생각되는, 인간의 '꿈dream'의 연구에 평생을 바쳐 "꿈 상징을 현대어의 합리적인 용어와 개념으로 번역"하는 데에 전력을 다 했다.[4]

---

3) 다음을 참조할 것. Sigmund Freud, James Strarchey, trans., *Totem and Taboo*, New York: W. W. Norton, 1990. Carl Gustav Jung, R. F. C. Hull, trans., *The Archetypes and the Collective Unconscious (Collective Works of C. G. Jung)*, Princeton: Princeton University Press, 1981.

나는 융의 꿈 연구와 같은 상징 연구가 신화 뿐 아니라 설화 연구에 있어서도 시사하는 바가 크다고 생각하여 문화연구의 관점에서 '상징체계'로서의 설화연구를 제안해보고자 한다. 즉, 서구와 동북아시아에서의 설화의 상징성은 역사적으로 언어의 운용방식이 변화함에 따라 달라지면서 현대 사회의 발전 구조와도 연동시켜 고찰해볼 수 있는 여지가 있음에 주목해보려는 것이다. 푸코Michel Foucault는 지식의 고고학에 대한 그의 일련의 연구들을 통해 서구에서 인식과 지식의 구성 체계, 즉 에피스테메épistémè의 체계를 좌우하는 언어의 운용방식이 16세기부터 그 이전과 결별하기 시작하여 17세기 중엽과 19세기 초엽에 "서양 문화의 에피스테메에 두 차례의 중대한 불연속이 있다는 것"을 논증한 바 있다.[5] 특히 17세기의 (신)고전주의 시대에는 "사물의 존재 양태와 사물을 분류하고 지식의 대상으로 정립하는 질서의 존재 양태가 크게 바뀌"기 시작하면서 "재현의 이론과 언어, 자연계의 범주, 부 및 가치의 이론 사이에 존재하는 일관성"에도 커다란 변화가 생겼다.[6] 푸코에 의하면 16세기 말엽까지 텍스트의 주석과 해석을 이끈 것은 "닮음", 즉 "유사성"이어서 이에 의해 "상징 작용이 체계화되었고 가시적이거나 비가시적인 사물의 인식이 가능하게 되었으며 사물을 나타내는 기법의 방향이 결정"되었다.[7] 그러나 고전주의 시대에 서구 문화에는 "막대한 재편성"이 일어나 "언어가 사물에 대한 물질적 문자로 존재하지 않고, 재현 기호들의 일반 체제에서만 언어의 공간이 발견"되는 "배치" 체제의 변화가 생겨 "보이는 것과 읽히는 것,

---

4) 카를 G. 융 외, 이윤기 역, 『인간과 상징』, 열린 책들, 1996, 141쪽.
5) 미셸 푸코, 이규현 역, 『말과 사물』, 민음사, 2013, 17쪽. 서구 에피스테메의 불연속성이나 그것을 규정하는 "문턱"에 대해서는 다음도 함께 참조할 것. 미셸 푸코, 이정우 역, 『지식의 고고학』, 민음사, 2000.
6) 푸코, 『말과 사물』, 18-20쪽.
7) 푸코, 『말과 사물』, 45쪽.

가시적인 것과 언술할 수 있는 것이 무한히 교차하는 균일한 지층[이]
사라"지게 된다.[8) 근대 서구의 담론과 문화의 체계에서 중요한 것은
이제 "유사성"이 아니라 "주석"을 통한 "분석"과 "해석"이 됨으로써
"사물과 말이 서로 떨어지게 된" 것이다.[9)

푸코가 그렇게 말한 것은 아니지만 사물과 말이 일치하던 시대는
'신화적 시대'라 볼 수 있다. 사물과 말이 멀어지면서 근대 서구가 탈
신비화, 탈주술화, 탈종교화의 길을 걸었음은 수많은 근대성에 대한
연구들에서 찾아볼 수 있다. 서구 연구자들이 자신들이 잃어버린 신화
적 세계, 즉 전근대 인간의 자연과의 합일된 세계에 대한 향수를 아시
아나 아프리카, 남아메리카에서 찾으려 한 것은 널리 알려진 사실이
고, 그 속에서 레비스트로스Claude Levi-Strauss의 신화학이나 엘리아데
Mircea Eliade의 '고대 정신acrhaic spirituality'의 탐구가 싹튼 것도 사실이다.
19세기 중반이나 20세기 초반부터 '압축 근대화compressed modernization'
를 경험한 동북 아시아에서도 잃어버린 전통을 찾으려는 노력의 일환
으로 20세기 후반에 설화의 채록이나 그에 대한 연구가 활발히 일어
난 바 있다. 그러나 동서양의 설화 텍스트를 직접 읽거나 설화에 대한
담론들을 들여다보면 사실상 차이보다는 공통점을 더 많이 발견할 수
있다. 대체로 구비전승되어 근대에 문자화된 텍스트들이라 원시적이
라기보다 근대적 가치체계를 담고 있기는 하지만, 푸코가 말하는 '닮
음resemblance', 즉 유사성similarity에 근거한 상징적 언어로 기술되어 있
어 융이 꿈 연구를 통해 추출할 수 있으리라 기대했던 '무의식적 원형'
을 닮고 있다는 점에서는 공통적이기 때문이다. 따라서 설화의 세계에
는 푸코가 3대 비유법이라 칭한 '제유synecdoche'와 '환유metonymy', '카
타크레시스catachresis'가 가득하다.[10) 이를테면 '미신'이라고도 할 수 있

---

8) 푸코, 『말과 사물』, 81쪽.
9) 푸코, 『말과 사물』, 81쪽.

지만 태양이 사람의 눈처럼 보이기도 하므로 그것을 신의 눈으로 간주하여, 유일신교건 다신교건 신의 편재성이나 전지전능성과 동일시하여 숭배하는 것이 그 하나라 할 수 있다.

따라서 나는 동북아시아 설화나 설화 연구에 있어서의 특이성을 추출하기보다는 문화연구의 일환으로 동북아 설화를 연구할 때 접근할 수 있는 비유와 상징으로서의 설화의 체계에 대한 한 가지 접근법을 제시해 보려 한다. 따라서 다음 절에서는 동서양의 설화 연구의 양상을 비교하여 살펴보고, 그 다음 절에서는 동북아시아 설화 연구를 담론적으로 들여다본 후에, 마지막 절에서 문화 연구적 관점에서 동북아시아의 설화 연구가 지향할 수 있는 상징체계 연구의 가능성을 타진해볼 것이다. 그리고 본 총서의 다른 연구들을 소개하며 글을 맺을 것이다.

2. 동서양의 설화 연구

설화에 대한 연구는 앞서 모두에서 언급했던 것처럼, 구비전승된 고대로부터의 이야기를 신화, 전설, 민담의 세 가지 형태로 구분하여 연구하는 것이 큰 틀에서의 시작점이다. 이러한 설화 연구는 방법론적으로 다시 세분화되어 설화의 이야기 구조를 고찰하는 구조주의적 방법, 이야기의 변화 과정을 통시적으로 추적하는 역사학적 방법, 설화

---

10) Michel Foucault, *The Order of Things: An Archaeology of Human Sciences*, New York: Vintage Books, 1994, p. 111. 프랑스어 원어를 번역한 한글판에는 "제유, 환유, 비유적 전용"(위의 책, 177쪽)으로 번역되어 있으나, 비유(trope)는 제유와 환유를 포괄하는 개념으로 한글판에서는 '카타크레시스'가 '비유'로 오역되어 있으므로, 본 연구자는 여기에서는 영어 번역본을 인용하고자 한다. 카타크레시스는 비유법의 과잉과 남용으로 복잡해진 수사법이라 보면 되겠다.

속에 녹아있는 인간의 '집단 무의식'을 정신분석학적으로 고찰하거나 지역적으로 비교하여 공통점을 추출한 후 이를 인류의 무의식이나 원형으로 승화시키는 인류학적 방법으로 크게 구분할 수 있다. 물론 이러한 세 가지 방법론은 서로 혼용되는 경우가 허다하므로 이러한 분류 또한 설화의 삼분법적 구분과 마찬가지로, 어디까지나 설화 연구의 명료성을 위한 편의적 시도라는 점을 강조하고 싶다. 어찌 되었든, 본 장에서는 이러한 세 가지 방법론을 간략하게 살펴보며 동서양의 설화 연구 방법론을 비교해 보고자 한다. 이를 위해 우선 구조주의적 방법론부터 살펴볼까 한다.

2-1. 구조주의적 설화 연구

설화 연구의 구조주의적 접근에 있어 가장 중심이 되는 인물은 러시아의 블라디미르 프롭Vladimir Propp이다. 프롭은 1927년에 발간된 그의『민담 형태론』(The Morphology of the Folktales)에서 "민담에 대한 보편성 있는 연구물은 없다"며,[11] 민담이 가지고 있는 "민중의 공동창조물이라는 특수한 성격"에 주목하여 "민담의 형태론적 연구"를 시도한다.[12] 프롭은 이전까지의 설화 연구가 주로 발생문제, 즉 기원을 찾으려 하는 것을 경계하고, "민담 연구의 역사적 연구에 대해서가 아니고 민담을 기술하는 문제"를 연구의 중심에 위치시킨다.[13]

프롭은 수많은 러시아 요정담 속에서 찾을 수 있는 공통적 형태, 즉 "반복성, 관습화되고 유형화된 구조적 요소들, 뚜렷하게 나타나는 상투형식으로서의 특징 및 발음상의 차이에 따른 의미론적 측면에서의 중요성, 문체론적 유형"을 분류하고 분석하여 서구에서의 구조주의적

---

11) 블라미디미르 프롭, 황인덕 역,『민담형태론』, 1998, 예림기획, 29쪽.
12) 프롭,『민담 형태론』, 26쪽.
13) 프롭,『민담 형태론』, 31쪽.

설화 연구의 기반을 닦았다.[14] 프롭의 연구는 선대 연구자인 아파니세프Aleksandr Afanas'ev가 수집한 400여 가지의 러시아 민담 연구를 토대로 하여, 프롭과 동시대의 러시아 문학이론가인 쉬클로프스키Victor Shklovsky가 러시아 요정담을 연구하여 형식주의 문학이론을 정립하는 것과 궤를 같이 했다고 할 수 있다.

이러한 러시아의 형식주의적이고 구조주의적인 설화 연구는 이후 20세기 중반에 프랑스의 문화인류학자인 레비스트로스Claude Lévi-strauss의 신화 연구에 그 방법론을 제시해 주었다.[15] 레비스트로스는 신화가 '인류 최고最古의 철학'이라는 말을 하기도 했는데, 그는 인류의 가장 오래된 철학으로서의 신화를 분석하기 위해 200여종에 이르는 남미 대륙 원주민들의 신화의 구조에 대해 분석하고 그 인류학적 의미를 추출한 바 있다. 레비스트로스의 구조주의적 신화 연구는 프랑스의 문학 이론가인 바르트Roland Barthes에게 영향을 미치게 되고, 바르트는 프랑스 구조주의 이론에서 보다 확장된 개념으로서의 '신화학mythology'을 주창하게 된다. 바르트 이후의 '신화myth'는 단순히 고대 다신교 시대의 신과 인간의 관계에 대한 이야기가 아니라 현대 사회에서의 지배 이데올로기의 허구성과 그 전복 (불)가능성에 대해 이야기하는 개념으로 확대되었다.[16]

한국에서의 구조주의적 설화 연구는 구조주의 이론이 언어학 및 기호학과 밀접한 연관을 맺고 있음에 따라 기호학적 연구와 매우 밀접한 관계를 맺고 있다. 국문학자인 송효섭은 기호학적인 방식으로 설화를 연구하며 설화와 신화간의 위계 관계를 해체할 것을 제안한다. 본래 "누군가로부터 온 이야기"를 뜻하는 그리스어, '뮈토스mythos'에서

---

14) 프롭, 『민담 형태론』 21쪽.
15) 클로드 레비스트로스, 임봉길 역, 『신화학』전 4권, 한길사, 2005.
16) 다음을 참조할 것. Roland Barthes, Annette Lavers trans., *Mythologies*, New York: Farrar, Straus and Giroux, 1972.

유래한 것이 '신화'이지만, 송효섭은 설화의 하부 장르에 해당하는 신화 뿐만 아니라 신화의 상부장르로 여겨지는 설화 그 자체가 뮈토스라 주장한다.[17] "설화가 갖는 유표적인 특징으로 구술성을 들 수 있는데, 이는 뮈토스와 밀착되어 담론으로 실천되는 경향이 있"기 때문이라는 것이다.[18] 앞서 국문학계에서 설화의 삼분법 체계에 대해 이의를 제기하는 학자들이 제법 있다는 언급을 잠시 했었는데, 송효섭도 그러한 연구자 중의 한 명이라 할 수 있겠다.

2-2. 역사학적 설화 연구

인류학이나 문학, 언어학 뿐 아니라 역사학에서도 설화, 특히 민담에 집중하여 하나의 구전 설화가 시간적으로, 공간적으로 어떻게 전파되고 변형되었는지 살펴보는 연구가 적지 않게 진행되고 있다. 미국의 프랑스사 연구자인 로버트 단턴Robert Darnton 교수의 1984년 저서인『고양이 대학살』(The Great Cat Massacre) 같은 연구서가 대표적이라 할 수 있을 것이다. 단턴은 17세기에 프랑스에서 인쇄업자들이 자신들의 고용주에 대한 저항으로서 고용주 부부가 키우던 고양이들을 죽였다는 민담과 그것이 문자언어로 기록화되기까지의 구전적 파급력을 중심으로 당대 프랑스 민중의 사회 인식 및 부르주아와 프롤레타리아 간의 계급갈등을 세심하게 분석한다.[19] 5편의 소논문을 책으로 엮은『고양이 대학살』에서 그는 또한 유럽의 민담이 동화로 정리되는 과정에서 본래의 이야기가 변이되는 경로에 대해서도 고찰한다. 특히 근대에 동화의 형태로 문자화된 민담들은 그 기록의 과정에서 교훈적 메시지나 윤리적 강령이 스며들어가거나 민족적 특수성이 강조되도록 변형된

---

17) 송효섭,『해체의 설화학』, 서강대학교 출판부, 2009, 33쪽.
18) 송효섭,『해체의 설화학』, 33쪽.
19) 로버트 단턴, 조한욱 역,『고양이 대학살』, 문학과 지성사, 1996, 112-153쪽.

경우가 많기 때문에 프랑스의 페로Charles Perrault나 독일의 그림Grimm 형제가 정리채록하여 재창작한 동화집은 그러한 교육적 목적의 발로로서 변형된 민담들의 대표적 예라 할 수 있다.

페로와 그림 형제의 동화 중에서 민담의 변형을 가장 크게 찾을 수 있는 가장 유명한 일례가 신데렐라Cinderella 이야기일 것이다. 신데렐라 이야기는 현재 할리우드Hollywood의 영화사 중에 가장 영향력이 큰 디즈니Disney 사(社)에서 페로의 동화를 바탕으로 20세기 중반에 애니메이션화한 이후로 결혼을 통한 여성의 신분상승 욕망을 대변하는 주제로 변주되어 전세계적으로 보편화된 이야기가 되었다. 서양사학자인 주경철은 일본의 종교학자인 나카자와 신이치中澤新一의 연구를 좇아 유라시아에 걸쳐있는 신데렐라 설화에 대해 연구하며, 신데렐라가 이승과 저승을 매개하는 여성 '샤먼shaman'으로서 기능하는 '신화적 인물'임을 설파한다.

가공되지 않은 '날 것'으로서의 설화를 역사학적으로 되짚어보는 이러한 연구들을 살펴보면 동서양을 막론하고 설화가 인간의 삶에 있어서 가장 근원적인 문제, 즉 삶과 죽음의 문제를 둘러싼 철학적 질문들을 주로 던지고 있음을 알 수 있다. 때문에 나카자와는 신데렐라 이야기가 '민담'이라기보다 '신화'이며 그 이야기의 변형이 "동일한 신화를 인접해 있는 다른 부족이 서로 공유하는 경우에 종종 일어"나는데 이와 같은 신화의 변이가 레비스트로스의 신화학에서 일찍이 추적되었음을 밝힌다.[20] 나카자와와 주경철은 한국으로 따지면 '콩쥐 팥쥐'에 해당하는 신데렐라 설화를 통해 과거 유라시아에서 샤먼이 차지했던 사회적 위상에 대해 재고하고 있다.[21] 이러한 제정일치 사회

---

20) 나카자와 신이치, 김옥희 역, 『신화, 인류 최고(最古)의 철학』, 동아시아, 2001, 55쪽.
21) 주경철, 『신데렐라 천년의 여행』, 산처럼, 2005. 나카자와, 『신화, 인류 최고의 철학』.

에서의 지배자로서의 샤먼에 대한 신화학적 연구는 이미 19세기 말에 영국의 프레이저Sir James George Frazer와 같은 종교학자들에 의해 정리된 바 있다. 프레이저는 그의 대표 저서인 『황금가지』에서 유라시아 및 아프리카, 아메리카의 각국에 퍼져 있는 달과 사냥 및 농업의 여신인 디아나Diana 숭배 현상과 더불어 디아나를 모시는 제례에서의 남성 제사장이자 왕인 샤먼의 역할과 권력 이양을 위한 지배자 살해 등을 꼼꼼하게 살피고 있다.[22) 비교종교학자인 엘리아데Mircea Eliade도 전세계의 샤먼 뿐 아니라 중앙 아시아와 북아시아를 중심으로 하여 샤머니즘에 대해 연구한 바 있다. 엘리아데는 샤머니즘이 엄밀한 의미에서는 "고대의 접신술 - 신비주의인 동시에 주술이자 넓은 의미에서는 '종교'-의 하나"이지만 고대 인류 문화에 있어 하나의 보편적인 "상징 체계와 신화"임을 밝힌다.[23)

나카자와는 보통 민담으로 인식되는 신데렐라 이야기가 실상은 이와 같은 샤먼과 제례에 대한 이야기로 시작되어 유라시아에 걸쳐 450여종이 넘는 다양한 이야기로 변주되었다며, 가장 오래된 신데렐라 이야기로 9세기에 문자화된 중국의 섭한이라는 소녀의 이야기를 그 예로 들고 있다.[24) 주경철은 나카자와의 연구 위에 한국의 '콩쥐, 팥쥐'

---

22) Sir James George Frazer, *The Golden Bough: A Study on Magic and Religion*, London: Wordsworth Editions, 1993. 프레이저에 의하면 농경과 풍요의 여신은 각국의 신화에서 디아나(다이아나, Diana, 로마), 아르테미스(Artemis, 그리스), 케레스(Ceres, 그리스), 이시스(Isis, 이집트), 이시타르(Ishtar, 메소포타미아), 야나 (Jana, 로마), 아스타르테(Astarte, 서아시아), 키벨레(Cybele, 소아시아)로, 디아나를 섬기는 남성 제사장(Pristly King)이자 왕-신(King-God)은 비르비우스(Virbius, 로마), 디오니수스(Dionysus)/바쿠스(Bacchus, 그리스), 아도니스(Adonis, 그리스), 오시리스(Osiris, 이집트), 타뮤즈(Tammuz, 메소포타미아), 야누스(Janus, 로마), 아도니스(Adonis, 서아시아), 아티스(Attis, 소아시아) 등으로 변용되어 나타난다.
23) 미르치아 엘리아데, 이윤기 역, 『샤머니즘 - 고대적 접신술』, 까치글방, 1992, 19쪽.
24) 나카자와, 『신화, 인류 최고의 철학』, 141-159쪽.

이야기를 보태며 한국의 설화에서의 콩쥐는 본래 자신이 흘리고 갔던 꽃신을 신고 고을의 원님과 결혼하는 데에는 성공했으나 팥쥐의 계략으로 억울하게 죽임을 당했다가 다시 살아나게 되는 죽음과 재탄생의 이야기임을 강조한다. 저승에 갔다가 이승으로 돌아오는 콩쥐의 이야기는 한국 뿐 아니라 중국과 베트남, 유럽에서도 다양하게 발견되는데, 이처럼 저승과 이승을 오가는 콩쥐, 섭한, 혹은 신데렐라가 두 세상을 매개하는 중재자로서의 무당, 즉 샤먼이라는 것이다. 신데렐라는 "후대의 이야기에서는 신발 한 짝을 잃어버리는 것으로 변형되어 있지만 이는 원래 몸의 불균형, 특히 다리의 불균형을 상징적으로 나타내는 것으로서, 이것이 저승세계를 방문하는 자의 특징"이라고 주경철은 설명한다.[25] 이와 같이 샤먼을 중시하는 고대의 풍습은 인류학적 설화 연구에서 가장 강조되는 요소이기도 하므로 이제 설화에 대한 인류학적 접근 방식으로 넘어가고자 한다.

2-3. 인류학적 설화 연구

신데렐라 이야기는 페로나 그림 형제의 동화에서처럼 계모의 구박을 받다가 요정이 된 친머어니의 도움으로 왕자를 만나 결혼하는 해피 엔딩을 맞이하지만, 다양한 신데렐라의 초기 이본들을 살펴보면 매우 폭력적이고 비윤리적이기까지 하다는 것을 알 수 있다. 신데렐라의 이복 자매들이 신데렐라의 구두를 억지로 신으려다 발이 잘리거나 죽음을 맞이하고, 이복자매들의 계략으로 신데렐라가 잔혹하게 죽음을 맞았다가 살아 돌아오는 이야기 전개에서 이를 알 수 있다. 또한 성적으로 변태적인 모티프도 심심치 않게 발견되어 근친상간적 욕망이나 불륜, 수간, 강간, 식인 등과 같은 내용도 「신데렐라」뿐만 아니라 「헨

---

25) 주경철, 『신데렐라』, 131쪽.

젤과 그레텔」, 「엄지왕자」, 「심청전」과 같은, 문학으로 정리된 민담에서 찾을 수 있다.[26] 이와 같은 설화 속의 "원색적이고 벌거벗은 야만성의 세계"를 마리아 타타르Maria Tatar와 같은 학자는 "민담의 주제는 한마디로 성과 폭력"이라는 말로 요약하기도 했다.[27]

설화에서 발견되는 이와 같은 성과 폭력의 세계를 인간 무의식의 발로로 보고 이를 정신분석학에서 인류학으로 승화시켜 연구한 이가 바로 프로이트와 융인데, 이들의 연구는 사실 그들의 전대에 유라시아와 아프리카, 아메리카에 걸쳐 퍼져있는 신화를 비교문화적으로 연구해 신화의 주술성이 근대 이전에 종교와 과학의 역할을 대신했음을 밝힌 프레이저의『황금가지』로부터 지대한 영향을 받았다.『황금가지』의 초판은 1890년에 간행되었는데, 프레이저는 이후 지속적으로 책을 수정·보완하여 전 12권에 걸친 방대한 분량의 연구서로 완성시켰다. 그는 전 세계의 나무 숭배 신화가 '태양숭배'와 더불어 계절의 변화 속에서 풍작과 다산을 기원하기 위해 '땅과 농업의 여신'을 숭배하는 전통, 그 여신에 대한 제례를 올리는 남성 제사장이 왕으로서 부족을 통치하는 원시 종교의 형태가 신화 속에서 공통적으로 발견됨을 엄청난 자료들 속에서 추출했다. 이러한 여신과 남성 샤먼의 이야기는 그리스·로마 신화를 비롯하여 이집트, 중동, 아메리카, 동아시아 일부 지역에서도 공통적으로 발견되는 신화라는 것이다. 그리고 이들 신화 속에서 농작물의 여신의 정령이 스며든 나무를 숭배하는 제례를 주관하

---

26) 주경철,『신데렐라』, 35-72쪽. 주경철은 서구의 민담뿐 아니라 「심청전」도 '효'를 내세우고 있기는 하나 오이디푸스 콤플렉스와 같은 성적인 테마를 모티프로 하고 있음을 밝히고 있다. 또한 한국의 천지창조 신화인 '홍수 신화' 중의 하나인 「달래강 전설」도 오누이간의 근친상간적 욕망으로 인한 파멸과 재탄생에 대해 다루고 있음도 지적하고 있다. 이는 동양신화학자인 정재서도 자주 지적하는 모티프이기도 하다.

27) 주경철,『신데렐라』, 40쪽, 44쪽. Maria Tatar, *The Classic Fairy Tales*, New York: Norton, 1999.

는 부족의 왕이자 제사장인 샤먼은 그의 위치를 위협하는 젊은 남성에 의해 도전을 받고 피비린내 나는 전투 끝에 죽음을 맞이하고 왕위를 도전자에게 넘겨준다. 그러나 여신의 정령이 보호하는 나무는 죽은 사제의 영혼이 저승의 여행을 거쳐 신으로 되살아나도록 도움을 주고 죽은 사제는 남신으로 부활한다. 이러한 죽음과 재탄생의 과정은 계절의 변화와 달의 변화를 설명하는 근간이 되고, 이러한 신화적 서사가 근대 이전에 과학을 대신하여 지구의 자전과 공전, 조수간만의 차, 달의 변화 등을 설명하는 동시에 주술로서 농업의 생명의 번영을 기원하는 종교의 역할까지 수행했다는 것이 프레이저의 주장이다. 이러한 많은 신화들은 유일신교가 정립되고 과학이 급속하게 발전하기 시작한 근대 이전에 지구의 밤낮과 계절, 조수간만의 변화를 다신교多神教적 혹은 범신론汎神論적 입장에서 인간과 신/자연의 상호작용을 통해 설명하며 과학을 대신하는 역할을 한 것이다. 따라서 프레이저는 인간이 오랜 시간에 걸쳐 그의 '욕구wants'를 채우기 위해 발전시켜온 '수단means'과 '사상체계higher thoughts or theories of thoughts'가 "마술에서 종교를 거쳐 과학으로(from magic through religion to science)" 진화했다는 결론에 도달하기에 이른다.28)

프로이트는 프레이저의 논지에서 남성 제사장의 죽음과 재탄생의 과정을 전유하여 『토템과 타부』에서 '부친살해petricide'의 전통에 대해 논의한다.29) 원시부족사회에서 어린 아들은 어른으로 성장하기 위해 아버지를 어머니라는 공통의 연모의 대상에 대한 라이벌로 인식하고 실제적으로, 혹은 자신의 판타지 속에서 아버지를 죽이고 어머니를 차지하여 가부장이 되려는 욕망을 품는다. 이는 족장과 그의 아들의 관계에도 해당되며, 소년이 성인 남성으로 성장하는 과정을 설명하는 프

28) Frazer, *Golden Bough*, p. 711.
29) Freud, *Totem and Taboo*, passim.

로이트의 '오이디푸스 콤플렉스'에도 적용되는 서사이다. 프로이트는 토템으로서의 남성 성기와 이를 숭배하는 원시 부족 사회, 그리고 이것이 복잡하게 어우러진 혈족 관계를 설명하며, 과거 원시 사회에서는 부친살해가 실제로 시행된 적도 있었겠으나 역사 시대 이후로는 그것이 금기가 되어 엄격하게 금지되어 타부로 치부되고 부친살해의 과정은 오이디푸스 콤플렉스라는 판타지의 여정으로 변형되었음을 설명한다. 프로이트의 원시부족사회에 대한 해석은 개인으로서의 인간에게 가장 중요한 욕구인 생존의 욕구와 그것의 발로인 재생산과 번식의 욕구, 즉 성욕에 대한 설명으로, 성욕을 중심으로 인간 심리와 무의식을 파헤치는 프로이트 이론 전반과 일맥상통하는 논의라고 할 수 있겠다.

융은 프로이트가 인간의 성적욕구인 리비도libido에 근간하여 모든 인간심리를 해석하는 방식을 거부하고 무의식을 반영하는 인간의 "꿈 자체에서 연상되는 생각과 이미지들에 집중"하여 그 안에서 상징체계로서의 '원형archetype'을 찾고자 했다.[30] 그는 "많은 꿈이 미개인의 사고, 신화, 또는 제의와 유사한 이미지 혹은 심리적 연상을 드러내"는 데에 착안하여 "꿈의 내용이 아주 먼 옛날부터 인간의 마음에 잔존해 온 심리적 요소"임을 강조한다.[31] 즉, 무의식이 "근원적인 마음의 일부분을 형성하던 원시적 특성을 보존하고 있는 것으로 보[일]" 뿐 아니라 "꿈의 상징이 항상 우리에게 전하려고 하는 메시지가 바로 이 특성"이라는 것이다.[32] 꿈의 이러한 신화적 요소 때문에 융은 꿈의 연구를 통해 인간의 '원형'이나 '집단 무의식'을 알 수 있다는 생각을 하게 되었고, 꿈의 의미를 형성하는 상징체계가 "인생에 의미를 부여하는 … 종교 상징들이 맡고 있는 몫"과도 유사하다고 주장한다.[33] 융은 상

---

30) 융 외, 『인간과 상징』, 33쪽.
31) 융 외, 『인간과 상징』, 61쪽.
32) 융 외, 『인간과 상징』, 145쪽.
33) 융 외, 『인간과 상징』, 129쪽.

징을 '자연적 상징'과 '문화적 상징'으로 구분하는데, 전자는 "근원적인 원형 심상의 다양한 모습으로 나타"나는 데 반해, 후자는 종교에서 주로 사용되는 "영원한 진리를 표명"하기 위한 방식으로 발전되어온 것으로 "아직도 그 본래의 신성한 힘numinosity 혹은 '마력'을 지니고 있다"고 분석하고 그 신성한 힘을 꿈에서 찾고자 한다.34)

프레이저를 비롯해 프로이트와 융의 신화연구는 많은 이들에게 큰 영향을 미쳤는데, 캠벨Joseph Campbell같은 신화학자는 프레이저가 이룩한 거의 전지구적인 신화연구 위에 불경에서의 부처의 고행과 해탈, 예수 그리스도와 그의 사제들의 고난과 부활, 인도의 힌두 신화, 남북 아메리카 대륙의 설화 등을 접맥해 이들 모두를 '영웅의 여정hero's journey'로 명명하며 "스스로의 힘으로 복종(자기 극복)의 기술을 완성한 인간"으로서의 영웅의 이야기가 인류 공통의 신화인 '원질신화 monomyth'라고 주장하기도 했다.35) 전 세계의 모든 신화에서 항상 영웅이 발견되는 것은 아니므로 이 글에서는 원질신화에 대한 캠벨의 주장은 언급만 하고 논외로 하려 한다. 특히 신화가 아닌 민담과 전설에서는 영웅보다는 희생양이 등장하는 경우도 많으므로, 이제 영웅이 등장하는 경우가 아주 많지만은 않은 동북아시아의 설화에 대해 논하려 한다. 다음 장에서는 프레이저와 융, 나카자와의 인류학적인 신화적 상징체계 연구론을 차용하되, 동북아시아의 설화 연구에 대해 논할 것이다.

3. 동북아시아 설화연구의 궤적

앞 장에서 설화의 다양한 연구 방법론과 더불어 서구에서 주로 진

---

34) 융 외, 『인간과 상징』, 137쪽.
35) 조셉 캠벨, 이윤기 역, 『천의 얼굴을 가진 영웅』, 민음사, 1999, 29쪽.

행된, 다양한 지역에 흩어진 설화속에서 인류 공통의 문화적 속성을 도출하는 방법에 이르기까지의 연구사적 여정을 간략하게 살펴보았다. 아이러니하게도 현재까지 가장 영향력 있는 설화 연구는 20세기 후반이 아니라 20세기 초반에 이미 유럽에서 제국주의 통치의 여세를 몰아 완성된 느낌이 적지 않다. 영국, 프랑스, 독일 등의 서유럽 뿐 아니라 근대 아시아의 제국이었던 일본에서도 서구의 모델을 바탕으로 삼아 20세기 초반에 문화인류학과 민속학이 정립되면서 설화 연구가 본격화되기 시작했다. 본 장에서는 간략하게 일본을 위시한 한국과 중국에서의 설화 연구를 살펴보며 동북아시아에서의 설화론의 흐름을 들여다보고자 한다.

일본의 초기 인류학의 흐름은 설화, 특히 신화 속에서 민족적 기원을 찾고 우생학적 관점에서 제국주의적 지배자의 우월성을 입증하는 시도와 동시에 아시아적 공통성을 찾아 '대동아 공영권'과 같은 문화 공동체를 성립해 보려는 움직임으로 나타났다. 모순적이고 역설적인 이러한 시도는 일본 민속학의 아버지라 할 수 있는 야나기타 구니오柳田國男에게서 발견되는데, 그는 일본의 민담과 전설을 채록하여 일본 설화연구의 토대를 닦기도 했다.[36] 야나기타 구니오와 동시대의 인류학자인 니시무라 신지西村眞次로부터 사사받은 손진태의 경우, 조선의 설화를 직접 채록하여 설화집을 간행하기도 하고 식민지 시기와 해방 직후 납북되기까지 한국 문화인류학의 이론적 토대를 세우기도 한 중요한 연구자이다.[37] 문화인류학자인 전경수는 일제 강점기에 일본에서 수학한 손진태가 단순히 조선인이라는 이유만으로 조선의 설화에 관심을 가진 것은 아니라 주장한다. 그는 "손진태가 샤머니즘 연구의

---

36) 야나기타 구니오의 연구 중 일본의 설화, 특히 기로 설화에 대한 부분은 필자가 '기로 설화' 텍스트를 분석한, 본 총서의 2부의 마지막장을 참조할 것.
37) 전경수, 『손진태의 문화인류학 - 제국과 식민지의 사이에서』, 민속원, 2010, 49-66쪽.

초창기 개척자들 중의 한 사람이라는 점에 대해서는 아직까지 깊이 있게 검토되지 않은 부분"이라며 "손진태의 학문이 샤머니즘 연구에 정체성을 두고 있다"고 설파한다.[38] 즉 손진태가 현대인류학을 일본에서 구축한 "도리이 류조鳥居龍藏와 니시무라 신지의 학문적 영향을 받[아] … 인류학적인 방법으로 '조선의 샤머니즘'을 학문의 시발점으로 삼"았다는 것이다.[39]

문화인류학자인 손진태와 더불어 문학자로서의 최남선은 신화, 전설, 민담의 설화의 삼분법 체계를 식민지 조선에 소개하고 정립시킨 장본인이다.[40] 서유럽이나 소련/러시아뿐 아니라 일본과 한국에서도 20세기 초반에 구비전승된 설화를 문자언어로 채록하고 이에 대한 연구를 본격적으로 진행하면서 설화 연구의 반절은 완성이 되었던 셈이다. 그러나 일본이나 서구와 달리 한국에서는 다른 반절의 연구가 해방 이후인 20세기 후반에 오히려 활발하게 진행되기 시작하였다. 앞서 서론에서 잠시 언급했듯 많은 국문학자들이 설화의 삼분법 체계가 한국의 설화 연구에 적절한 방법론인가에 대한 다양한 이의 제기를 해왔고, 중국학이나 일본학에서도 설화의 삼분법에 대한 문제를 제기하며 설화 연구가 진행되어 왔다. 그러나 한국과 중국에서의 설화 연구는 서구에서 정립된 설화의 삼분법 체계에 대한 반론이 주류를 형성하는 것이 아닌가 싶을 정도로 다수의 담론이 그에 치중되어 있는 것으로 보인다.

한국의 중문학자인 정재서도 설화의 삼분법 체계에 의문을 표하는 학자 중 한 명이다. 그는 중국 신화를 중심으로 하여 '동양학'의 새로운 체계를 구축해 보고자 시도한, 대표적 '동양학자'라 할 수 있다. 정

---

38) 전경수,『손진태의 문화인류학』, 61쪽.
39) 전경수,『손진태의 문화인류학』, 62쪽.
40) 앞의 각주에서 언급한『최남선 전집』을 참조할 것. 손진태의 설화 연구는 본 총서의 2부 마지막장에서도 언급되어 있다.

재서에 따르면 중국의 설화연구, 특히 신화연구는 "근대 초기 모순茅
盾에 의해 정초"되어 그 방법론이 정립된 후, "거의 반 세기 후 원가袁
珂에 이르러 새로운 경지를 이룩"하였는데, 원가가 중국의 대표적인
고대 신화집인『산해경山海經』을 "철저한 고증, 정리 작업"을 함과 동
시에 '광의廣義 신화론'이라는 "독창적인 신화관"을 정립했기 때문이
다.[41] 광의신화론은 원가가 신화, 전설, 민담이라는 설화의 삼분법 체
제를 해체하는 과정에서 "신화가 원시사회 모권제 시기에 발생해서
노예제 사회 때 성행했다가 이후 쇠퇴, 소멸하고 만다"는 맑스주의 고
전파 학자들의 협의신화 개념에 회의를 갖고 주창한 "각 사회의 역사
적 단계마다 각이한 현실에서의 인간의 소망을 표현하는 새로운 신화
가 끊임없이 생겨난다"는 신화관이라 한다.[42] 2000년대에는 엽서헌葉
舒憲이 "중국신화학에서의 이른바 '본토주의'적 경향에 대한 비판과
반성"을 하며 중국 신화학의 새로운 시대가 열렸다고 한다.[43]

정재서는 주로 그리스, 로마 신화와 중국 신화의 비교연구를 수행
하며 중국적 특성을 도출하려 해왔다. 그는 "서구 문학의 근대성, 형식
적 완결성 등의 절대 관점이 정체성, 구조적 부적합 등의 열등한 상대
가치로 표현되는 동아시아 문학에 대한 지배권을 행사해온 것은 역
사적 현실이었다"며, 이를 넘어설 수 있는 동양학의 정립을 요청한
바 있다.[44] 그는 서구의 문화에 대한 동양권에서의 "충격Impact-반응
Response-근대화Modernization의 패러다임은 서구 학자들이 식민지나 후
진국의 근대사를 기술할 때 단골로 써먹어 온, 아울러 우리 자신도 무
심코 추수해왔던 그럴듯한 설명기제"라며, 이러한 서구적 도식을 탈
피하여 동양학의 이론적 기반을 신화에서 찾을 것을 촉구한다.[45] 그

---

41) 정재서,『앙띠오이디푸스의 신화학』, 19-20쪽.
42) 정재서,『앙띠오이디푸스의 신화학』, 75-76쪽.
43) 정재서,『앙띠오이디푸스의 신화학』, 21쪽.
44) 정재서,『동양적인 것의 슬픔 - 넘어섬, 그 힘의 예증까지』, 살림, 1996, 45쪽.

는 특히 중국 신화집인 『산해경』에서 중국의 역사 시대 이전의 '소박' 하고도 독특한 동양적 사고를 발견하여 그것을 '동아시아적 상상력' 이라 부른다. 그리고 그러한 상상력을 프로이트의 오이디푸스 콤플렉 스만으로는 해석할 수 없는, "신화학상 오리엔탈리즘과 씨노센트리즘 양자 모두를 극복"할 수 있는, '제 3의 신화학'으로서의 '앙띠오이디푸 스의 신화학'으로 주장한다.[46] 들뢰즈Gilles Deleuze와 과타리Felix Guattari 의 공동저서인 『안티 오이디푸스』를 연상시키는 정재서의 '앙띠오이 디푸스의 신화학'은 프로이트적 오이디푸스 콤플렉스를 중심으로 한 가족관계 논리를 넘어설 것을 역설한다는 점에서는 들뢰즈 및 과타리 와 공통점이 있지만 자본주의적 가족주의에 대항하는 현대의 정신분 열증적 영웅상을 제시하는 이들 서구 철학자들과 달리 인간과 자연관 계 속에서 중국 신화의 의미성을 부각시키려는 시도라는 점에서는 큰 차이가 있다 할 수 있다.[47]

정재서는 이러한 동아시아적 상상력을 '영생불사'를 추구하는 도교 사상과 귀신과의 접속을 통해 이승과 저승을 연결하는 샤먼 문화를 중시하는 동아시아의 민속 전통 속에서 찾으려 하는데, 도교와 샤먼 문화가 오랫동안 유교의 막강한 영향력 하에서 억눌려 있었음을 지적 한다. "'귀신을 우선하고 예禮를 뒤로 하는 샤만 문화'로 표현되는 은 문화 및 다양한 지방문화는 주 왕조의 건립과 더불어 '예를 존중하고 실천을 숭상하는' 인문정신에 의해 억압되어 이면문화로 잠복"하게 되었으나 그것이 오히려 무의식적인 동양적 상상력의 원천으로서 지 속적으로 작동해 왔기 때문이다. 특히 그는 고대의 신화와 중세의 도 교에서 동아시아의 토착적 상상력을 찾으려 한다. 도교는 비록 샤머니

---

45) 정재서, 『동양적인 것의 슬픔』, 51쪽.
46) 정재서, 『앙띠오이디푸스의 신화학』, 17쪽.
47) 다음을 참조할 것. Gilles Deleuze and Felix Guattari, Anti-Oedipus: Capitalism and Schizopherenia, Minneapolis: University of Minnesota Press, 1983.

즘에 뿌리를 두고 있으나, 샤머니즘 원시 문화를 지닌 어떤 나라도 중세 이후 도교와 같은 특질을 지닌 문화를 생산하지 않았기에 도교는 전 세계적으로 고유한 상상력을 지녔다는 것이다.[48]

'신선'으로 대표되는 불로장생의 꿈을 표출하는 도교적 상상력은 중세 이후 중국은 물론이고 한국과 일본의 설화에도 영향을 끼친 바 있다. 그렇다면 도교적 상상력을 품고 있는 동북아시아 설화의 특성은 어떻게 담론화될 수 있을까? 다음 절에서는 그 한 가지 방법으로서 설화의 상징체계 연구를 제안해보고자 한다.

4. 동북아시아 설화의 상징성 연구에 대한 제언

지금까지 동서양의 많은 설화연구가 설화의 신화적 특성, 즉 주술적, 샤머니즘적 특성에 주목해 왔음을 살펴보았다. 앞장에서 엘리아데의 연구를 잠시 언급했었지만, 1951년에 프랑스어로 최초 발간된, 그의『샤머니즘 - 고대적 접신술』에서는 "엄격한 의미에서는 샤머니즘은 시베리아와 중앙 아시아에서 특히 두드러졌던 종교 현상"이지만 "이와 유사한 주술적-종교적 현상이 북아메리카, 인도네시아, 오세아니아 그리고 그 밖의 지역에서도 관찰, 보고되었다"고 논하고 있다.[49] 또한 전경수도 "조선의 샤머니즘을 보는 손진태의 시각이 북방 시베리아와의 관련성으로 시작하고 있다"고 지적한다.[50] 뿐만 아니라 앞장에서 언급했던 프레이저의『황금가지』도 오랜 기독교 문화의 전통 속에서도 서구에서 샤먼적 주술문화가 민간에서 잠복적으로 신봉되고

---

48) 정재서,『동양적인 것의 슬픔』, 54-55쪽.
49) 엘리아데,『샤머니즘』, 24쪽.
50) 전경수,『손진태의 문화인류학』, 60쪽.

있었음을 밝히고 있다. 즉, 신화, 혹은 설화 속에서 한 문화적 집단의
동류성, 즉 샤먼 문화를 찾으려는 시도는 동서양이 판이하게 다르다고
할 수 없어 보인다.

프레이저와 융, 엘리아데가 주목한 것처럼 신화는 고도의 상징성을
지니고 있다. 천지창조 신화, 국가의 시조 신화, 변신 신화, 신과 인간
의 사랑 신화 등이 모두 제유적이거나 환유적이다. 즉, 하나의 행위나
인물이 인류 전체, 이 세상 전체, 혹은 우주 전체를 상징하는 제유나
환유, 카타크레시스의 비유법을 통해 소우주와 대우주의 교환과 전치,
상응을 보여주고 있는 것이다. 설화의 이러한 상징성은 자연과 인간이
합일되었던 신화적 시대의 상징적 사유를 보여주는 것일 뿐 아니라
아이러니하게도 근대 이후 서구의 학문적 담론 형성에서도 적극적으
로 전유되어온 수사적 방식이기도 하다. 본 장에서는 동북아시아의 설
화도 이러한 상징적 차원에서 보다 확장적으로 연구되었으면 하는 기
대와 함께, 설화 연구의 상징성에 대한 담론화가 서구에서 어떻게 진
척되었는지를 살펴보고 상징체계로서의 동북아시아 설화 연구의 한
가지 가능성을 모색해 보려 한다.

널리 알려진 것처럼, 서구의 이론가들은 스스로의 이론을 보편화하
며 비서구 지역의 사상이나 문화를 '특수성'이라는 잣대를 들이대며
분석하는 경향이 있다. 이러한 특수성은 언제나 보편성을 지향하는 서
구 문화와의 '차이'로 명시되고, 그 차이는, 정재서도 언급했던 것처
럼, '후진적backward'이거나 '미개한primitive' 것으로 간주되거나, 일본의
선불교나 무사(사무라이) 전통처럼 신비하거나 심오한 것으로 과잉해석
되기도 한다. 그러나 서구 인문학자들이 자신들의 사상을 '보편화'하
는 과정에서 채택한 방법은 은유적 언어를 보다 확장시킨 '제유'와
'환유', '카타크레시스'를 활용한 '수사학적 언설'이었음에 주목할 필
요가 있다. 서론에서 언급했듯, 푸코는 서구 사회가 17세기 근대화의

과정 속에서 에피스테메의 체계를 재현하는 언어의 구성이 이전까지의 유사성의 원리를 벗어나서 주석과 분석, 해석의 방법으로 넘어갔음을 연구한 바 있다. 따라서 17세기에 유행했던 백과사전식 지식 나열을 행하는 글쓰기로부터 시작된 '주석commnetary'의 전통은 19세기를 거치면서 보다 현재의 형태에 가까운 담론화된 분석과 해석적 글쓰기로 바뀌고 자리잡아 갔다. 설화 연구도 예외는 아니어서, 앞서도 언급했던 프레이저나 융, 프로이트, 엘리아데 등이 고대 그리스 신화로부터 영감을 받아 신화적 사유에 대한 분석과 해석의 글쓰기를 할 수 있었다.

레비스트로스도 그의 신화학 연구에서 푸코와 매우 유사한 점을 지적한다. 물론 두 사람의 연구는 매우 친연성이 있다. 푸코보다 선배 학자인 레비스트로스가 1950년대에 프랑스 구조주의의 사상체계를 정립했고, 푸코는 1970년대 프랑스 사상이 구조주의에서 탈구조주의로 이행하는 과정 중에 가장 활발한 이론화 작업을 성취했다는 연결점이 있기 때문이다. 레비스트로스는 "르네상스 시대와 17세기에 이르러 신화적인 사고는 서구 사상에서 그저 배경으로 물러나게" 되고 "그 때까지도 여전히 신화적인 원형을 바탕으로 하던 이야기를 대신해 최초의 소설이 등장"함에 따라 언어 표현과 문자화된 텍스트의 해석 방식이 "유사성"에서 "인접성"에 더 중점을 두는 쪽으로 바뀌었다고 말한다.[51] '닮음resemblance'에 기초한 유사성의 원리는 주술적 신화와도 매우 밀접하여 흔히 한국의 무속신앙에서 한 사람을 닮은 인형에 저주를 걸어 그 사람을 괴롭히는 방법처럼, 프레이저가 말하는 "동종용법homeopath"이나 "모방 마술imitative magic"과 같은 "유사성의 법칙the law of similarity"에 의거하여 의례ritual의 형태로 실행되는 경우가 많이 있었다.[52] 그러나 신화의 운용 양상이 '유사성similarity'에서 '인접성proximity'

---

51) 클로드 레비스트로스, 임옥희 역, 『신화와 의미』, 이끌리오, 2000, 93쪽.

으로 이동하면서, 레비스트로스는 18세기와 19세기의 음악이 문학을 대신해 "주제의 반복적인 출현"과 "결합에 의한 신화적인 해결책"이라는 신화와의 인접성을 바탕으로 신화의 역할을 대신하기 시작했다는 주장을 하기에 이른다.[53]

흥미로운 점은 철학자인 니체(Friedrich Wilhelm Nietzsche)도 신화와 음악의 연관성에 대해 이야기한다는 것이다. 니체는『비극의 탄생』에서 서구 비극의 발전 과정을 설명한 바 있는데, 그는 그리스 신화를 단초로 삼아 그것을 '디오니소스적인 것'과 '아폴론적인 것'의 변증법적 융합과정으로 보고 있다.[54] 그리스 신화에서 술과 음악, 연극의 신인 디오니소스는 예술의 황홀경과 도취, 감수성을 대변하는 상징적 존재이며, 태양과 지혜, 도덕의 신인 아폴론은 학문과 이성적인 선택 및 판단을 관장하는 존재이다. 니체는 그리스 비극의 구성 중에서도 청중에게 사건의 추이나 신탁의 내용을 전달하는 합창에 주목하여 "비극은 음악의 보편적인 효력과 디오니소스적 감수성을 가진 청중 사이에 고상한 비유, 즉 신화를 세워, 청중에게 마치 음악이 신화의 조형 세계에 생명을 불어넣을 수 있는 최고의 묘사 수단인 것과 같은 착각을 불러일으킨다"고 역설한다.[55] 즉, 서구 비극이 이성과 감성, 황홀경과 냉정한 비판 사이에서 변증법적 발전을 해 온 것처럼, 신화의 희곡적 재연과정에서의 음악도 신화와의 관계 속에서 변증법적 융합을 추구하게 되어 음악은 말과 형상만으로는 선취할 수 없는 힘을 비극에 전달한다는 것이다. 즉, 음악은 "비극적 신화에 감동적이고 설득력 있는 형이상학적 의미를 선사"하여 청중에게 "환희"를 느끼게 하고 "사물의 가장 내적인 심연이 명료하게 말하는 듯이 귀를 기울여 듣"도록 한다.[56]

---

52) Frazer, Golden Bough, p. 11.

52) Frazer, Golden Bough, p. 11.
53) 레비스트로스,『신화와 의미』, 98쪽, 101쪽.
54) 프리드리히 니체, 이진우 역,『비극의 탄생·반시대적 고찰』, 책세상, 2012, 9-179쪽.
55) 니체,『비극의 탄생』, 155쪽.

따라서 니체는 "음악과 비극적 신화[가] 똑같은 방식으로 한 민족의 디오니소스적 능력의 표현이며, 서로 분리될 수 없다"고 주장한다.57) 그러나 그는 현대 사회에서 비극은 몰락했으며 이는 신화의 몰락이기도 하다고 단언하며, 이러한 신화적 기제를 독일의 민담과 전설에서 영감을 얻어 '음악극music drama'이라는 장르를 창조한 바그너Wilhelm Richard Wagner의 음악에서 찾으려 하기도 했다.

레비스트로스와 니체가 그리스를 비롯한 고대의 신화에서 현대사회가 상실한 주술성을 찾아내어 "상징적이고 신화적인 계시에 이르고자 하는 음악 정신의 투쟁"을 새로이 정립하려고 했다면, 종교학자인 엘리아데는 다양한 문화권의 종교 행위와 의례에서 신화적 '계시'를 찾으려 했다.58) 엘리아데는 "계시의 사상은 유일신교에서 뿐만이 아니라 모든 문화 속에서 찾아볼 수 있다"며, 인간이 제례 의식 중에 행하는 "최초의 춤, 최초의 결투, 최초의 어로 등은 최초의 결혼 의례, 혹은 최초의 제의 등과 같이 인간이 [신을] 본받아 행해야 하는 본이 되고 있는"데 이러한 최초의 행위들이 "신이나, 원시인이나, 문화 영웅의 존재 양태를 드러내 주기 때문"이라는 것이다.59) 이와 같은 천지 창조의 순간을 반복적으로 모방하며 매년, 매 계절, 제례를 지내는 신화적 행위는 농민 대중이 "순환 도식이나 천체 운행의 구조"에 관심이 있어서가 아니라 "원형과 반복의 개념 속에서 그들의 삶의 위로와 삶을 지탱해 주는 힘을 발견할 수 있었"기 때문이고 "그 개념을 그들은 우주와 별들의 세계에서라기보다는 신화-역사적인 차원" 속에서 직접적으로 살면서 찾았다고 엘리아데는 분석한다.60)

---

56) 니체, 『비극의 탄생』, 155쪽.

57) 니체, 『비극의 탄생』, 177쪽.

58) 니체, 『비극의 탄생』, 129쪽. 다음을 또한 참조할 것. M. 엘리아데, 정진홍 역, 『우주와 역사』, 현대사상사, 1976.

59) 엘리아데, 『우주와 역사』, 148쪽.

그는 특히 루마니아 민요 속 비극적 연인의 민담 한 편이 아주 먼 과거가 아니라 불과 40년 정도 전의 과거에 발생한 사건이 과장되고 확장되며 신화화된 과정을 조사한 민속학자, 콘스탄틴 브레일로이우 Constantin Brailoiu의 발견에 주목한다. "가장 중요한 증인이 현존하고 있음에도 불구하고, 불과 3년의 세월 동안에 한 사건이 지닌 모든 역사적인 확실성이 벗겨져 나가고, 그 사건이 전설적인 설화, 곧 질투하는 요정, 젊은이의 피살, 시체의 발견, 약혼녀에 의하여 읊어진 신화적인 주제가 가득 찬 슬픈 통곡 등으로 변화될 수 있었"을 정도로 "집합체의 기억은 비역사적"이라는 것이다.61) "역사적인 사건에 대한 기억이 2, 3 세기 후에는 그처럼 변화되어 고대 심성의 틀 속으로 들어가 버리고 만다는 사실, 그리고 그러한 고대 심성이 개인적인 것을 수용하지 못 하고 다만 모범이 되는 것만을 보존"한다는 것은 설화 연구에 있어 많은 시사점을 던져준다.62) 역사학자 홉스봄Eric Hobsbawm이 "오래된 것으로 보이거나 그렇게 주장되는 '전통'이라는 것이 많은 경우에 그 기원에 있어 근래에 생겼거나 발명된 것"임을 밝히는 것과 다르면서도 유사한 맥락이라 할 수 있다.63)

개인과 집단의 기억과 기록의 신빙성이라는 문제에 천착했던 엘리아데는 종교 사학자로서 조금은 신비주의적인 결론을 내린다. 즉, "고대인의 의식에서 [신적인] 원형이 차지하고 있는 중요성, 그리고 민간 기억이 원형 이외의 어떤 것도 유지하지 못한다고 하는 그 불가능성, 이런 것들은 전통적인 정신이 보여주고 있는 '역사에 대한 저항 이상

---

60) 엘리아데, 『우주와 역사』, 202-203쪽.
61) 엘리아데, 『우주와 역사』, 74쪽.
62) 엘리아데, 『우주와 역사』, 72쪽.
63) Eric Hobsbawm, "Introduction: Inventing Traditions," in The Invention of Tradition (Thirteenth printing) ed. Eric Hobsbawm and Terence Ranger, Cambridge, UK: Canto, 2005, p. 1.

의 어떤 것'을 우리에게 나타내주고 있"다는 것이다.[64] 즉, 그는 "고대 정신acrhaic spirituality의 지평 안에 있는 인간의 실존의 문제와 역사의 문제를 연구"함으로써 종교와 신화의 상징성, 즉 유사성의 원리에 의거한 인간과 자연, 그리고 소우주와 대우주의 합일을 고찰한 것이다.[65]

동북아시아에서는 아직까지는 정재서나 원가를 제외하고는 레비스트로스나 니체, 엘리아데처럼 설화와 관련된 보편성을 찾아내려는 '거대 담론'은 찾아보기가 어렵다. 한국의 경우만 해도 대부분의 설화연구가 20세기 초반에 채록된 설화들을 있는 그대로 소개하거나 이에 대해 매우 직접적인 해석을 가하는 형태로 이루어져 있다. 일례로 이 책의 2부 세 번째 글에서 다루는, 동북아시아의 '기로' 설화에 대한 연구들만 살펴봐도, 70세가 넘은 노인을 산중에 내다버리는 고대의 기로 풍습이 동북아시아의 주된 가치관인 '효孝'를 강조하는 유교 사상의 관점에서 보면 실재했을 리가 없다거나, 그 풍습이 폐지되는 것으로 설화가 종결되는 공통점이 발견되는 것으로 보아 설화의 형태로 존재하긴 하나 기로 제도가 반인륜적이라는 주장으로 결론지어지는 경우가 부지기수이다.

설화의 메타연구도, 앞장에서도 언급했듯, 주로 서구에서 정립된 신화, 민담, 전설의 삼분법을 도입하거나 (야나기타 구니오, 손진태, 최남선 등), 설화의 삼분법 체계에 이의를 제기하거나 해체하는 데에 (김화경, 임동권, 장덕순, 송효섭, 원가) 주로 치중하며 한국적 혹은 동양적 '특수성'을 오히려 강조하는 경향이 있다. 서구에서는 오히려 전문 설화연구자가 아닌 인문사회학자들이 이러한 삼분법 체계에 구애받지 않고 자유롭게 신화적 모티프나 설화적 요소들을 제유적이거나

---

64) 엘리아데, 『우주와 역사』, 75쪽.
65) 엘리아데, 『우주와 역사』, 17쪽.

환유적으로 차용하여 그들만의 독창적인 이론을 만들어내는 것과 큰 차이가 있다고 할 수 있다. 그 대표적인 경우가 그리스 신화에서 모티프를 따온 프로이트의 '오이디푸스 콤플렉스'라고 할 수 있고, 이를 환유나 제유가 아니라 직유적으로 해석하는 것이 오히려 오독誤讀을 낳을 수 있다.

따라서 동북아시아의 설화도 상징성에 대한 탐구를 강화하여 연구될 필요가 있어 보인다. 나카자와 신이치가 신데렐라 이야기를 통해 민담이나 전설이 신화적 측면을 가지고 있음을 지적한 것처럼, 한국의 '햇님, 달님' 설화도 사실은 신화적 측면을 가지고 있다. 호랑이에게 잡아먹힐 위기에 처한 어린 오누이를 구원해주기 위해 하늘에서 내려온 밧줄은 하늘과 땅, 천상과 지상을 연결하는 '세계수'의 또다른 상징으로 볼 수 있기 때문이다. 엘리아데는 세계의 많은 신화들 속에서 우주는 천상, 지상, 지하의 세 권역으로 되어 있고, 나무가 그 가지는 하늘에, 뿌리는 저승에 닿아있음으로써 우주의 세 권역을 연결하는 존재이므로, 이 나무가 바로 세계의 중심이자 기둥인 세계수이며 이 세계수를 타고 승천할 수 있는 유일한 존재는 샤먼이라고 설명한다. 샤먼은 "자신이 지닌 접신 체험의 능력으로 인하여 [세계수를 타고 승천하고 죽은 이들과 접속하며 우주의 세 권역을 넘나드는] 그 특권적인 지위를 누리게 되"었다는 것이다.66) 이에 따르자면, '햇님, 달님'의 오누이도 신데렐라와 같은 샤먼이라 할 수 있지만, 주목해야 할 점은 오누이가 밧줄을 타고 승천하여 해가 되고 달이 되었다는 것이다. 그들은 단순히 지상과 천상을 자유로이 오갈 수 있는 샤먼이 아니라 영원한 천상의 존재, 즉 신이 된 것이다. 이러한 측면에서 볼 때, '햇님, 달님' 이야기는 단순한 구전설화가 아니라 '신화'적인 상징을 가지고 있고, 그 상징성에 대한 보다 많은 연구가 이루어질 필요가 있으므로 앞으

---

66) 엘리아데, 『샤마니즘』, 247쪽.

로 그러한 차원에서 보다 많은 연구가 진행되기를 기대해 본다.

5. 새로운 다이멘션을 위한 동북아시아 설화론

본 연구총서의 포문을 여는 글로서 나는 우선 동서양의 설화연구를 역사적, 담론적으로 비교하며, 설화의 상징성에 중점을 두고 동북아시아의 설화에 대한 상징적 해석의 가능성을 타진해 보았다. 이제 HK+ 동북아시아 다이멘션 연구단에서 진행된 연구결과를 수록한 본서의 구성에 대해 소개하고자 한다. 1부에서는 설화연구에서 가장 활발한 분야라 할 수 있는 신화학적 입장에서 동북아시아 설화를 논의한다. 1부는 본 장에서도 여러 번 언급된, 동북아시아 신화학을 대표하는 동양학자라 할 수 있는 정재서의 글로 시작하여, 문준일과 문신이 시베리아의 에벤족 신화와 동북아시아의 건국신화를 각각 다룬다. 2부는 신화 외 설화의 하부장르인 민담과 전설은 물론 그것을 원전으로 삼아 2차적으로 생산된 야담과 민중미술, 영화에서의 다양한 설화의 양상을 하신애, 강인혜, 이윤종이 각각 논의한다.

1부의 첫 장, 「타자의 신화에서 차이의 신화학으로 - 동서양 신화의 비교를 통하여」는 동서양 신화학의 비교연구, 특히 중국과 그리스·로마에서의 창세신화나 인류탄생신화, 반인반수 신화, 이방인 신화를 비교하여 그 '차이'를 논한다. 정재서는 각 신화를 '타자의 신화'로 규정하여 배제하는 관행을 지양하고, 오히려 '차이'를 문화상대주의적 입장에서 분석할 필요성을 강조한다. 즉, 그리스 로마 신화에서 목도할 수 있는 인간/주체/이성 중심주의가 서구의 근대적 사유의 원리로서 작동하고 있으며, 그것이 '인간과 자연의 합일'을 중시하는, 상대적으로 '자연친화'적인 중국신화와는 차이를 만든다는 것이다. 그러나 그는 인간/주체/이성 중심주의가 보편화되며 그것을 정당화하는 논리가 은연중에 초래하는 "상상력의 제국주의"를 경계하고 있으며, 이를 위해 신화를 통해 "신화적 기원"과 "상상력의 정체성"을 추적하려 한다. 「시베리아 에벤족 설화에 나타나는 새들의 신화적 형상」에서 문준일은 한국에서 시베리아의 다양한 설화들에 등장하는 곰에 대한 연구가 활발한 데 비하여 새에는 학문적 관심이 집중되지 않은 것에 주목하여, 에벤족을 포함한 시베리아 소수 민족의 설화에서 다양한 새들이 '태양숭배사상', '천신사상' 등의 샤머니즘과 결합되어 신화적 형상으로 표현되는 현상을 집중적으로 고찰한다. 문신의 「동북아 건국신화의 신격화에 개입하는 타자성」은 동북아시아의 건국신화에서 건국의 주체가 신격화되는 과정이 '신성'을 통해서이며 이를 가능하게 하는 것이 "신화적 상상력의 주체인 인간 자의식의 한 형태"로서의 '타자'에 의한 것임을 보여주고 있다. 그는 단군신화, 주몽신화, 돌궐 및 백제 건국신화, 중국과 일본의 창세신화 속에서 나타나는 나-주체와 타자-주체의 교배라는 결합양상, 즉 "새로운 대상과의 이종교배" 속에서 "건국영웅"이 창출되고 신화적 창조행위를 포함한 창조서사가 나타남을 추론한다.

2부의 첫 장은 민담의 한 양상인 한국의 야담에 대한 연구이다. 하신애는 「전시체제기 야담의 두 가지 양상: 제국의 지역질서와 대중문화상품 간의 교차점을 중심으로」에서 식민지 조선에서 유행하였던 몇 가지 야담의 변천과정을 추적하며 그 속에서 교차하는 조선 야담의 양가적 기능에 주목한다. 즉, 조선 지식인들을 중심으로 진행된, 1920년대의 민중운동으로서 야담을 부흥시키려는 움직임과 1930년대에 그 연속성 상에서 야담을 대중문화화하려는 운동 속에서 조선의 야담이 문화상품화되며 그것이 민중을 위한 '일상의 문학'으로서 풍자와 해학을 통한 체제전복의 욕망을 대변하는 역할도 했지만 제국 일본의 프로파간다로서 은연중에 복무하는 아이러니도 벌어졌다는 것이다. 식민지 조선에서 1980년대 한국의 민중미술로 논의의 시기를 이동시킨 「1980년대 민중미술그룹 '두렁'의 작업에 나타난 설화, 민속, 샤먼의 의미」에서는 두렁 미술의 모티프가 된 설화와 민속, 샤먼의 의미를 고찰한다. 강인혜는 민중미술에 대한 연구가 '광주자유미술연합회'와 오윤 작가에 편중된 나머지 간과되었던 '두렁'의 탈춤이나 마당극 및 전통연희, 동학운동, 굿, 샤머니즘과의 연계성을 분석하며 두렁의 민중미술이 "전통과 민속의 형식을 빌어와 삶 한가운데로 뛰어든 것"에 주목한다. 2부의 마지막 글인 「동북아시아 기로 설화의 영화적 재현 - 〈고려장〉과 〈나라야마 부시코〉를 중심으로」는 고대부터 동북아시아에서 구비전승된 '기로棄老 설화', 즉 자식이 노쇠한 부모를 산에 버리고 오는 이야기를 영화화한 한국의 〈고려장〉과 일본의 두 편의 〈나라야마 부시코〉를 텍스트적으로 분석하며 한국과 일본에서의 기로 설화 연구의 궤적을 함께 살펴본다. 이윤종은 양국의 설화가 기로 제도의 폐지로 종결되는 공통점이 있음에도 기로 풍습을 충실히 수행하는 어머니와 아들의 이야기를 그린 일본 소설 『나라야마 부시코』가 일본은 물론이고 한국의 기로 설화를 영화화한 텍스트에도 영향을 미쳤음에 주목하여 보다 인간다운 노년의 삶이 중시되는 양국의 당대적 현실이 영화에 반영되는 과정을 좇는다.

부록에서는 2019년 3월에 개최되었던 HK+ 동북아시아 다이멘션 연구단의 학술회의에서 개진되었던 종합토론에서의 논의를 정리한 내용과 연구단에서 경기도미술관을 방문하여 진행한 김종길 수석학예연구관과의 1980년대 민중미술에 대한 인터뷰 채록을 담고 있다. 동북아시아 각 국의 설화 연구를 통하여 동북아시아 다이멘션의 토대를 구축하려는 원광대학교 동북아시아 다이멘션 연구단의 시도는 본 총서를 통해 이제 한 발을 내딛었을 뿐이다.

끊임없이 외연을 확장하며 그 의미를 확대해석하는 서구의 설화론과 달리 동북아시아의 설화연구는 아직까지 설화의 상품적 가치를 확인할 수 있을 정도의 자본주의적 변용을 거치지는 않았다는 장점과 단점을 모두 가지고 있다. 물론 일본의 경우는 조금 예외적이다. 일본은 소설, 만화, 드라마, 영화, 애니메이션 등의 다양한 문화콘텐츠 장르들 속에서 일본과 동북아시아의 설화적 요소들, 즉 도깨비, 요괴, 신화적 괴물 등을 차용하여 끊임없이 새로운 이야기를 만들어나가고 있기 때문이다. 이런 이유로 정재서는 일본은 '신화가 살아있는 나라'라고 단언하기도 한다.[67] 설화의 무궁무진한 문화 콘텐츠적 자원에 대한 일본의 이러한 만개한 각성은 일본에서 1960년대 후반부터 1970년대 후반까지 이어졌던 격렬한 학생운동의 일환으로 부흥했던 젊은이들의 신화에 대한 관심의 결과물일 수 있다. 나카자와 신이치는 "당시의 젊은이들[이] 대규모의 자연파괴를 수반한 일본열도의 도시화와 공업화에 대한 일종의 저항으로서 신화나 민속문화에 대해 열광적인 관심을 보였"으나 이러한 정열이 70년대 후반부터 냉각되면서 정치로부터 멀어져서 '정신세계'에 대한 관심으로 바뀌어가고, 표현영역도 애니메이션이나 만화같은 써브컬처로 옮겨가게 되었"다고 분석한 바 있다.[68]

나카자와는 일본 문화산업의 그러한 흐름에 대해 자못 부정적이지만, 한국영화 연구자인 나로서는 일본과 같은 시기에 한국에서 최고조

---

67) 정재서, 『사라진 신들과의 교신을 위하여 - 정재서의 신화비평, 동아시아 이미지의 계보학』, 문학동네, 2007. 정재서는 책의 11장인 「중국 상상력의 시각에서 본 일본 문화산업 속의 요괴 모티프」에서 일본에서 연구년을 보내며 신화에 모티프를 둔 일본의 문화 콘텐츠와 문화상품을 접하며 이에 대한 놀라움과 소회를 표하고 있다.

68) 정재서, 「대담 I 앙띠오이디푸스의 신화학을 위하여 - 나까자와 신이찌 교수와의 대담」, 『앙띠오이디푸스의 신화학』, 197쪽.

에 달했던 '민중운동'의 이론가와 실천가들이 그토록이나 열광했던 민속 전통이나 무속신앙/샤머니즘에 대한 관심이 풍부한 문화콘텐츠화로 직결되지 않은 작금의 현실에 대해 자못 의구심을 가지고 있다. 문화의 자본주의화가 가능성과 파괴성, 쾌락과 종속의 이중성을 가지고 있기는 하나, 한국의 설화는 20세기 초중반에는 대중문화의 소재적 원천이 될 수 있었음에도 어느 순간 그 가능성을 거의 완전히 상실했기 때문이다. 그 이유도 어찌 보면 한국에서 설화에 대한 담론이 서구나 일본만큼 형성되지 못 했기 때문일 수 있다.

할리우드는 이미 전세계의 거의 모든 설화를 차용하고 활용해 영화와 애니메이션의 새로운 소재를 끊임없이 발굴해내고 있다. 어쩌면 할리우드는 서구의 신화주의적 인문학자들이 그토록 복원하고 싶어했던 고대 설화의 신비적이고 주술적인 힘을 영화에서 찾아내어 그것을 지속적으로 영상화하고 있는 것인지도 모른다. 한국에서도 학계와 문화계에서 설화와 그 상징성에 보다 큰 관심을 가지고 담론화가 진행되어 보다 자주, 보다 많은 문화 플랫폼을 통해 설화를 접할 수 있으면 좋겠다는 희망을 품고 이 글을 마치고자 한다. 본 총서가 한국과 동북아시아 설화 연구의 한 지평을 형성하는 동시에 이를 통해 동북아시아 지역학의 외연이 새로운 차원으로 무한히 확장될 수 있기를 기대해 본다.

참고문헌

김화경, 『한국의 설화』, 지식산업사, 2002.

나카자와 신이치, 김옥희 역, 『신화, 인류 최고(最古)의 철학』, 동아시아, 2001.

로버트 단턴, 조한욱 역, 『고양이 대학살』, 문학과 지성사, 1996.

M. 엘리아데, 정진홍 역, 『우주와 역사』, 현대사상사, 1976.

미르치아 엘리아데, 이윤기 역, 『샤마니즘 - 고대적 접신술』, 까치글방, 1992.

미셸 푸코, 이정우 역, 『지식의 고고학』, 민음사, 2000.

미셸 푸코, 이규현 역, 『말과 사물』, 민음사, 2013.

블라미디미르 프롭, 황인덕 역, 『민담형태론』, 1998, 예림기획.

송효섭, 『해체의 설화학』, 서강대학교 출판부, 2009.

육당전집편찬위원회 편, 『육당최남선 전집』 5권, 현암사, 1973.

이윤종, 「동북아시아 '기로(棄老) 설화'의 영화적 재현 : 〈고려장〉과 〈나라야마 부
　　　시코〉를 중심으로」, 『비교문화연구』, 경희대학교 비교문화연구소, 2019.

임동권, 「민속문학론」, 『현대문학』 3월호, 현대문학사, 1961.

장덕순, 『구비문학개설』, 일조각, 1971.

조셉 캠벨, 이윤기 역, 『천의 얼굴을 가진 영웅』, 민음사, 1999.

전경수, 『손진태의 문화인류학 - 제국과 식민지의 사이에서』, 민속원, 2010.

정재서, 『동양적인 것의 슬픔 - 넘어섬, 그 힘의 예증까지』, 살림, 1996.

정재서, 『사라진 신들과의 교신을 위하여 - 정재서의 신화비평, 동아시아 이미
　　　지의 계보학』, 문학동네, 2007.

정재서, 『앙띠 오이디푸스의 신화학 - 중국신화학의 새로운 정립을 위하여』, 창
　　　비, 2010.

주경철, 『신데렐라 천년의 여행』, 산처럼, 2005.

최연숙, 『민담, 상징, 무의식』, 영남대학교 출판부, 2007.

최인학, 『구전설화연구』, 새문사, 1994.

카를 G. 융 외, 이윤기 역, 『인간과 상징』, 열린 책들, 1996.

클로드 레비스트로스, 임옥희 역, 『신화와 의미』, 이끌리오, 2000.

클로드 레비스트로스, 임봉길 역, 『신화학』 전4권, 한길사, 2005.

프리드리히 니체, 이진우 역, 『비극의 탄생·반시대적 고찰』, 책세상, 2012.

Barthes, Roland. Annette Lavers trans., Mythologies, New York: Farrar, Straus and Giroux, 1972.

Deleuze, Gilles and Felix Guattari. *Anti-Oedipus: Capitalism and Schizopherenia*, Minneapolis: University of Minnesota Press, 1983.

Foucault, Michel, *The Order of Things: An Archaeology of Human Sciences*, New York: Vintage Books, 1994.

Frazer, James George, Sir. *The Golden Bough: A Study on Magic and Religion*, London: Wordsworth Editions, 1993.

Freud, Sigmund. James Strarchey, trans., *Totem and Taboo*, New York: W. W. Norton, 1990.

Hobsbawm, Eric and Terence Ranger, ed. *The Invention of Tradition* (Thirteenth printing), Cambridge, UK: Canto, 2005.

Jung, Carl Gustav. R. F. C. Hull, trans., *The Archetypes and the Collective Unconscious (Collective Works of C. G. Jung)*, Princeton: Princeton University Press, 1981.

Tatar, Maria. *The Classic Fairy Tales*, New York: Norton, 1999.

| 1부 |

동북아 신화에 나타난
타자인식과
초국경성

타자의 신화에서 차이의 신화학으로
-동서양 신화의 비교를 통하여*

정재서

1. 상상력의 정치학 서설

근대를 심문하는 방법은 여러 가지가 있다. 주지하듯이 데리다 J. Derrida는 형이상학을 해체했고 푸코M. Foucault가 지식과 권력을 문제 삼았다면 사이드E. Said는 종족 중심주의를 비판하였다. 다시 말해 정치, 경제, 철학 등을 위시한 인문사회 제 분야에서 근대 그리고 그것과 공모관계에 있는 서구 제국주의에 대해 다양하고 심도 있는 비판이 이루어져왔지만 그 모든 것을 가능케 하는 (뒤랑G. Durand의 말을 빌려 인간과 환경과의 교섭에서 이루어지는 모든 것을 상상 작용의 소산으로 본다면) 상상력의 세계 곧 상상계, 그것의 원천인 신화와 근대 간의 개념적 연속성(연속성이라니? 우리는 주로 단절성, 이질성을 얘기해오지 않았던가?), 혹은 근대의 신화적 기원에 대한 본격적 문제 제기는 과문한 탓인지 들어본 적이 없다. 그러나 이러한 언급이 서구의 선각적인 신화학자들의 반성적인 성찰을 고의로 기각하려는 것은 아니다. 가령 엘리아데M. Eliade는 플라톤Plato 이래 서구의 철학자들이 내린 신화에 대한

* 본 논문은 〈타자의 신화에서 차이의 신화학으로 - 동서양 신화의 비교를 통하여 한국언어문화 제69집 pp. 5-25. 한국언어문화학회 (2019.8)〉에 수록된 내용을 수정·보완한 것임.

정의가 모두 그리스 로마 신화 분석을 토대로 삼고 있으며 그것이 보편타당하지 않음을 지적한 바 있고[1] 최근까지도 링컨B. Lincoln은 서구의 신화학이 인도 유러피언 종족의 기원을 탐색하고 그것을 재구성하는 데 열중해왔으며 이러한 경향이 근대의 민족주의, 제국주의적 욕망과 긴밀한 상관관계에 있음을 논증한 바 있다[2] 다만 중심부에서의 자기반성은 유의미한 일이지만 주변부 당사자의 입장과는 문제 인식의 심도에 있어서 감각상의 편차가 있다고 생각한다. 이 논문이 그러한 의미에서 가치성을 지닌다면 다행일 것이다.

사람들은 상상력에 대해서는 의심의 여지없이 자율적, 독자적인 심적 활동으로 간주하여 정치적 사유의 끈을 놓아버리는 경향이 있다. "내가 내 머리로 상상하는데 누가 막을 것인가?"와 같은 태도라고나 할까? 다소 도발적이지만 본고에서의 논의는 "상상력은 자유롭지 않다."라는 명제로부터 출발하고자 한다. 가령 인어를 상상하면 어김없이 예쁜 인어공주를 떠올리지 머리 벗어진 중년의 인어 아저씨를 마음속에 그리는 사람은 없다. 그러나 중국 신화에서 인어들의 나라 저인국氐人國 사람의 대표 이미지는 위와 같은 남성이다. 서구의 반대편에 인어 아저씨가 엄존해 있음에도 우리는 왜 인어아가씨만을 상상할까? 왜 인어아저씨는 우리의 상상계에서 사상捨象되어야만 하는가?

그것은 상상력에도 표준이 있기 때문이다. 그 표준은 누구에 의해 만들어지는가? 우리의 상상력은 자유로운 것이 아니라 교육, 제도, 환경 등으로 인해 은연중 형성된 통념에 의해 지배된다. 스피박G. C. Spivak이 주장한 '제국의 에피스테메적 폭력imperial epistemic violence'은 상상력에도 예외가 아니다. 중국의 신화 고전『산해경山海經』을 역주할

---

1) Mircea Eliade, "Cosmogonic Myth and Sacred History", *Sacred Narrative*, ed. Alan Dundes, Berkeley: University of California Press, 1984, 138.
2) Bruce Lincoln, *Theorizing Myth: Narrative, Ideology, and Scholarship*, Chicago: The University of Chicago Press, 1999, 207-16.

〈인어〉, 존 윌리엄 워터하우스,
런던 왕립미술아카데미, 1900년 작.

저인氐人, 장응호蔣應鎬,
『산해경회도山海經繪圖』, 명대明代.

때 후대 경학자經學者들의 주석에서 제국의 에피스테메를 감지하고 주변 문화론적 시각을 발동시켰듯이 오늘의 언어공주로 획일화된 상상력의 제국주의에 대해 '차이'의 신화학적 관점이 긴요함을 절감한다.

당금當今 횡행하고 있는 상상력의 제국주의는 인본주의, 합리주의, 주체(인간, 서구) 등 근대를 떠받쳐온 주요한 개념항概念項들과 내밀하게 연계되어있다. 자본주의 역시 상상력의 생산 및 소비와 관련하여 제1세계 문화산업을 통해 상상력을 획일화시켜온 것은 주지의 사실이다. 그러나 본고에서는 상상력의 제국주의를 심문함에 있어 신화를 통해 그것의 기원을 추적하고자 한다. 마치 데리다가 서구 형이상학을 해체하기 위하여 플라톤으로 소급했던 것처럼, 우리는 그와 비슷한 시기 수사학이 철학에, 미토스Mytos가 로고스Logos에 자리를 내주었던, 다시 말해 그리스의 원신화原神話가 새로운 시대적 인식구조에 의해 체계화되어 이후의 서구문화에 대해 방향 잡기 곧 정향定向, orientation을 이루었던 시기로 소급하여 더욱 근원적인 차원에서 상상력의 제국주의를 살펴보고자 하는 것이다. 이 과정에서 중국 신화와의 비교는 불가피할 것인데 사실상 논구는 중국 신화의 입장에서 그리스 로마 신화와의 대조를 통하여 근대적 사유의 기원을 탐색하는 노정이 될 것이다. 이러한 일련의 논의를 거쳐 상상력의 제국주의의 맹아萌芽가 어디에서 비롯되어 근대의 주요한 개념항들을 형성하는 데 초석礎石적인 역할을 했는지 확인할 수 있게 되길 희망한다. 다만 본고의 논의는 다음과 같은 조건들에 의해 얼마간 한계를 안고 시작한다는 점을 미리 언명해두고자 한다.

첫째, 중국 신화와 그리스 로마 신화의 비교 결과 상이한 특성이 도출되었을 경우 그것은 어디까지나 상대적 특성으로 간주해야 한다는 것이다. 가령 중국 신화가 자연 친화적이라 할 경우 그것은 그리스 로마 신화가 반자연적임을 의미하지는 않는다. 그리스 로마 신화가 중국

신화보다 상대적으로 덜 자연친화적임을 시사하는 것이다. 그리스 로마 신화가 인간 중심적이라 할 경우도 마찬가지로 상대적이다. 덧붙여 인간 중심적인 것과 자연 친화적인 것에 대해 어느 것이 더 좋고 나쁘다는 가치 판단은 가급적 배제하고자 한다. 다만 시대적 적의성適宜性의 관점에서 어떠한 사고가 더 요청되거나 자제되어야 한다는 정도의 시사는 주어질 수 있을 것이다.

둘째, 본고에서 중국 신화의 사례를 들어 그리스 로마 신화와 비교하지만 이것은 중국 신화가 동양 신화의 대표성을 지닌다는 의미는 아니다. 중국 대륙이라는 아시아의 큰 부분과 역사적으로 주변국에 미친 영향력을 고려할 때 중국 신화가 비교 대상으로서 이점을 지닌 것은 사실이지만 이러한 사실이 중국 신화 곧 동양 신화라는 등식으로 성립되는 것은 아니기 때문이다. 다만 그리스 로마 신화의 경우 서구에는 이외에도 게르만 신화, 켈트 신화 등 여러 지역 신화들이 있으나 문화적 연속성, 유포 범위 등을 고려할 때 객관적으로 대표성을 부인하기 어려울 것이다. 그리고 동양에는 인도 신화라는 큰 덩어리도 있다. 하지만 그것은 언어, 종족적으로 인도 유러피언 계통에 속하여 오히려 그리스 로마 신화, 게르만 신화 등 서구 신화와 동계同系의 신화라는 것은 신화학의 상식이므로 거론의 여지가 없다. 아울러 본고에서 사용하고 있는 '동양'이라는 애매한 명칭은 실상 '동아시아'가 적확的確할 것이나 고전 문화에 대해서는 '동양'이라는, 근대 이후의 지역적 현안에 대해서는 '동아시아'라는 명칭을 주로 선호하는 항간의 통례를 따라 '동양 신화'라는 표현을 사용했음을 밝혀둔다.

셋째, 텍스트는 중국 신화와 그리스 로마 신화 공히 고대의 원전(중국 신화) 혹은 그것의 역본(그리스 로마 신화)으로부터 현대의 편역본에 이르기까지 두루 참조하였는데 시대에 따라 해당 신화를 인식하는 관점이 변모하기도 하지만 통시성을 지니는 부분도 있으므로 양자의 이

부분에 주목하여 변별점을 포착하고자 하였다. 그러나 그리스 로마 신화의 경우 언어의 한계상 역본만으로는 텍스트를 온전히 장악할 수 없기 때문에 근본적인 문제가 상존常存한다고 할 것이다. 덧붙여 두 신화를 비교할 때 어느 한쪽의 내용이 결락缺落되었을 경우 그리스 로마 신화와 함께 인도 유러피언 신화 계통에 속하는 게르만 신화, 인도 신화나 중국 신화의 일부 내용을 공유하는 한국 신화 등으로부터 관련 자료를 원용하였음을 일러둔다.

2. 거인신체화생巨人身體化生 신화

동서양 신화를 비교함에 있어 창세 신화는 특별한 의미를 지닌다. 왜냐하면 "태초에 관한 특별한 이야기는 인간의 모든 의미 있는 행위의 본보기가 되는 모델로서 기능"[1]하므로 해당 종족의 세계관, 기본 관념 등과 깊이 상관되기 때문이다. 동서양의 창세 신화를 훑어보면 원초적 거인이 죽고 그 몸의 각 부분이 천지 만물로 변화한다는 동일한 주제의 신화 즉 거인신체화생 신화가 보편적으로 존재하는 것을 발견할 수 있다. 그러나 전반적인 내용은 양자가 비슷하나 디테일한 부분에서 결정적인 차이가 있어 고찰의 여지가 많다.

서구에서의 거인신체화생 신화는 그리스 로마 신화와 같은 계통에 속하는 게르만 신화의 이미르Ymir 신화와 인도 신화의 푸루샤Purusa 신화를 예로 들 수 있다. 먼저 『그림니스말Grimnismál』 40, 41페이지에 실린 이미르 신화를 살펴보면 태초의 거인 이미르가 젊은 신들의 생활에 방해가 되자 신 중의 신 오딘Odin이 그를 살해하여 세상을 창조한

---

1) N. J. Giradot, "The Problem of Creation Mythology in the Study of Chinese Religion", *History of Religion*, vol.15, no.4(1976.5.), 292.

다. 그 창조의 과정을 노래한 시는 아래와 같다.

>이미르의 살로 땅이 만들어졌고,
>그의 땀(혹은 피)로 바다가 만들어졌다.
>산들은 그의 뼈로, 나무는 그의 머리카락으로,
>그리고 하늘은 그의 두개골로 (만들어졌다).
>그의 이마로 우아한 신들은 인간의 자손들을 위한 미드가르드(인간의 영역)를
>건설했다.
>그리고 그의 뇌수는 굳어져 모두 구름이 되었다.2)

또 『리그베다Rig-Veda』 10쪽~90쪽, 「푸루샤 찬가Purusasukta」에 실린 푸루샤 신화를 살펴보면 태초의 거인 푸루샤의 신체 4분의 3은 불멸의 존재(신들; deva)를 이루고 나머지 4분의 1은 세계 창조에 사용된다. 신들은 이 푸루샤를 살해하여 희생제의를 올리고 이 과정에서 세계가 창조된다. 다음은 창조의 과정을 노래한 시이다.

>그 푸루샤를 나누었을 때, 얼마나 많은 부분으로 분배했는가.
>그의 입은 무엇이 되었나. 그의 두 팔은 무엇이었는가. 두 다리와 발은
>무엇이라 불렸는가.
>그의 입은 브라만이 되었고, 두 팔은 라잔나[크샤트리아]로 만들어졌다.
>그의 두 다리는 바이샤라고 하는 것이, 수드라는 발로부터 탄생하였다.

---

2) 내용 정리는 Bruce Lincoln, *Myth, Cosmos, and Society*(Cambridge: Harvard UP, 1986), 1페이지부터 40페이지까지 실린 원전 번역 및 해설에 의거함.

달은 그의 마음에서 탄생했으며, 태양은 그의 눈으로부터 태어났다. 입으로부터는 인드라와 아그니가, 그리고 호흡으로부터 바유가 탄생했다.

배꼽으로부터 허공이 나왔고, 머리에서 하늘이 존재하게 되었다. 발로부터 땅이, 귀로부터 방향이 (생겨났다). 이와 같이 세상을 (신들은) 배열했다.[3]

한편 중국에서의 거인신체화생 신화는 반고신화盤古神話를 예로 들 수 있는데 그 내용은 태초의 거인 반고가 홀로 살다 죽어서 그 몸이 천지만물로 분화된다는 것이다. 자세한 내용은 다음과 같다.

원초적 기운이 혼돈 상태에 있을 때 그 시초가 여기에서 비롯하여 마침내 천지가 나뉘어 처음 건곤의 범주가 성립되고 음양의 기운이 발생했다. 원초적 기운이 퍼져나가 중간의 조화로운 존재를 잉태하니 이것이 사람이다. 처음 반고가 태어났는데 죽음에 임하여 몸을 변화시켰다. 그 기운은 바람과 구름이, 소리는 우레가, 왼쪽 눈은 해가, 오른쪽 눈은 달이, 사지 오체는 사방 끝과 오악이, 피는 강이, 힘줄은 지형이, 살은 농토가, 머리털은 별이, 솜털은 초목이, 이빨과 뼈는 쇠와 돌이, 골수는 보석이, 땀은 비와 호수가, 몸속의 벌레들은 바람을 맞고 백성들로 화하였다.

(元氣濛鴻, 萌芽始茲, 遂分天地, 肇立乾坤, 啓陰感陽. 分布元氣, 乃孕中和, 是爲人也. 首生盤古, 垂死化身. 氣成風雲, 聲爲雷霆, 左眼爲日, 右眼爲月, 四肢五體爲四極五嶽, 血液爲江河, 筋脈爲地理, 肌肉爲田土, 髮髭爲星辰, 皮毛爲草木, 齒骨爲金石, 精髓爲珠玉, 汗流爲雨澤, 身之諸蟲因風所感, 化爲黎甿.)[4]

---

3) 내용 정리는 심재관 저, 「고대 인도의 창조신화와 제의적 이미지 읽기: 뿌루샤 찬가」(신화아카데미 저, 『세계의 창조신화』, 서울: 동방미디어, 2001)에 실린 원전 번역 및 해설에 의거함.

4) 徐整, 『五運歷年記』, 『廣博物志』, 卷9 및 『繹史』, 卷1에 실려 있음.

동서양 거인신체화생 신화를 비교해 보았을 때 비슷한 내용임에도 양자는 창조 주체의 유무, 거인 죽음의 형식, 신체 화생의 방식 등에서 큰 차이를 보임을 알 수 있다. 서구 신화 곧 인도 유러피언 계통의 신화에서는 배후에 창세를 주관하는 존재가 뚜렷하나 중국 신화에서는 그것이 없다. 거인의 죽음은 서구 신화에서는 살해, 중국 신화에서는 자연사의 형식을 취하고 있다. 시체가 만물로 변화하는 방식도 서구 신화에서는 사지 절단을 통해 이루어지지만 중국 신화에서는 통째로의 상태에서 분화해나가고 있다.

(좌) 이미르Ymir, 〈아우드훔라의 젖을 먹는 이미르〉,
니콜라이 아빌고르, 덴마크 코펜하겐 국립미술관, 1790년 작.
(우) 반고, 『천지인귀신도감天地人鬼神圖鑑』.

우리는 서구 신화의 살해 모티프를 통해 외부로부터의 충격, 갈등에 의해 이항 구조적인 대립이 생기고 그 대립을 극복하면서 발전이 일어난다는 변증법적 관념의 단초를 찾아볼 수 있다. 이러한 동력 지향의 사고야말로 서구 문명의 끊임없는 발전을 지탱해온 큰 축일 것이다. '느림의 철학'을 제창한 쌍소P. Sansot의 현실 인식 역시 이와 같은 서구의 풍토에 근거한다. 그는 개탄한다.

사람들은 매우 광범위한 형태로 행동하는 것을 찬양함으로써 인간 행동의 범위를 노동의 공간과 시간 너머로까지 확장시켰다.[5]

반면 중국 신화의 경우 자연사 모티프는 반고를 "궁극적인 원인이나 의지를 가지지 않고 자발적으로 자기 생성하는self-generating"[6] 존재로 보게 한다. 반고의 자연사와 이후의 분화는 "도는 하나를 낳고 하나는 둘을 낳으며 둘은 셋을 낳고 셋은 만물을 낳는다道生一, 一生二, 二生三, 三生萬物"[7]라는 노자의 언술이자 자화론自化論의 기초가 아닐 수 없다.

다음으로 우리는 서구 신화의 절단 모티프와 중국 신화의 온몸 모티프로부터 분석적 사고와 전일적全一的, holistic 사고의 맹아를 엿볼 수 있을 것이다. 통째로인 상태에서 변화한다는 중국 신화는 부분이 곧 전체라는 유기체적 관념과 상관된다. 부분은 전체 속에서만 활력을 지니고 기능을 발휘한다. 인간과 자연이 불가분리한 관계라는 생각은 이에 상응한다. 반면 절단해야 무엇인가가 만들어진다는 서구 신화는 부분을 전체로부터 분리할 때 보다 사물이 명징明澄하게 드러난다는 분석적 사고와 상관된다. 사물이 분명해질 때 우리는 그것을 쉽게 파악하고 지배할 수 있다. 그러나 전체와의 관계를 상실하게 되면 반사적으로 분리된 부분에 대해 집중하게 된다. 여기서 자연과 거리를 두기 시작할 때 보다 인간 본연에 대해 숙고하게 될 것이라는 예상이 가능하다. 이 예상은 다시 아래의 비교에서 확인될 것이다.

---

5) 피에르 쌍소 저, 『느리게 산다는 것의 의미』, 김주경 역, 서울: 동문선, 2001, 36쪽.
6) 프레드릭 모오트 저, 『중국문명의 철학적 기초』, 권미숙 역, 서울: 인간사랑, 2000, 33쪽.
7) 老子, 『道德經』, 42章.

동서양 거인신체화생 신화는 흥미롭게도 신체의 천지 만물로의 변화 양상에서도 차이점을 보여준다. 먼저 링컨이 인도 유러피언 계통 신화 곧 서구 신화의 변화 양상을 도표로 정리한 바 있는데 그것은 다음과 같다.[8]

소우주론적 상동형태(소우주→대우주)

	살	뼈	터럭	피	눈	마음	뇌	머리	호흡
Grímnismál	땅	산	나무	바다	·	·	구름	하늘	·
Rg-veda 10.90	·	·	·	·	태양	달	·	하늘	바람
"Poem on the Dove King"	땅	돌	·	·	새벽	달	·	·	바람
Škend Gumānīg Wizār	땅	산	식물	·	·	·	·	하늘	·
Metamorph-oses	·	돌	숲	·	·	·	·	우주적 산의정상	·
II Enoch 30.8	땅	돌	풀	이슬	태양	·	구름	·	바람
Code of Emisig	땅	돌	풀	물	태양	·	구름	·	바람
Britsh Museum MS.4783 fol.7a	땅	돌	·	바다	태양	·	구름	·	바람
Discourse of Three Saints	세계의 빛	돌	·	바다	태양	·	구름	·	바람
Aitreya Upaniṣad	·	·	식물	·	태양	달	·	·	바람
Greater Bundahišn	땅	산	식물	바다	태양과 달	·	끝 없는 빛	하늘	바람

8) Bruce Lincoln, *Myth, Cosmos, and Society*, Cambridge: Harvard UP, 1986, 21.

서구 신화의 변화 양상을 염두에 두고서 중국 신화의 그것을 살펴보기로 하자. 반고의 천지만물로의 화생을 서사 그대로 정리해보면 다음과 같다.

기운/바람과 구름,　소리/우레,　왼쪽 눈/해,　오른쪽 눈/달, 사지/사방 끝,　오체/다섯 개의 명산,　피/강물,　힘줄/지형, 살/농토,　머리털과 수염/별,　솜털/초목,　이빨과 뼈/쇠와 돌, 골수/보석,　땀/비와 호수,　몸속의 벌레/사람.

일단 동서양 신화 모두 신체(소우주)/자연(대우주) 구도로 인간과 자연을 상동 관계homology로 파악하고 있다는 점에서 양자는 비슷한 우주론을 지니고 있음을 인지할 수 있다. 다시 말해 후대 동양의 기본 철학 관념인 천인합일론天人合一論이 동서양 창세 신화에서는 공유되고 있었던 것이다. 다만 양자를 세밀하게 뜯어볼 때 후대의 사유 혹은 문화로의 정향은 이미 다르게 나타나고 있음을 엿볼 수 있다.

양자를 비교해보면 링컨이 제시한 9개의 상동 관계 중 6개가 반고 신화의 그것과 일치함을 알 수 있다. 그것은 반고신화에서 살/농토, 이빨과 뼈/쇠와 돌, 솜털/초목, 피/강물, 왼쪽 눈/해, 기운/바람과 구름의 상동 관계이고 서양 신화에서는 살/땅, 뼈/돌 혹은 산, 터럭/풀, 나무 혹은 숲과 식물, 피/바다, 이슬 혹은 물, 눈/새벽, 태양 혹은 달, 호흡/바람의 상동 관계이다.

그런데 양자는 비슷한 상동 관계론을 보여주면서도 뚜렷한 차이가 한 가지 있다. 서구 신화에서의 9개 상동 관계 중 반고신화와 일치하지 않는 3개가 그것이다. 그것들은 마음/달, 뇌/구름 혹은 끝없는 빛, 머리/하늘 혹은 우주적 산의 정상의 상동 관계로서 이들은 대체로 인간의 정신 영역을 가리키는 듯하다. 반고신화에는 전혀 보이지 않는 이 정신 영역의 항목들과의 상위相違를 어떻게 설명해야 할까? 물론

개중에는 사변적인 경향의 아리안 족이 인도 대륙에 처음 진입했을 때 자연의 경이로움에 감탄하여 다채로운 신화와 범신론의 종교를 만들어냈다는 세계 문화사에서의 일반화된 서술을 따르고 싶어 할 사람도 있을 것이다. (현재 통용되는 세계 문화사의 집필 주체가 누구인지 한번 생각해보자.) 하지만 그러한 서술에 의거한다면 반고신화를 비롯한 비서구 신화의 정신적 정황은 무뇌아無腦兒적이라고 진단해야 옳은가?

반고신화에는 서구 신화에서의 정신과 관련된 3개의 상동 관계 항목들이 없는 대신 사지/사방 끝, 오체/다섯 개의 명산, 힘줄/지형, 머리털과 수염/별, 땀/비와 호수 등 신체의 자세한 부분과 자연 현상과의 긴밀한 조응이 두드러진다. 특히 왼쪽 눈을 해에, 오른쪽 눈을 달에 관계 지은 것만 보아도 서구 신화보다 훨씬 신체와 자연의 세밀한 대응이 이루어지고 있음을 알 수 있다.[9]

우리는 일반적으로 그리스 로마 신화를 비롯한 서구신화의 인문화된 경향을 지적해왔다. 후술後述할 바이지만 반인반수半人半獸적 존재에 대한 동서양 신화에서의 긍정적 혹은 부정적 인식의 차이 역시 그 한 예이다. 서구 신화에서의 인간의 정신 영역에 대한 표현은 자연으로부터의 분리, 그와 동시에 인간 주체에 대한 사유가 이미 발아發芽하고 있었음을 보여준다. 이에 비해 반고신화는 상대적으로 더욱 인간과 자연의 불가분리한 관계성을 강조했던 것으로 읽힐 수 있을 것이다.

---

9) 이상의 논의는 정재서 저, 「동서양 창조신화의 문화적 변용 비교연구」(『중국어문학지』 제17집, 2005) 참조.

3. 인류탄생 신화

세상을 창조하는 신화에 이어 인류 탄생의 신화에 대해 동서양 신화를 비교해보기로 한다. 그리스 로마 신화에 의하면 천지가 개벽 되고 온갖 동식물이 번성한 후 프로메테우스가 비로소 강물에 흙을 반죽하여 신의 형상을 좇아 인간을 빚어냈다고 한다. 그러나 나약하기 그지없어서 프로메테우스는 인간에게 천문, 의약, 문자, 점술 등을 비롯한, 각종 기예를 가르쳐주고 마지막에는 제우스의 반대를 무릅쓰고 문명을 이루는 데 꼭 필요한 불을 전해주기까지 한다.

뒤랑은 이 내용에 주목하여 기술 문명이 발달한 근대 산업사회를 '프로메테우스의 시대'로 지칭하였는데 여기에는 '인간을 위한 인간의 시대'라는 의미도 함축되어 있다. 이처럼 그리스 로마 신화에서 인간의 창조는 마치 신의 모든 창조 행위 중 최종 단계인 것처럼 각별하게 다루어진다. 비록 인도 유러피언 계통은 아니지만, 후대에 서구 정신의 큰 원천을 이루는 히브리 신화 곧 『성경』의 「창세기」에서도 인류 창조는 그러한 의미를 지닌다. 주지하듯이 하나님 역시 동식물 등 모든 피조물을 창조한 후 최후에 신의 형상을 좇아 진흙으로 인간을 빚었고 그에게 생육하고 번성하여 세상을 지배하라는 특권까지 부여한다.

그러나 중국 신화에서 인간의 창조는 상대적으로 가볍게 다루어진다. 우선 앞서 살펴보았듯이 반고신화에서 인간은 거인 신체의 벌레가 변화된 것이다. 반고는 사실상 대우주인 자연을 의미하는데 이로 볼 때 고대 중국에서 인간은 자연의 기생충과 같은 존재로 인식했던 것임을 알 수 있다. 이러한 인식은 오늘날 생태주의 특히 가이아Gaia 가설에서 보는 지구상의 인간 존재에 관한 생각과 상통하여 흥미롭다. 또 다른 버전은 여신 여와女媧가 황토로 인간을 빚어냈다는 신화이다.

(좌) 프로메테우스, J. 크로시에. (우) 여와, 『천지인귀신도감天地人鬼神圖鑑』.

여와는 어느 날 인간을 만들기로 한다. 하지만 그리스 로마 신화와 히브리 신화에서처럼 모든 피조물을 창조한 후가 아니라 초하루부터 엿새째까지는 가축을 만들고 이레째 사람을 만든 후 다시 여드레부터 열흘째까지 곡식을 만든다. 가축과 곡식의 창조 와중에 인간을 만들던 여와는 피곤을 느끼자 하나하나 만들던 것을 멈추고 새끼줄에 진흙을 묻혀 사방에 뿌려댔는데 흩어진 흙 조각들도 사람으로 변하였다고 한다. 중국 신화에서 인류는 이처럼 성의 없이 창조된다. 오죽하면 시인 이백李白이 다음과 같이 노래했겠는가?

> 女媧戲黃土, 여와가 진흙으로 장난을 쳐,
> 團作愚下人. 어리석은 인간을 빚어냈다네.10)

　동서양 신화를 비교할 때 중국 신화에서 인류 창조는 그리스 로마

10) 李白, 「上雲樂」.

신화나 히브리 신화에서처럼 피조물 창조의 최종 단계 혹은 최종 목적으로 간주되지 아니하며 인간은 신으로부터 불[火]과 세상의 지배권 등 어떠한 특권도 부여받지 못하고 있다. 이것은 고대 중국의 경우 인간 역시 자연의 일부로서 그것에 귀속된 존재라는 관념이 지배적이었기 때문이다. 반면 그리스 로마 신화와 히브리 신화에서의 인류 창조에 대한 각별한 주목은 앞서 살펴보았듯이 점차 자연과 분리의 길을 걷게 되면서 인간 존재에 대한 비중이 커짐에 따른 당연한 귀결이라 할 것이다. 이제 우리는 양자의 이러한 인식이 이미지를 통해 가시화되는 경우를 반인반수 신화를 통해 보게 될 것이다.

4. 반인반수半人半獸 신화

평창 동계올림픽 전야제에 인면조人面鳥가 출현했을 때 대부분의 사람은 친근함보다 낯섦, 심지어는 섬뜩함마저 느꼈다고들 한다. 사실 인면조는 고구려 덕흥리德興里 고분벽화에 출현한 상서로운 새로서 본래는 『산해경』의 동이계東夷系 신화에서 기원했다. 동이계 종족은 신조神鳥를 숭배했고 이로 인해 조인일체鳥人一體 관념이 발생했으며 그것을 인면조로 형상화했던 것이다. 난생설화를 국조國祖 신화로 삼는 고구려에서 인면조는 그렇게 낯설고 섬뜩한 존재는 아니었을 것이다. 아니 친숙하고 자비로운 존재였는지도 모른다. 그러나 그 후예인 오늘의 우리는 그것의 출현에 당혹감을 느낄 정도이다. 그렇다면 인면조 나아가 반인반수에 대한 불편한 느낌은 대체 어디에서 유래하는가?

대부분의 신화에서는 반인반수의 존재가 많이 출현한다. 그리스 로마 신화에서는 인신우수人身牛首의 미노타우로스, 인면조신人面鳥身의 세이렌, 인면마신人面馬身의 켄타우로스 등이 반인반수인 것으로 유명

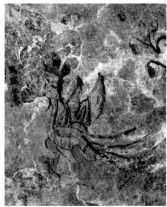

(좌) 인면조. 평창 동계올림픽. (우) 만세. 덕흥리 고구려 고분 벽화.

하다. 중국 신화에서는 인면용신人面龍身의 황제黃帝, 인신우수의 염제炎帝 혹은 신농神農, 인면사신人面蛇身의 여와 등을 비롯해, 허다한 반인반수의 존재들이 등장한다. 그런데 그리스 로마 신화에서 반인반수의 존재는 대부분 부정적으로 인식되고 있는 반면 중국 신화에서는 그들이 긍정적으로 여겨지고 있음을 볼 수 있다. 예컨대 똑같이 인신우수의 형체를 한 미노타우로스와 염제를 보자.

미노타우로스는 크레타섬 미노스 대왕의 비妃 파시파에가 황소와 교접하여 낳은 사생아이다. 태생부터 좋지 않게 설정된 미노타우로스는 식인 괴물로서 미궁迷宮에서 희생물을 잡아먹다가 결국 아테네의 영웅 테세우스에 의해 처단된다. 염제는 어떠한가? 그는 농업을 발명하고 의약을 창시하여 인류에게 큰 도움을 준 선신善神이다. 이 뚜렷한 대비에서 볼 수 있듯이 그리스 로마 신화에서는 미노타우로스를 비롯한, 세이렌, 스핑크스, 메두사 등 반인반수의 존재들은 대부분 사악하고 위험한, 그리하여 결국에는 영웅에 의해 퇴치될 운명을 지닌 괴물들이다. 중국 신화에도 흉악한 반인반수의 괴물이 없는 것은 아니나 그리스 로마 신화보다 상대적으로 많지 않다. 이러한 상위는 어디에서

미노타우로스. 로마 시대의 모자이크

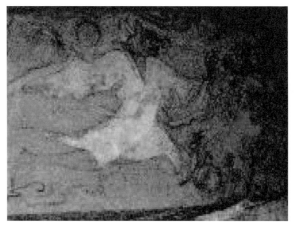

염제 신농. 고구려 오회분 오호묘 벽화.

오는 것일까?

　일찍이 자연에서 인간으로의 정향을 보여준 그리스 로마 신화의 경우 아마도 미토스가 로고스에게 진리의 왕좌를 양위한 시점에는 어느 정도 인간 중심의 사고가 뿌리를 내렸을 것이다. 이에 따라 완전한 형상은 인간의 모습을 지향하게 된다. 그리스 로마 신화에 등장하는 신들이 하나같이 잘난 남자, 예쁜 여자의 모습을 하고 있는 것은 신이 아닌 인간이 표준이므로 완전한 신을 완전한 인간의 모습으로 구현하였기 때문이다. 이와 같은 인간 중심의 사고에서 이제 동물성은 저열低劣한 것으로 간주된다. 이러한 사고가 진행되면 궁극적으로는 자연이 인간의 발아래에 놓이는 인식에까지 이르게 될 것이지만 여하튼 그리스 로마 신화에서 동물성이 섞인 반인반수의 존재는 사악한 괴물로 취급될 수밖에 없다.

반면 인간과 자연의 유기체적 통일 곧 천일합일론적 관념이 여전히 우세한 중국의 문화적 풍토에서 동물성은 결코 열등한 것이 아니다. 위대한 자연의 본질에 가까운 그것은 신성과 아울러 월등한 능력을 의미한다. 따라서 중국 신화에서 반인반수의 형상은 훌륭하고 전능한 신의 모습이기도 하다. 황제, 염제, 소호少昊, 복희伏犧, 여와 등의 대신들이 모두 반인반수의 모습을 한 것은 거의 미남, 미녀로 표현된 그리스 로마 신화의 대신들과 현저한 대조를 이룬다.

반인반수, 그것은 신성한 토템 동물과의 합일, 나아가 거룩한 자연과의 일체감을 표상한다. 여기서 우리는 반인반수에 대한 부당한 편견이 어디에서 비롯되었는지 확인할 수 있을 것이다. 나아가 호모사피엔스에 대한 후대의 유아독존적, 순혈주의적 관념이 어디에 근원하고 있는지에 대해서도 충분한 시사를 얻게 될 것이다.

다음에 우리는 이러한 인간 중심의 사고가 결국 인간 주체의 확립을 지향할 때 그것이 종족적, 지역적 국한성과 맞물려 타자에 대해 어떠한 인식과 태도를 낳는지 동서양 이방인 신화의 비교를 통해 살펴보게 될 것이다.

5. 이방인 신화

이방인은 언제나 굴절된 모습으로 재현된다. 그 이유를 사이드는 거리가 차이를 극화劇化시켜 상상 지리학imaginative geography을 낳고 그것이 이방인에 대한 차별을 조성한다고 설명하였고[11] 에코U. Eco는 주변부의 비정상인은 중심부의 사람이 정상이라는 것을 강조하려고 의도적으로 만들어진 것이라고 주장하였다.[12] 엘리아데에 의하면 인간은 항상 자신이 처한 곳을 세계의 중심으로 간주하는 본능이 있는데 사이드와 에코의 견해는 이러한 의미에서 설득력을 지닌다. 즉 동서양의 어느 민족이든 이방인에 대한 본능적인 편견은 피할 수 없다고 본다.

그러나 그러한 편견을 감안한다 하더라도 그리스 로마 신화를 비롯한, 서구의 서사 전통에서 이방인에 대한 인식과 태도는 중국의 그것과 다르게 나타난다. 지라르R. Girard는 속죄양 혹은 희생양이 되기에 십상인 존재로 이방인을 꼽았는데 이는 이방인을 결코 환영할만한 존재로 여기지 않았다는 이야기가 될 것이다. 그리스 로마 신화에서 이방인의 예를 들자면, 가령 외눈박이 키클롭스는 오디세우스 일행을 산채로 잡아먹는 등 악행을 저지르며, 아마조네스의 여전사女戰士들은 남자아이를 낳으면 죽여 버리고 활을 쏠 때 방해가 된다고 하여 젖가슴을 잘라낼 정도로 몹시 호전적이다.

인간 중심의 사고에 헬라인과 주변인을 준별하는 종족적, 지역적 국한성이 결합되면 타자에 대한 오해와 편견은 증폭된다. 시대의 추이에 따라 인간 중심의 사고가 인간 주체 곧 서구 주체를 추구하는 단계에 이르면 어떻게 될까? 그리스 로마 신화에서부터 이미 엿보인 서구 인본주의 전통에서 타자는 주체를 위협하는 위험한 대상으로 간주되

---

11) Edward Said, "Introduction", *Orientalism*, New York: Vintage Books, 1979.
12) 움베르트 에코 저, 『글쓰기의 유혹』, 조형준 역, 서울: 새물결, 1994, 105-13쪽.

(좌) 키클롭스
(우) 아킬레우스가 아마조네스의 여왕 펜테실레이아를 죽이는 장면.
그리스의 도자기 그림. 기원전 540년경 작.

어 엄격히 배제되거나 적대시된다. 예컨대 외계인은 그룹 퀸Queen의 노래 가사에도 등장하듯이[13] 언제나 지구를 침공하고 우리를 멸망시킬 존재로 상상되지 우호적인 미소를 띠고 드라마 「별에서 온 그대」처럼 연애 가능한 손님으로 그려지지 않는다. 포스트휴먼 시대의 공민公民이 될 가능성이 많은 AI, 사이보그, 유전자 복제인간 등에 대한 SF 소설이나 영화도 두렵고 음울한 정조가 기본이다. 그들은 언제 나의 주체를 위협할지 모르니까.

그렇다면 중국 신화에서의 타자에 대한 묘사는 어떠한가? 상상력의 보고寶庫 『산해경』에는 중원에서 멀리 떨어진 이방인들에 대한 신화가 다수 실려 있다. 스위프트J. Swift의 『걸리버 여행기』의 원조 격이라 할 이 책에서는 먼 나라 인종들의 기이한 모습과 괴상한 풍속 등을 소개하고 있다. 가령 관흉국貫胸國이라는 나라의 사람들은 그들의 선조

---

13) 퀸의 노래 「라디오 가가Radio Ga Ga」의 가사 중 '화성 침공invaded by Mars'이 나온다.

위에서부터
(좌) 관흉국 사람, 『산해경존山海經存』, 왕불汪紱, 청대淸代.
(중) 장비국 사람, 장응호蔣應鎬, 『산해경회도山海經繪圖』, 명대明代.
(우) 섭이국 사람, 장응호蔣應鎬, 『산해경회도山海經繪圖』, 명대明代.

가 가슴을 찔러 죽은 후 대대로 그렇게 가슴이 뚫린 채 태어났다고 한다. 그러나 그들은 상하질서가 분명한 종족이었다. 존귀한 이가 행차할 때면 아래 것들이 장대로 높으신 분의 가슴을 꿰어 가마를 태운 것처럼 모시고 다녔다고 한다. 또 장비국長臂國이라는 나라의 사람들은 팔이 엄청나게 길었다. 그래서 그들은 물가에 꼿꼿이 선 채로 긴 팔을 물속으로 뻗어 고기를 잡았다고 한다. 효양국梟陽國이라는 나라의 사람들도 괴상한 인종이었다. 그들은 원숭이같이 생겼고 사람을 보면 씩 웃었다고 하는데 그때가 도망갈 기회였다. 웃느라고 긴 입술이 위로 말려 올라가 눈을 가릴 때 잽싸게 도망가야만 그들의 공격을 피할 수 있었기 때문이다. 또 섭이국聶耳國이라는 나라의 사람들처럼 이상한 풍속을 지닌 종족도 없을 것이다. 섭이국은 귀가 큰 사람들이 사는 나라였다. 이 나라 사람들은 귀가 하도 크고 무거워 두 손으로 받치고 다녔는데 그런 귀도 나름대로 쓸모가 있었다. 그들은 잠을 잘 때 한쪽 귀는 요로 깔고 다른 한쪽 귀는 이불로 덮고 잔다고 하였다.

(좌) 여자국 사람, 장응호蔣應鎬, 『산해경회도山海經繪圖』, 명대明代.
(우) 일목국 사람, 장응호蔣應鎬, 『산해경회도山海經繪圖』, 명대明代.

이상 살펴본 바와 같이 중국 신화의 이방인들은 대부분 비정상적인 신체를 지니고 기이한 행동을 하는 등 외견상 그리스 로마 신화의 이방인과 별 차이가 없어 보인다. 그러나 이미지는 낯설고 이상할지라도 그들에 대한 묘사에서 적대적인 감정은 찾아보기 어렵다. 평론가 고 김현 역시 그들에 관한 이야기를 읽고 적대감을 느끼기는커녕 "아름다운 시보다도 더 많은 꿈을 꾸게 한다"라고[14] 영탄詠嘆한 바 있다. 다시 말해 그들은 나의 주체를 위해 배제되어야 할 대상이 아니라 세상의 다양성을 위해 함께 어우러져 살아가야 할 존재로 인식되고 있는 것이다.[15] 중국 신화에서 이방인은 비록 희화화戲畵化되어 있긴 하지만 그들만의 정체성을 간직한 채 사해동포四海同胞의 일원으로 이 세계의 구성에 참여하고 있다.

조선 숙종 때 남인의 영수 허목許穆은 삼척 지역의 해일을 막기 위해 건립한 「척주동해비陟州東海碑」에서 부상국扶桑國, 흑치국黑齒國, 저인국氐人國 등 『산해경』에 등장하는 변방의 이국異國들에 대해 언급한 후 다음과 같이 노래한다.

> 海外雜種, 바다 밖의 여러 종족들,
> 絕儻殊俗, 인종도 다르고 풍속도 다르지만,
> 同圍咸育, 한 울타리 안에서 함께 살아간다네.

여기에 이방인을 배척하거나 동화시키고자 하는 의도는 없다. 그는

---

14) 김현 저, 「1986년 2월 12일자」, 『행복한 책 읽기』, 서울: 문학과지성사, 1992.
15) 타자에 대한 이러한 통합적 인식은 같은 동양권인 한국에도 현재까지 이어져 내려온다. 웹툰의 이물교구異物交媾 모티프를 분석한 결과는 흥미롭다. 이물은 배척해야 할 타자가 아닌 '또 다른 자아'로 인정받으면서 인간과의 결합 가능성을 드러낸다. 정유경, 한혜원 저, 「한국 설화 기반 웹툰에 나타난 이물교구 모티프의 포스트휴먼적 가치 연구」, 『만화애니메이션연구』 제52호, 2018, 279-80쪽.

'한 울타리' 곧 같은 세계 안에서 다양한 이타적異他的 존재들이 공존하는 삶을 그리고 있는 것이다.16)

「척주동해비陟州東海碑」, 강원도 삼척.

6. 맺음말

본고에서는 "상상력은 자유롭지 않다"라는 명제를 제시하고 이른바 '상상력의 제국주의'라는 오늘의 현실이 인본주의, 합리주의, 주체(인간, 서구) 등 근대의 주요 개념항들과 긴밀한 상관관계에 있다는 사실을 인지한 후 그것의 기원을 신화로 소급하여 탐색하고자 하였다. 그 과정에서 중국 신화와 그리스 로마 신화를 중심으로 동서양 신화에

---

16) 정재서 저, 「'척주동해비陟州東海碑'에 표현된 『산해경山海經』의 신화적 이미지들-정치성인가? 주술적 현실인가?」, 『영상문화』 제29호, 2016, 15-6쪽.

대해 몇 개의 주제를 두고 비교 고찰하였다. 이제 그 결과를 정리해보면 다음과 같다.

첫째, 거인신체화생신화에 대한 비교 논의는 창세신화가 종족의 세계관 내지 우주론을 정초定礎하는 데에 큰 영향을 미친다는 사실을 유념하면서 진행되었다. 그 결과 서구의 이미르 등과 중국의 반고 화생의 경우 변증법/자화론, 분석적 사고/전일적 사고 등 사유 패턴의 차이를 엿볼 수 있었는데 이러한 차이가 양자 모두 자연과의 상동 관계 속에서도 인간의 정신 영역에 관한 관심 여부와 상응하고 있다는 점은 주목할 만하다.

둘째, 인류 탄생 신화에 대한 비교 논의에서 그리스 로마 신화와 히브리 신화의 경우 인간의 창조가 피조물 창조의 최종 단계 혹은 목적으로 비칠 정도로 특권을 부여하고 있음에 비하여 중국 신화의 경우 가볍게 다루어지거나 심지어 비하되기까지 하는 경향[거인 몸 속의 벌레]을 보이는 것은 인간 존재에 대한 집중의 정도와 자연에 대한 인간의 비중 여하如何를 반영하는 것으로 이해되었다.

셋째, 반인반수 신화에 대한 비교 논의에서 목전의 반인반수에 대한 편견이 어디에서 비롯되었는가를 구체적으로 미노타우로스와 염제 신농의 비교를 통하여 고찰해 보았을 때 미노타우로스를 비롯한 그리스 로마 신화에서의 반인반수는 부정적으로, 중국 신화의 경우 비교적 긍정적으로 묘사된 것을 알 수 있었는데 이는 인간이 세계 사유의 표준으로 정위定位했는가 아니면 여전히 자연과의 유기적 관계를 우선하는 관념을 견지하고 있는가의 차이로 설명할 수 있을 것이다.

마지막으로, 이방인 신화에 대한 비교 논의에서 동서양 모두 이방인은 굴절된 모습으로 재현됨에서는 일치하나 그리스 로마 신화를 비롯한, 서구의 서사 전통에서 이방인은 적대적이고 위험한 존재로 간주되는 경향이 있음에 비하여 중국 신화 특히『산해경』에서의 이방인들은 희화화되긴 했지만, 결코 위협적인 존재로 묘사되고 있지 않음을 볼 수 있었다. 이러한 차이는 특히 서구의 관점에 유의할 필요가 있을 것 같은데, 인간 주체에 대한 집요한 추구가 종족성 및 지역성과 결합하면서 헬라인 나아가 서구 주체, 이른바 'We Westerner'의 입장에서 타자를 배제하는 관념이 강화되었을 것으로 추리된다.

결국, 논의 결과를 종합해 볼 때 그리스 로마 신화에서 이미 발아된 인본주의, 합리주의, 주체(인간, 서구) 등의 씨앗은 근대에 이르러 화려한 꽃을 피웠고 서구의 정치, 경제, 이데올로기적 헤게모니에 힘입어 마침내 전 지구의 상상계를 평정할 지경에 이르렀음을 알 수 있다. 이에 그리스 로마 신화가 상상력의 표준으로 군림하게 된 것은 자연스러운 현상이라 할 것이다. 우리는 '상상력의 제국주의'의 기원과 성립 과정을 이렇게 요약해 볼 수 있겠다. 그렇다면 근대정신의 남용 혹은 오용이 가져온 폐해가 엄혹嚴酷한 비판을 낳고 있는 이즈음 그리스 로마 신화 표준의 상상력이 유효한지 따져봐야 할 것이다. 물론 그리스 로마 신화는 여전히 우리에게 소중한 자산이다. 인간 일반에 대한 관심은 양의 동서를 막론하고 어느 시대에나 중요했으며 특히 인간 주체라는 화두는 다가올 포스트 휴먼 시대에 오히려 현안이 될 수도 있다. 이러한 의미에서 그리스 로마 신화는 앞으로도 우리에게 훌륭한 시사를 줄 수 있을 것이다. 다만 우리는 상상력의 생태계를 위해 획일화보다는 다양화의 길을 걸어야 하고 근대 이래 폄하되었던 동양 신화의 상상력이 탈근대, 포스트 휴먼적 상황에서 인류의 지혜를 새롭게 할 복음으로 대두할 가능성도 있다고 본다. 특히 자연과의 유기적 관계성, 타자에 대한 포용 정신, 동물성에 대한 긍정 등의 취지는 생태주의가 흥기하고 다문화, 다종족, 포스트 휴먼적 존재들이 호혜적으로 공존해야 하는 금후의 시점에서 상당히 유효할 것이다.

하지만 상이한 문화를 비교하는 것처럼 위험하고 어려운 일은 없다. 이는 아무리 강조해도 지나치지 않는다. 거기에는 제아무리 명철한 분석가, 박고통금博古通今한 학자라도 예측할 수 없는 변수들이 도사리고 있기 때문이다. 그리하여 이 거친 시도를 위해 서설에서 장문에 걸쳐 한계 조건들을 나열하였지만, 여전히 부가해야 할 문제의식들이 있다.

첫째, 다시 텍스트의 문제인데 원신화의 텍스트가 존재하지 않는 한 모든 현행 텍스트는 고전이든 현대 편역본이든 후대의 주석가 혹은 편집자의 영향에서 자유로울 수 없다. 이 점에 관한 한 현행 그리스 로마 신화와 중국 신화에 후대의 인본주의적 관점 혹은 천인합일론이 스며들지 않았다고 장담할 수 없다. 이것은 사실 극복하기 어려운 문제이다.

둘째, 논지 전개 과정에서 대체로 그리스 로마 신화의 인본주의적 성향과 중국 신화의 친자연관을 구분하였지만 사실 중국의 자연관도 어디까지나 인간에 의해 '상상된 자연'에 대한 스토리이다. '자연自然'이라는 용어가 노자의 『도덕경』에서는 "도는 절로 그러한 이치를 따른다道法自然"라고 했듯이 본래는 자연의 이치 자체만을 함축했던 것이 현재의 산수 자연Nature과 같은 의미로 쓰이게 된 용례가 위진魏晉 시대 왕필王弼의 주석에서부터 비롯한다는 사실이 그것을 말해준다. 이러한 관점에 따르면 넓은 의미에서 인본주의든 친자연관이든 인간 중심의 사고를 벗어나지 않는다고 볼 수도 있을 것이나 본고에서는 호모 사피엔스 독존獨尊적인 다소 편협한 인본주의에 초점을 맞춰 논의를 진행하였음을 밝혀둔다.[17)]

셋째, 근래 탈식민주의 논의에서 양가성兩價性 이론이 대두하면서

---

17) 중국의 경우도 후대로 가면 인간이 중심이라는 관념은 보편적이다. 한대(漢代)의 유향(劉向)은 "하늘이 만물을 낳았으나 오직 사람이 가장 귀하다(天生萬物, 唯人最貴)"(『說苑』「雜言」)"라고 설파한 바 있다. 그러나 서설에서 전제했듯이 동서양 간의 비교에서는 상대적 차이를 두고 논의하였다.

제국주의와 식민지 타자, 고급문화와 하위문화 간에 일방적인 지배 관계만 존재한다는 통설이 힘을 잃고 심리적, 문화적으로 상호 침투가 진행되어 결국 혼종混種적 상황에 이르게 된다는 가설이 설득력을 얻고 있다. 이렇게 본다면 '상상력의 제국주의' 역시 동양/서양 혹은 강대국/약소국(문화산업적 측면에서) 등 너무 사태를 이분법적으로 인식하는 것이며 강대국의 입장을 과장하고 약소국의 처지를 과소평가한 것이라는 이견이 있을 수 있다. 그러나 할리우드 문화산업의 경우 가령 중국의 문화콘텐츠를 수용하여 만든 영화 「뮬란Mulan」이나 「쿵푸 팬더Kung Fu Panda」 등은 서구의 입맛에 맞도록 심한 왜곡과 변형을 가하여 궁극적으로는 문화산업을 통해 또 다른 차원의 획일화를 수행하는 셈이므로 불균형한 역학 관계에서 비판의식의 무장해제는 시기상조라는 생각이 든다.

마지막으로, 앞서 제기한 텍스트 문제와 더불어 본고가 갖는 또 하나의 큰 한계는 한두 개의 특정 사례 비교를 통해 얻은 결과를 확대하여 논리상의 비약이 있을 수 있다는 점일 것이다. 이는 창세신화, 이방인 신화 등 그 하나만 해도 광범한 주제들을 단순화시켜 한 편의 논문에 꾸려 넣었다는 비판과도 일맥상통한다. 가령 이방인 신화만 해도 『맨더빌 여행기』와 같은 서구 중세의 박물지적 여행기를 보면 이방인을 기괴하게 묘사하고 있긴 하나 그다지 적대감을 표명하곤 있지 않다. 반면 『서유기』에서 삼장법사 일행이 구법求法의 여정에서 만난 숱한 요괴들을 구축驅逐하는 장면은 어떻게 이해해야 할 것인가? 요괴는 사실상 타자가 아니었던가? (물론 조금 더 파고 들어가면 『서유기』는 명대明代에 자본주의, 개인의식이 흥기했던 시기에 성립되었다거나, 퇴치된 요괴들이 완전히 배척되는 것은 아니고 손오공처럼 궁극적으로는 도에 귀의한다는 포용적 장치 등이 있긴 하다.) 여하튼 보다 많은 상이한 사례들에 대해 다양한 각도에서의 고찰이 뒤따라 추인追認되어야 할 것으로 생각한다.

　이상 서론과 말미에서 누차 언급하였듯이 본고는 여러 제약과 한계를 지니고 서술되었다. 그럼에도 이 모든 문제를 안고 탐구를 진행한 것은 그간의 근대 논의에서 우리가 관심을 덜 기울였던 근대의 신화적 기원, 상상력의 정체성 등에 대해 의문을 던지고 나아가 쟁론을 야기하는 데 의미를 두었기 때문이다. 이 성글고 거친 논문이 사계斯界의 전가專家들로 하여금 "마음을 노닐고 눈길을 머물게 하기遊心寓目"에 그런대로 도움이 된다면 다행이겠다. 이후 여러 측면에서 발전되고 보완된 연구가 이어지기를 기대하면서 소론所論을 맺고자 한다.

참고문헌

『山海經』.

『道德經』.

『太平御覽』.

『廣博物志』.

劉向, 『說苑』.

李冗, 『獨異志』.

周致中, 『異域志』.

李白, 「上雲樂」.

정재서 역주, 『山海經』, 서울: 민음사, 1985.

김현, 「1986년 2월 12일자」, 『행복한 책 읽기』, 서울: 문학과지성사, 1992.

르네 지라르, 『희생양』, 김진식 역, 서울: 민음사, 1998.

신화아카데미, 『세계의 창조신화』, 서울: 동방미디어, 2001.

움베르트 에코, 『글쓰기의 유혹』, 조형준 역, 서울: 새물결, 1994.

정재서, 『앙띠 오이디푸스의 신화학』, 서울: 창작과비평사, 2010.

_____, 「고구려 고분벽화의 신화, 도교적 제재에 대한 새로운 인식」, 『상상』
    (1995), 가을호.

_____, 「동서양 창조신화의 문화적 변용 비교연구」, 『중국어문학지』 제17집,
    2005.

_____, 「'척주동해비(陟州東海碑)'에 표현된 『산해경(山海經)』의 신화적 이미지
    들-정치성인가? 주술적 현실인가?」, 『영상문화』 제29호, 2016.

정유경, 한혜원, 「한국 설화 기반 웹툰에 나타난 이물교구 모티프의 포스트 휴
    먼적 가치 연구」, 『만화애니메이션연구』 제52호, 2018.

피에르 쌍소, 『느리게 산다는 것의 의미』, 김주경 역, 서울: 동문선, 2001.

Edward Said, *Orientalism*, New York: Vintage Books, 1979.

Bruce Lincoln, *Myth, Cosmos, and Society*(Cambridge: Harvard UP, 1986).

-----------, *Theorizing Myth: Narrative, Ideology, and Scholarship*, Chicago: The

University of Chicago Press, 1999.

N. J. Giradot, "The Problem of Creation Mythology in the Study of Chinese Religion", *History of Religion*, vol.15, no.4(1976.5.).

Mircea Eliade, "Cosmogonic Myth and Sacred History", *Sacred Narrative*, ed. Alan Dundes, Berkeley: University of California Press, 1984.

동북아시아 설화에 나타나는 새의 형상과 기능
- 시베리아 에벤족을 중심으로*

문준일

1. 머리말

시베리아 소수 민족들의 신화와 신앙 체제에 대한 연구는 그동안 국내에서 지속적으로 이루어져 왔다. 이는 우리나라에 알타이 연구가 시작된 것과 괘를 같이 한다. 최남선이 1927년 『계명啓明』지에 "살만교차기薩滿教箚記"를 발표하면서라고 볼 수 있으니, 국내 시베리아 소수 민족에 대한 연구의 시초는 샤머니즘 연구부터라고 말할 수 있다. 이후 1970년대 말 이필영의 "북아시아 샤마니즘과 한국무속의 비교연구", "샤만과 무당의 호칭에 대하여" 등이 나오면서 본격적인 연구가 시작되었다.[1]

1985년대 한국알타이학회의 창립으로 연구 역량이 집중되면서 시베리아 민족들의 언어, 문학, 역사, 민속 등 문화 전반에 대한 연구가 이루어지게 되었다. 그리고 1990년대 러시아와의 외교관계 수립으로

---

* 본 논문은 〈문준일, 「시베리아 에벤족 설화에 나타난 새들의 신화적 형상」, 『슬라브研究』 35권 2호, 2019.6, 69-95쪽〉에 수록된 내용을 수정·보완한 것임.

1) 이필영, 『북아시아 샤마니즘과 한국무교의 비교연구』, 연세대학교 석사학위논문, 1979; 이필영, 「샤만과 무당의 호칭에 대하여」, 『인문사회과학』 14, 1984, pp. 281-293; 이필영, 『샤마니즘의 종교사상』, 한남대학교출판부, 1988.

러시아의 연구 성과들을 국내학계가 접하게 되면서 새로운 계기를 맞게 된다. 곽진석, 이정재, 강정원, 양민종 등의 학자들에 의해 시베리아 제 민족들의 신앙과 종교 체제에 대한 연구가 매우 활발히 이루어졌다. 그 중 시베리아 민족들의 곰 숭배나 곰 축제 등 동물숭배와 제의에 대한 관심과 연구가 특히 주목을 끈다. 토템시조나 샤머니즘에 대한 연구는 궁극적으로 시베리아 제 민족들과 한국과의 친연관계를 규명하는 데 일조하게 될 것임으로 이러한 관심은 당연하다고 할 수 있다.

시베리아 제 민족들은 각기 성스러운 동물이 존재한다는 관념을 가지고 있고, 이것은 각부족의 토테미즘과 샤머니즘의 영역에서 매우 중요한 역할을 한다. 또 민족과 부족에 따라 숭배하는 동물도 차이를 가지고 있다. 이러한 동물숭배의 영역 중 앞서 말한 곰 축제와 곰 신화에 대한 연구는 각종 학술논문, 저서, 역서 등 다양한 연구 결과물들이 나와 있고, 조명을 받고 있다. 하지만 시베리아 제 민족의 새 숭배에 관한 연구는 거의 이루어지지 않고 있다.

새는 전 세계 여러 민족의 신앙 체계나 신화와 설화에서 중요한 요소로 등장한다. 망자의 영혼이 새로 변하기도 하고, 종족의 시조로 여겨지기도 하며, 신을 도와주는 존재이거나 샤먼의 조력자로 등장하기도 한다. 또한 암각화나 금속제 조형물들에서 볼 수 있듯이 각종 상징물로서 나타난다. 이러한 현상들은 새가 가지고 있는 상징적 의미에서 기인한다.

새는 비상의 능력이라는 그 본질적 상징의미 때문에 태양숭배사상, 천신사상과 연결된다. 이러한 새 숭배는 시베리아 제 민족으로 구성되는 알타이 제어권 문화와 한국문화간의 중요한 연결점을 찾는데 일조할 수 있다. 천계와 현세를 연결하는 중개자, 사망 후 육체를 떠난 영혼의 매개자, 세계수와 연결된 새의 모습 등은 두 문화권에서 공통적으로 발견되기 때문이다.

2. 선행연구 현황

1) 선행연구 현황

시베리아 제민족의 문화에 대한 국외 연구는 18세기 초인 1730년대까지 거슬러 올라간다. 당시 러시아의 프리드리흐(M. Фридрих, 1705-83)는 시베리아 소수토착민족의 전통문화에 대한 조사보고서를 작성했다. 이후 19세기를 거치며 러시아에서 이러한 연구는 시베리아 소수민족의 범주 안에서 수행되었는데 1924년 소비에트 당국의 정책으로 토착민들이 '소수민족' 지위를 받은 후 조사보다는 학술적 성격의 연구가 점차 증가되었다. 20세기 이후 바실례비치(Г.М. Василевич, 1895-1971)[2], 돌기흐(Б.О. Долгих, 1904-1971)[3], 투고루코프(В.А. Туголуков, 1924-1986)[4]

2) Г.М. Василевич, *Учебник эвенкийского (тунгусского) языка* (М., Л.: Гос. учеб. педагог. изд-во, 1934) ; Г.М. Василевич, *Эвенкийско-русский (тунгусско-русский) диалектологический словарь* (М., Л., 1934); .Г.М. Василевич, Древней шие языковые связи современных народов Азии и Европы (1947); Г.М. Василевич, *Эвенки: историко-этнографические очерки XVIII-начало XX в.* (Ленинград: Изд. Наука. 1969); Г.М. Василевич, *Исторический фольклор эвенков* (М. 1970)

3) Б.О. Долгих, *Кеты: История закабаления царизмом и послереволюц. культур. и хоз. рост.* (Иркутск; М.: Гос. изд-во, 1934); Б.О. *Долгих, Легенды и сказки нганасанов* (Красноярск: Гос. изд-во, 1938); Б.О. Долгих, Родовой и племенной состав народов Сибири в XVII веке. Дисс. канд. ист. наук. 1946; Б.О. *Долгих, Племя у народов севера. Общественной строй у народов Северной Сибири.* (М., 1970)

4) В.А. Туголуков, "Охотские эвенки," *Советская этнография*. № 1. (М., 1958); В.А. Туголуков, "Эвенки бассей на рек Турухан," *Социальная организация и культура народов севера.* (М.: Наука, 1974); .В.А. Туголуков, *Тунгусы (эвенки и эвены) Средней и Западной Сибири* (М.: Наука, 1985)

등에 의해 혁혁한 발전을 이룩하게 되었다. 최근 20년 동안에는 라사
딘В.И. Рассадин, 쉐이킨Ю.И. Шей кин, 바르디나Р.К. Бардина 등의 학위논
문과 연구논문, 저작물들이 출간되었다.5)

서구에서도 시베리아 제민족 연구는 시베리아 소수민족 연구의 일
부로 수행되고 있는데 대표적인 연구물로는 폴란드 출신 챠플리카М.А.
Czaplicka의 "Aboriginal Siberia: A Study in Social Anthropology"(1914), 루마니아 출
신 엘리아데M. Eliade의 "Le Chamanisme et les techniques archaiques de
l'extase"(1951), 디오제기V. Dioszegi와 호팔M. Hoppal의 연구모음집6), 즈나
멘스키А.А. Znamenski7) 등을 들 수 있다. 또한 소수민족 정책 및 기타
주제와 관련하여, 포사이스J. Forsyth8), 우드와 프랜치A. Wood & R.A.
French9)등의 저작이 출간되었다.

새 숭배에 대한 연구는 주로 러시아 연구자들에 의해 이루어졌다.
대표적인 연구물은 쉬테른베르그Л.Я. Штернберг의 "시베리아 제민족
의 독수리 숭배에 대하여"10)가 있으며, 기타 몇몇 소논문들이 있으나

---

5) Ю.И. Шей кин, *Музыкальная культура народов Сибири: Сравните
   льно-историческое исследование инструментов, звукоподражани
   й и песен.* Дис. док. искуст. (СПб., 2002); Р.К. Бардина, *Этносоциа
   льная история обских и нижнесосьвинских манси в конце XVIII -
   начале XXI вв.* Дис. канд. ист. наук. (Томск, 2007)

6) V. Dioszegi, M. Hoppal, *Shamanism in Siberia* (Budapest, 1978)

7) A.A. Znamenski, *Shamanism and Christianity: Native Encounters With Russian
   Orthodox Missions in Siberia and Alaska 1820-1917* (London: Greenwood press,
   1999)

8) J. Forsyth, *A History of the People of Siberia: Russia's North Asian Colony
   1581-1990* (New York: Cambridge Univ. Press, 1992)

9) A. Wood, R.A. French, *The Development of Siberia: People and Resource* (New
   York: St. Martin's Press, 1989)

10) Л.Я. Штернберг, "*Культ орла у сибирских народов,*" Сборник МА
    Э. Т.5. Вып.2. 1925.

아직까지 본격적인 저서나 결과물은 없는 실정이다.

시베리아 제민족의 동물숭배에 대한 신화나 축제, 의식에 대한 연구는 주로 곰을 위주로 이루어졌다. 기왕의 연구로는, 이정재의 "동북아의 곰문화와 곰신화(1997)", "시베리아의 부족신화(1998)", 곽진석의 "시베리아 에벤족의 곰 축제에 대한 연구(2009)", "시베리아 만주 퉁구스족 곰 신화의 양상과 유형에 대한 연구(2011)" 등이 있다. 새 숭배와 관련된 연구결과는 김민수가 발표한 "시베리아 원주민족들의 까마귀와 독수리 숭배 연구(2012)"와 막시모바의 "알타이 문명벨트의 구명을 위한 야쿠트와 한국 문화의 새 상징 비교연구(2018)"가 있다.

이러한 맥락에서 시베리아 제민족에게서 발견되는 다양한 새 숭배의 모습과 관련된 의식을 밝히는 연구는 국내 시베리아 제민족 연구의 주제를 다양화시킬 수 있고, 두 문화권의 민속 신앙체계에서 흥미로운 공통점을 찾는 작업이 될 수 있다. 그 동안 국내 시베리아 제민족의 문화에 대한 연구는 샤머니즘이나 토테미즘 등 신화와 신앙체계에 초점이 맞추어지면서 진행되었다. 하지만 동물숭배에 관해서는 곰 신화와 곰 축제에 중점을 두면서 새 숭배에 대한 연구는 미처 이루어지지 못하였다. 새 숭배는 곰 숭배만큼이나 양문화권의 고대문화에서 공통점을 찾는데 중요한 요소가 될 것으로 생각한다.

국외 연구에서 서구의 경우 새 숭배나 그것과 관련된 연구는 거의 이루어지지 않았고, 러시아의 경우에는 새 숭배에 관한 연구가 전반적으로 이루어졌지만, 암각화에 나타난 새의 형상이나 샤먼의 무복에서 발견되는 금속제 새 형상의 의미, 각 민족의 여러 의식들에서 나타나는 다양한 새 숭배의 모습들을 개별적으로 연구하였다. 하지만 아직까지 종합적인 연구결과물들을 내지는 못하고 있다. 그것은 시베리아 제민족의 새 숭배나 관련된 의식의 복잡성과 다양성에 기인하는 것으로 보인다.

본 논문은 시베리아 문화권의 다양한 새 숭배 의식과 양상들을 정리하고 한국과의 공통점을 찾는 연구의 일환으로서 그 시작으로 시베리아 에벤족의 설화에 나타난 새들의 신화적 형상을 살펴보려 한다. 이후 시베리아 제민족의 언어권별 대표적인 민족의 새 숭배 모습이 종합되면 거시적 관점에서 새 숭배의 모습을 총체적으로 볼 수 있을 것이며, 한국의 새 숭배 문화와의 비교도 가능해질 수 있을 것이다.

2) 에벤 설화 연구사

러시아 내에서의 시베리아 소수민족에 대한 연구들은 이미 오래전부터 시작되었다. 축치чукчи, 코랴크коряки, 유카기르юкагиры, 니브흐нивхи 등과 같은 민족의 설화들은 이미 1917년 이전에 보고라스В.Г. Богораз, 요헬슨В.И. Иохельсон, 쉬테른베르크Л.Я. Штернберг 등에 의해 광범위한 텍스트가 수집되었고, 그 설화들에 대한 기본적인 연구들과 함께 출판되었다. 그리고 이 연구들은 오늘날까지도 수집·출판된 양적 측면에서도 독보적이다. 하지만 다른 소수민족들의 구전문학들, 특히 만주 퉁구스 어족 민족들의 경우는 연구자들의 관심을 그렇게 많이 끌지는 못하였다. 1920년대 말에서 1960년대까지 바실례비치Г.М. Василевич가 진행한 에벤키족의 설화에 대한 수집과 연구가 있었다. 에벤키족의 설화 연구는 오랫동안 다른 만주 퉁구스 어족 민족들의 설화 수집, 출판, 연구 정도와 비교되는 기준점이 되었다.

만주 퉁구스계 민족들 중 에벤족 구비민속문학의 전문적인 수집과 학문적 연구는 보고라스에 의해 시작되었다. 1931년에 출판된 콜리마Колыма와 오몰론Омолон 지역의 에벤족 설화에 대한 자료는 에벤족 설화 연구에서 새로운 단계를 의미하였다.[11]

---

11) В.М. Богораз, "Материалы по ламутскому языку," *Тунгусский сборник* (Л.: Изд-во Акад. наук СССР, 1931), Т.I. с. 1-106.

이후 언어학자들이나 교육자들 그리고 지역의 지식인들이 에벤족 설화의 수집 작업을 진행했고, 수집된 자료를 초등학교에서 에벤어를 배우는 학습자들에게 적용시켜보기도 했다. 하지만 이후 오랫동안 학문적 연구를 이끌 만한 에벤족 설화의 출판은 이루어지지 못했다. 1958년이 되어서야 마가단에서 노비코바K.A. Новикова가 편집한『에벤족 설화Эвенская фольклор』12)가 출판되었다. 노비코바와 다른 수집가들에 의해서 1930-1950년대에 채집된 설화 텍스트들은 비록 양은 많지 않았지만 에벤족 설화의 다양한 장르들을 독자들에게 소개하였다. 하지만 1950년대 중반부터 70년대 말까지 에벤족 설화연구 분야에서는 별다른 진척이 이루어지지 않았고, 안타깝게도 설화수집의 시간들을 돌이킬 수 없이 흘려보내고 말았다. 이후 70년대 말까지 레베제바Ж.К. Лебедева의 2개의 사료학적인 논문13)에 보고라스와 다른 연구자에 의해 진행된 에벤족 설화 연구사가 조명되었을 뿐이다.14)

하지만 2001년에 부르이킨A.A. Бурыкин에 의해『에벤 설화의 작은 장르들Малые жанры эвенского фольклора』이 출판되었다. 이 연구는 에벤족의 속담, 수수께끼, 터부, 금지와 주문들, 징조들 등 에벤족 생활 속 민속에 관련된 자료들을 집성하였다. 2002년에는 보코바E.H. Бокова

---

12) К.А. Новикова (сост.), *Эвенский фольклор. Сказки. Предания и л егенды. Песни. Загадки* (Магадан: Магаданское книжное издате льство, 1958) 120 с.

13) Ж.К. Лебедева, "Первые записи образцов эвенского фольклора," *В опросы языка и фольклора народностей Севера* (Якутск, 1972), с. 161-171; Ж.К. Лебедева, "История собирания и изучения эвенского фольклора после Октябрьской революции," Вопросы языка и фо льклора народностей Севера (Якутск, 1980), с. 80-92.

14) А.А. Бурыкин, *Малые жанры эвенского фольклора. Загадки, посл овицы и поговорки, запреты-обереги, обычаи и предписания, пр иметы (исследование и тексты)* (СПб.: Петербургское востокове дение, 2001) с. 3-8.

의 『에벤족 설화Эвенский фольклор』[15])가 초등학교 5-6학년 교재로 야쿠츠크에서 나왔다. 그리고 2005년에 저명한 소수민족 연구자인 로벡 В.А. Роббек[16])이 편집한 『베레조프카 에벤족의 설화Фольклор эвенов Березовки』[17])가 출간되었다.

3) 시베리아 새 상징 연구

세계 여러 민족의 문화에서 공통적이거나 유사한 문화현상이나 상징들이 드물지 않게 발견된다. 그것을 각 문화현상이 가지는 상징의 원형이라는 면에서 분석할 수 있다. 새 숭배는 새가 가지는 본질적 상징에서 시작한다. 비상의 능력이라는 새의 속성은 인간이 닿을 수 없는 세계에 갈 수 있다는 믿음을 만든다. 그래서 천상과 지상의 중개자로서의 새의 역할이 만들어진다. 사후 영혼이 육체가 분리되어 하늘을 날아 사후세계로 간다고 믿었던 고대인들은 새가 다른 세계로 가는 영혼의 매개의 역할을 각 문화권에서 하게 된다. 따라서 새의 상징은 문화적 원형을 분석하는 연구가 될 수 있고, 그 속에서 찾을 수 있다.

하지만 그 상징이 각 민족마다 다 같이 나타나지는 않는다. 두 세계의 중재자로서의 새라는 원형은 같겠지만, 어느 부족에서는 그 대상이 까마귀가 되고, 다른 부족에서는 독수리, 또는 물새가 된다. 숭배의 대상이 되는 새를 죽이거나 그 고기를 먹으면 안 된다는 금기도 해당 부

---

15) Е.Н. Бокова, *Эвэды фольклор: учебное пособие по национальной культуре для учащихся 5-6 классов* (Якутск: Бичик, 2002) 216 с.

16) 바실리 로벡(Василий Афанасьевич Роббек, 1937-2010)은 러시아과학아카데미 산하 시베리아소수민족 문제연구소의 설립자 중 한 사람이며, 1992년부터 2008년까지 소장으로 재직했다. 시베리아소수민족 문제연구소는 러시아의 북쪽지역, 시베리아 그리고 극동지역 소수민족의 보존과 발전에 대한 학문적 기반을 마련하는 종합적 연구를 수행하는 러시아내 유일한 학술기관이다.

17) В.А. Роббек (сост.), *Фольклор эвенов Березовки (образцы шедевров)* (Якутск: Изд-во ИПМНС СО РАН, 2005). 360 с.

족에게만 적용되고 다른 부족에게는 적용되지 않는 경우도 많다. 같은 부족이라도 거주 지역에 따라 숭배의 새가 달라지기도 한다. 이것은 각 부족의 토템이 다르거나 적대적 부족을 특정한 새로 치환시키는 등 각기 복잡한 맥락을 가지고 있다. 이것들을 분석하기 위해서는 구체적 역사적 접근 방법을 통한 개별적 분석이 필요하다.

새 숭배가 나타나는 현상은 축제, 세시의식, 생활 속의 금기 등에서 다양하게 볼 수 있다. 새 숭배를 보다 종합적으로 분석하려면 신화학, 언어학, 지역학, 문화학, 인류학 등 여러 학문의 관점에서 보다 거시적으로 조망하여야 한다. 이때 가장 기초적인 원형자료를 제공해 줄 수 있는 것이 해당 연구민족의 설화이다. 설화는 그 민족의 원형적 세계관을 가장 잘 보여줄 수 있는 자료이다. 또한 지속적으로 수행된 러시아화 정책에 의해 기독교화되고 전통문화에서 어느 정도 벗어난 시베리아 제민족들의 인지체계와 정체성의 반영물로서 고유의 사고체제의 원형을 보존하고 있다. 따라서 각 민족들의 설화에 나타난 새의 형상들을 추출해서 분석하고 유형화 하는 연구는 이후 시베리아 고대문화의 특성을 이끌어내는 실증적 작업이 될 수 있다.

3. 설화에 나타난 새의 형상들과 그 기능

시베리아 제 민족의 설화 속에 등장하는 새들은 종족의 시조, 문화영웅, 샤먼의 조력자, 아니면 세상을 창조한 신 그 자체 등 아주 다양한 역할을 수행한다. 이것은 당연히 그 지역 민족의 토테미즘과 샤머니즘의 영향을 받은 것이지만, 그 역할들 속에서도 새가 가지는 기본적 원형상징은 비상을 통한 두 세계간 이동의 능력에 있다.

우주가 세 개의 세계, 즉 '위의 세계', '중간의 세계', '아래의 세계'

로 구성되어 있다는 개념은 시베리아 소수민족 전체의 신화론으로 작용한다.[18] 이 세 개의 세계를 다 왕래할 수 있는 것은 새, 특히 물새가 유일하다. 따라서 새는 시베리아 전민족의 종교와 신화 시스템에서 필수적으로 등장하는 요소가 되며 여러 가지 다양한 기능을 가지게 된다. 세계창조 신화에서도 새는 중요한 역할을 하는데, 오리, 아비새, 도요새, 물오리 같은 새들이 태초의 대양 바닥에서 첫 흙을 가져온다.[19] 이러한 맥락에서 에벤 설화 속에서 새가 가지는 신화적 형상들을 대별하여 살펴보면 다음과 같다.

1) 신의 조력자

에벤족 설화에서 새가 가지는 다양한 기능들 중 하나는 세계창조에 관여하는 것이다. 시베리아 여러 민족의 세계 창조 신화에서 오리, 아비새, 물오리, 도요새 등 여러 새들은 바다, 즉 아래의 세계에서 첫 번째 흙을 가지고 와서 지상의 세계를 만드는 것을 돕는 역할을 한다.

에벤족의 세계창조 설화에서 신 '헤프키Хэвки'가 땅을 만들 때 조력자로 등장하는 것은 아비새гагара이다. 신의 부탁을 받고 아비새는 바다 밑바닥에서 흙 한줌을 부리에 물어 가지고 오고, 이 흙으로 헤프키는 땅을 창조한다.[20] 다음은 로벡이 편집한 에벤족 설화집 속에 수

---

18) 에벤족의 세계 모델도 마찬가지로 만주 퉁구스어족 민족들에게 전통적인 세계관을 그대로 따르고 있다. 에벤족은 우주를 세 영역으로 구분하였다. 살아있는 인간의 세계(중간의 세계), 죽은 자의 세계(아래의 세계), 신과 천사의 세계(위의 세계). 이 세 개의 세계에서의 삶은 지상의 삶과 유사하지만 몇 가지 특징들이 있는데, 위세계의 집들은 금과 은으로 만들어졌고, 아래 세계의 집은 철로 만들어져 있다. В.А. Тураев (отв. ред.), *История и культура Эвенов. Историко-этнографические очерки* (СПб.: Наука, 1997), с. 111.

19) Ю.А. Бычков, "Птица как символ религиозно-мифологической системы в традиционной культуре этносов Сибири," *Вестник НВГУ*, 2012, No. 3. с. 59.

록된 대지창조 설화이다.

예전에는 이 세상이 전부 물이었다. 헤프키가 있었고, 아린카가 있었다.[21]
어느 날 신이 잠시 생각하고는 거위들에게 물었다.
"너희들이 진흙을 구해올 수 있겠니?"
거위가 대답했다.
"구해올 수 없어요. 추워서 죽을 거예요."
신이 오리들에게 물었다.
"어디서 흙을 찾지?"
"저희는 찾지 못해요. 물속에서 죽을 거예요."
다음에 아비새가 왔다. 신이 아비새에게 물었다.
"너는 어디서든 진흙을 구할 수 없겠니? 너가 한 줌이라도 찾아오면 우리는 땅을 만들 수 있을 텐데."
그러자 아비새가 말했다.
"나는 진흙을 구하러 이 바다 바닥으로 잠수할 수 있어요. 하지만 진흙은 매우 적을 거예요."
신이 말했다.
"조그만 한 조각이라도 커질 수 있어."
아비새는 결심했다.

---

20) Р.П. Кузьмина, "Мифологические образы птиц в эвенском фольк лоре," *Филологические науки. Вопросы теории и практики*, No. 10(28) (Тамбов, 2013), с. 99.

21) 로벡B.A. Роббек이 편집한『베레즈프카 에벤족의 설화』에 수록된 대지기원 설화를 보면, 에벤어 원문과 러시아어 번역 사이에 차이점을 발견할 수 있다. 러시아어 번역은 "Раньше везде была вода. Был Бог, был Сатана (예전에는 이 세상이 전부 물이었다. 신이 있었고, 악마가 있었다)"이지만, 에벤어 원문을 보면 "Титэл төр бумңундян мө бисин. (Ибдири бэй икэр экэн) Хэвки бисин, Аринқа бисин"로 '신'과 '악마'가 아니라 '헤프키'와 '아린카' 임을 알 수 있다.

"진흙을 가지러 바다 밑으로 갈게요."

그리고 바로 바다 밑으로 들어갔다.

신은 기다리고 기다렸다. 아비새는 오지 않았다. 한참 시간이 흐르고 마침내 물새가 나타났다. 진흙 한 줌을 가지고 왔다.

아비새가 신에게 물었다.

"흙을 어디에 둘까요?"

신이 대답했다.

"부리에 물고 있어."

아비새가 신에게 물어볼 때 아린카가 아비새 부리에서 진흙을 훔쳤다. 헤프키가 아린카에게 호통을 쳤다. 진흙이 아린카의 입에서 미끄러져 떨어졌다. 그때 헤프키가 아린카에게 침을 뱉었다. 헤프키의 호통 소리에 땅이 쩍 벌어지면서, 계곡과 산들이 도드라져 올라왔다. 그렇게 땅이 창조되었다.[22]

에벤족 창조 신화의 여러 텍스트들에서 헤프키Хэвки과 아린카Аринка는 대지를 창조하는 작업에 같이 등장하는데, 아린카는 그의 창조 작업을 방해하는 적대자антипод이다. 에벤키족 신화체계의 세프키Сэвки와 하르기Харги에 해당한다. 하지만 아린카는 하르기처럼 헤프키의 형제는 아니다. 아린카는 에벤어로 악령, 악마, 마귀, 괴물을 뜻한다.[23]

---

22) В.А. Роббек (сост.), Указ. соч., с. 205-206.

23) 에벤어에서 ари-는 악령이나 유령 등의 저승세계와 관련된 대상이나 행동을 지칭하는 용어들을 형성하는 데 쓰인다. 그래서 에벤어 арисаг과 аритти는 '유령', '환영'이라는 뜻이다. 에벤의 창조신화에서 아린카의 형상은 지금 채집된 자료로는 모순적이다. 하지만, 수집된 에벤 창조 신화의 양이 많지 않아 지금으로서는 아린카의 발전 과정을 추정하기가 어렵다. 다만 추측해 볼 수 있는 것은 신의 적대자로서의 아린카의 형상은 북퉁구스족이 단일한 공통점들을 가지는 시기에 형성되었고, 이후 에벤족의 역사가 흘러감에 따라 이전의 특징들을 유지하기도 하고 새로운 특징들을 습득하기도 했을 것으로 본다. М.П. Дьяконова, "Образ антиподов демиургов в мифах творения эвенков и эвенов," *Вестник Калмыцкого института гуманитарных исслед*

땅의 기원에 대한 대다수 아시아 전설의 특징 가운데 하나는 영원하고 또 끝이 없는 원해原海이다. 그리고 대지 기원 신화들 중 폭넓게 분포되어 있는 것은 대지를 창조하는 데 사용된 재료가 깊은 원해의 밑바닥으로부터 운반되어 왔다고 하는 전설이다.[24]

야쿠트의 전설을 보면, '우룽 아이으 토욘Юрюнг Ай ыы Той он'[25]이 넓은 원해 위를 거닐고 있을 때 원해 위에서 주머니 하나가 떠 있는 모습을 보고는 물었다. "너는 누구이냐?" 주머니가 말하기를 그는 사탄이며 원해 아래 숨겨져 있는 땅에 살고 있다 고 했다. 신이 말하기를 "만약 물아래 정말 땅이 있다면 한 조각 나에게 가져오너라." 사탄이 물아래로 잠수하여 조금 있다가 흙을 조금 가지고 돌아왔다. 신은 그 흙을 받아서 그것을 축복한 후 물 위에 놓고는 그 위에 앉았다. 그러자 사탄이 신을 물에 빠트리려고 그 흙을 잡아당겨 늘이기 시작했다. 하지만 잡아당겨 늘이면 늘일수록 땅은 더 단단해져서 곧 대양 표면의 대부분을 덮어버렸다.[26]

알타이 타타르의 대지기원신화는 다음과 같다. 땅도 하늘도 없고 오직 물만 있을 때, 울겐Ульгень[27]이 대지를 창조하기 위해 물위로 내려왔다. 그는 생각하고 또 생각했지만 어떻게 시작할지 계획이 떠오르

ований РАН, 1(23), 2016, с. 230-231.

24) 우노 하르바, 『샤머니즘의 세계. 알타이 민족들의 종교적 표상』. 박재양 옮김, 보고사, 2014. pp. 91-94.

25) '우룽 아이으 토욘Юрюнг Ай ыы Той он'은 우룽 아이르 토욘Юрюнг Аар Той он으로 불리기도 하며, 야쿠트어 표기로는 Үрүҥ Той он Ай ыы, Үрүҥ Аар Той он이다. 밝은 창조자светлый создатель господин, White Creator Lord라는 뜻이다. 야쿠트 신화에서 주신이며, 우주와 인간의 창조자이다.

26) Uno Holmberg, The Mythology of All Races, Vol. IV, Finno-Ugric, Siberian (Boston, 1927) p. 313.

27) 울겐Ульгень은 유르겐Юргень이라고도 불린다. 조물주이며, 알타이인과 하카스인의 샤머니즘에서 최고신이다.

지 않았다. 그때 '인간'이 그에게 왔다. 울겐이 물었다. "너는 누구이냐?" "나도 땅을 만들려고 왔습니다." 인간이 대답했다. 신은 화가 나서 말했다. "나도 땅을 만들 수가 없는데 어떻게 네가 할 수 있느냐?" 인간이 말하기를 "하지만 나는 땅을 만들 재료를 어디서 가져올지 알고 있습니다." 신이 그에게 그것을 조금 가져오라고 재촉하자, 인간은 바로 물속으로 잠수하여 대양의 바닥에서 산을 발견하고 그곳에서 흙을 한 조각을 떼어내서 자신의 입속에 넣었다. 물 표면에 다시 돌아와서는 인간은 신에게 가져온 흙의 일부만 주었다. 나머지 흙은 그의 이빨 사이, 그의 입에 그대로 남겨두었다. 그러다 마침내 인간이 그 흙을 뱉어내자 대지의 표면에 늪과 습지가 나타났다.[28]

이러한 대지기원 전설들은 대지를 만드는 신과 대지를 창조하는 것을 도와주나 나중에는 방해하는 적대자антипод로 '악마'나 '인간'이 등장한다. 에벤족의 설화는 이러한 두 명의 신과 적대자 외에도 심연에서 흙을 가져오는 '새'가 등장한다. 이 부분은 우노 하르바Uno Harva가 지적하듯이 러시아와 북서 시베리아 설화의 유사성을 제시해 주는 재미있는 지점이다. 원해의 바닥에서 흙을 가져오는 신의 보조자로 '새'가 등장하는 설화들은 다음과 같다.

에니세이 강 주변의 오스탸크Остяк족의 관련된 설화를 보자. 처음에는 온통 물뿐이었다. 위대한 샤만 '도'는 백조, 아비새 그리고 다른 물새들과 함께 그 물위를 맴돌고 있었다. 어디에도 쉴 곳을 찾지 못하자 그는 잠수새에게 바다 아래에서 흙을 한 줌 가져오라고 시켰다. 잠수새는 두 번을 실패하고서야 자신의 부리에 흙을 조금 가져오는데 성공했다. 이 흙으로 도는 바다의 섬을 만들었다.

부랴트 전설에 의하면 태고의 끝없는 바다 바닥에 검은 흙과 붉은 점토가 있었다. 부르한Бурхан이 땅을 만들려고 하얀 잠수새에게 물에

---

28) Uno Holmberg, op. cit., p. 315.

서 땅을 만들 재료를 가지고 오라고 시켰다. 잠수새는 흙과 점토를 부리로 가지고 와서 물위에 뿌렸다. 그러자 물결에 떠다니는 세계가 창조되었고 곧 그곳에서 나무와 풀이 자라기 시작했다.

발라간 지역의 부랴트인들도 비슷한 유형의 이야기를 가지고 있다. 아직 땅이 없던 태고의 시절에 솜볼-부르한Сомбол-Бурхан이 물위를 움직이고 있었다. 그때 그는 어린 새끼 열두 마리와 함께 수영하고 있는 물새를 보았다. 신은 그때 말했다. "물새야, 잠수해서 나에게 흙을 가져오렴. 검은 흙은 부리에 붉은 점토는 발에 가지고 오너라." 그렇게 땅을 만들 재료를 얻자 신은 붉은 점토를 물위에 뿌리고 그 위에 다시 검은 흙을 뿌렸다. 그러자 땅이 만들어졌고, 그 땅은 곧 아름다운 식물들로 덮이기 시작했다. 신은 물새에게 고마워하면서 축복해주었고 이렇게 말했다. "너는 많은 자식들을 낳게 될 것이고 어느 때고 물에서 수영하고 잠수할 수 있게 될 것이다." 이렇게 해서 그 새는 깊이 잠수 할 수 있는 능력과 물 아래에서 오랫동안 머무를 수 있는 능력을 가지게 되었다.[29]

세계창조에 관여하는 이러한 역할은 새가 가지고 있는 이미지와 긴밀히 연관되어 있다. 대지를 창조하는 역사에 동물들이 헌신적으로 기여했다는 고대인들의 상상력은 동물을 존경하고 숭배하던 의식의 소산이다. 동물들의 행동을 천지를 창조하는 모방적 몸짓으로 여길 정도로 동물들에게 우주 곳곳 어디든 미칠 수 있는 창조적 힘을 부여한 것이다. 육지를 생성하는 일에 동원된 비둘기, 닭, 오리, 백조, 거북, 두꺼비 등은 공통적으로 발에 물갈퀴가 달려 있는 동물들이다. 그 물갈퀴로 물속에서는 수영을 잘할 수 있고, 땅에서는 모래를 파헤치고 긁고 뿌리는 행위를 하는 동물들이다. 아마도 고대인들의 상상력은 그 동물들이 항용 취하는 행위에서 바다 속의 흙을 건져 올려 육지를 만든 신

---

29) Ibid., pp. 323-324.

의 행동을 유추하는 데까지 미쳤을 것으로 볼 수 있다.[30]

대지기원 설화에 중요한 역할을 하는 새의 테마는 위에서 언급한 대로 러시아와 시베리아 설화의 재미있는 연관 관계를 보여준다. 아파나시예프A.H. Афанасьев가 전하는 북부 대러시아 오네가 지방의 설화에서는 최초의 세계는 바다 밖에 없고, 그 곳에 두 마리의 멧새가 헤엄치고 있었다고 한다. 한 마리는 하얗고 다른 한 마리는 검은색이었다. 거기에 각각 신과 악마가 올라앉아 있었다. 악마는 신의 명령으로 바다 밑에서 한 줌의 흙을 가지고 왔다. 신은 그 흙으로 평원과 광야를 만들었지만 악마는 협곡이나 바위, 산을 만들었다. 신과 악마가 각각 병사를 만들어 전쟁이 시작되었다. 하지만 결국 신의 군대가 승리하고 천상에서 떨어진 악마의 군대는 물의 정령, 숲의 정령, 집의 정령이 되었다.

슬라브의 창세 신화에는 이란의 느낌을 풍기는 이중구조의 모티프와 잠수신화의 모티프가 결합되어 있음을 알 수 있다. 특히 새가 중요한 역할을 담당하는 시베리아의 우랄알타이어계 여러 민족의 창세 신화와 커다란 공통점을 보여준다.[31] 그래서 하르바는 북아시아와 중앙아시아의 전설이 세세한 부분까지 동유럽의 전설과 일치하기 때문에 양자는 여러 가지 비슷한 이야기가 있는 동일한 전설에 속한다고 어느 정도 결론을 내리고 있다.

에벤족의 설화와는 별개로 시베리아 소수민족들에게 세계창조는 까마귀와 연결된다. 까마귀는 조물주, 창조자, 문화영웅의 역할을 하기도 하고, 시베리아 몇몇 민족들에게서는 종족의 시조가 되기도 한다.

시베리아의 추코트 캄차트군에 속하는 고대 아시아인의 가장 오래

---

30) 김현주, 『토테미즘의 흔적을 찾아서: 동물에 관한 야생적 담론의 고고학』, 서강대출판부, 2009, p. 92.
31) 요시다 아츠히코 외, 『세계의 신화 전설』. 하선미 옮김, 혜원출판사, 2010, p. 137.

된 신화에서는 창조의 시간이 주로 까마귀의 행위와 관련된다. 축지족에서 까마귀는 직접적으로 데미우르고스demiourgos나 혹은 모호하게 묘사된 천신의 조력자 역할을 맡으며, 코랴크족과 이텔멘족에서는 그것은 문화영웅의 특성 몇 가지와 창조자의 징표를 견지하지만 주로 신화적 까마귀 종족의 족장이자 고대 아시아인의 시조로 간주된다.[32]

많은 인류학자들은 시베리아 종족들과 북극의 아메리카 토착민 종족들 사이의 유사점에 대해 지적해 왔다. 북극권 이북을 통틀어서 큰까마귀 또는 까마귀는 때때로 창조주로 숭배되기도 한다. 또한 큰까마귀는 성스러운 동시에 비속한 트릭스터가 되기도 한다.

동북 시베리아 축치족에 의하면, 이 세상에는 원래 큰까마귀 수컷과 그 아내 밖에 없었다고 한다. 따분해진 아내 큰까마귀가 남편에게 세상을 창조해달라고 부탁하자, 남편은 어떻게 하는지 모른다고 대답했다. 그러자 아내는 잠자리에 든 다음 쌍둥이를 낳았다. 아기들에게는 깃털이 없었고, 아빠는 까악까악 목소리로 아기들을 얼렀다. 바로 이 아기들이 첫 인간이었다. 아내의 실력에 자극받은 큰까마귀는 땅을 창조했다. 큰까마귀는 똥오줌으로 산과 강, 계곡을 만들었고, 이어서 동물과 식물을 창조했다.

베링 해협에 있는 쿠쿨릭 섬에 사는 이누이트 족은 큰까마귀가 물에 뛰어든 다음 모래를 퍼와서 자기네 땅을 창조했다고 전한다. 모래 속의 조약돌은 인간이 되었고, 큰까마귀는 사람들에게 사냥과 고기잡이를 가르쳤다.[33]

시베리아의 캄차카 반도에 있는 코랴크 족의 이야기에서는 '커다란 큰까마귀'가 세상의 창조주이자 종족의 조상이다. '큰까마귀 인간'은 커다란 큰까마귀의 타락한 상대로서 탐욕스럽고 충동적이지만 강력한

---

32) 엘리아자르 멜레틴스키, 『신화시학1』, 박종소 외 옮김, 나남출판, 2016, p. 284.
33) 보리아 색스, 『까마귀』, 이한중 옮김, 가람기획, 2005, pp. 95-96.

힘을 지녔다. 한 이야기에서 큰까마귀 인간은 커다란 큰까마귀의 장녀인 이네아넷에게 청혼했으나, 그녀는 대신에 '작은 새'와 혼인을 한다. 그러자 갑자기 온 세상이 완전히 깜깜해졌고, 무당은 큰까마귀가 해를 삼켜버린 것이라고 했다. 이네아넷은 큰까마귀 인간을 찾아가 수줍어하면서도 아첨하는 말로 마음을 누그러뜨려 놓았다. 그리고 그녀는 갑자기 그를 붙잡고 겨드랑이를 간질여서 결국 그가 웃음을 터뜨려 해가 달아날 수 있도록 했다.[34]

2) 영혼의 상징

사람이 죽으면 새나 짐승으로 변하여, 초자연적 존재로 산다는 믿음은 많은 민족들 사이에 존재한다. 고대 이집트에서는 죽은 자들이 왜가리, 악어, 뱀 등 어떤 짐승으로든 변한다고 믿었다. 그래서 이 변신을 도와주기 위해서 석관을 동물의 모양으로 만들기도 했다. 망자가 토템 동물이나 새로 변한다는 믿음은 아시아, 아프리카, 아메리카 등 전 세계에 퍼져있다. 인디언 수 부족은 샤먼과 여자는 죽은 다음에 야생동물로 변한다고 믿었고, 반투족은 죽은 자들이 주로 뱀으로 변하고, 족장이나 왕이 죽으면 표범이나 사자로 변한다고 믿었다.[35]

애니미즘의 개념이 발전함에 따라 영혼에 대한 믿음이 형성되었는데, 고대의 민족들이나 문명화된 민족들에게서도 영혼은 짐승이나 새의 모습으로 생각되었다. 이러한 생각은 거의 모든 민족들에게 퍼져있던 개념이었다. 점차 종교적 사고가 발전함에 따라 인간의 영혼이 짐승이나 새의 모습을 가진다는 개념에서 사호 영혼이 짐승이나 새로 변한다는 아마도 인간의 영혼이 짐승이나 새의 모습을 가진다는 개념에서 사후에 영혼이 짐승이나 새로 변한다는 개념으로 바뀐 것으로

---

34) Ibid., pp. 97-98.
35) Ю.А. Бычков, Указ. соч., с. 57.

보인다.[36)]

그 중에서도 가장 많이 제시되는 영혼의 모습은 주로 새이다. 이것은 신들이 하늘에 있다는 생각에서 연유된 것으로 보인다. 새는 하늘을 날며, 초자연적 존재들 사이에서 교류하기 때문이다.[37)] 알타이인들은 영혼을 수탉의 모습으로, 야쿠트인들은 종달새로 생각했다. 북아메리카 인디언인 구론족은 비둘기의 모습으로 영혼을 그렸다. 영혼을 새로 형상하는 개념은 이집트인들이나 바빌론인들, 그리스인들에게 공통적으로 발견된다. 고대 이집트인들은 몸에서 망자의 영혼이 새의 모습으로 빠져나와 날아간다고 생각했다. 예를 들어 이집트의 신 오시리스는 솔개의 모습을 가진다. 중앙아시아 민족들은 영혼이 비둘기나 다른 새의 모습을 가진다고 믿었다.[38)]

시베리아 민속품에서 날개를 펼친 금속제 새 형상은 장례의식에서 필수품이다. 새가 망자의 영혼이 다른 세계로 옮겨갈 때 길을 안내하기 때문이다.

새가 영혼을 상징하는 경우는 나나이인들의 결혼의복에서도 볼 수 있다. 나나이인들은 색깔이 있는 천이나 금속제나 조가비로 만든 장신구로 자신들의 민속 의상을 장식한다. 결혼식에서 신부가 입는 옷은 하나의 예술작품인데, 등 쪽 부분은 반원형의 장식품들이 서로 서로 맞닿아 빈틈없이 채워져 있다. 이것은 물고기의 비늘을 의미한다. 물고기 비늘은 슬쩍 기회를 엿보고 있는 악령으로부터 처녀를 보호하는 갑옷이다. 이렇게 신부의 결혼식 옷 등에 물고기 비늘이 형상화되어 있다면 가슴팍에는 신비의 나무, '오먀모니oмя-мони'가 수놓아 진다. 이 오먀모니에는 조그만 새들인 '오먀가사oмя-гаса'가 둥지를 틀고

36) З.П. Соколова, *Культ животных в религиях* (М.: Наука, 1972), с. 106.
37) Ю.А. Бычков, Указ. соч., с. 57.
38) З.П. Соколова, Указ. соч., с. 107-108.

있다. 오먀가사는 처음에는 오먀모니, 즉 '영혼 나무'에서 살다가 나중에 여인에게로 들어와 있다가는 정해진 기간이 나면 세상에 아이로 나오게 된다.[39] 이 나무는 세계수, 우주수로 파악할 수 있다. 나나이인들은 우주수는 모두 세 그루라고 믿는다. 한 그루는 천상에 있는 데, 여기서 인간의 영혼은 새처럼 이 나무 가지에 앉아 지상에서 다시 아기로 태어날 때를 기다린다. 또 한 그루는 지상에 있으며 나머지 한 그루는 하계에 있다.[40]

모든 나나이 부족들은 타이가에서 나무를 하나 정해서 부족의 오먀-모니로 선언한다. 부족은 '영혼 나무'를 정성스럽게 보호하고 제물을 바친다. 부족의 오먀모니가 살아있을 때까지 그 나무 가지들에는 오먀가사가 둥지를 틀고, 나나이 부족은 해마다 번성한다고 믿는다.[41]

그리고 새는 영혼의 안내자 역할을 한다. 새가 이승과 저승을 연결시키며 영혼을 이동시키는 매개물로 인식되는 것은 보편적인 현상이다. 북방 아시아의 샤머니즘에서는 사람의 생명 혹은 수호신령守護神靈은 각종 새의 형상을 취하고 있다.[42] 또한 죽은 자의 영혼이 새나 다른 짐승으로 이동한다는 개념은 동물의 모습을 가진 조상 숭배로 이어진다. 시베리아 소수민족들 중 몇몇 부족은 자신들의 기원을 어떤 짐승이나 새에게서 찾는다.

죽은 자의 영혼이 짐승이나 새로 변한다는 개념은 짐승에 대한 조상숭배를 만들었다. 오비강 지역 위구르인들 중 몇몇 부족들은 자신의 기원을 어떤 동물이나 새에서 찾는다. 네네츠족에게 기러기는 그들의 부족에게 신성한 새로 등장한다. 핀 위구르족들은 자연에서 서식하는

39) М.М. Бронштейн и др., *Народы России. Праздники, обычаи, обрядды: энциклопедия* (М.: РОСМЭН-ПРЕСС, 2008), с. 93.

40) 미르치아 엘리아데, 『샤머니즘. 고대적 접신술』, 이윤기 옮김, 까치, 1992. p. 251.

41) М.М. Бронштейн и др., Указ. соч., с. 93.

42) 권오영, 「한국 고대의 새鳥 관념과 제의祭儀」, 『역사와 현실』 32, 1999, p. 109.

짐승과 새를 용사였던 자신의 선조들로 생각하며, 한티 만시 자치구의 서쪽에 거주하는 셀쿱족은 새를 자신의 조상으로 생각하며 숭배한다. 자료에 따르면 셀쿱족들은 부족의 시조를 새에게서 찾는 관념의 흔적이 매우 강하다. 오비강 지역 위구르족들은 자신들이 학, 흰뺨오리, 수리부엉이 등의 새에서 기원했다고 생각한다. 야쿠트족을 구성하는 많은 부족들은 독수리를 시조로 여긴다. 이에 아기를 낳지 못하는 여자가 독수리에게 빌어서 아기를 낳아 부족을 형성했다는 종족발생 신화가 널리 퍼져있다.[43]

3) 샤머니즘

새의 주요한 신화적 기능으로는 먼저 땅과 하늘의 연결시을 들 수 있다. 새의 그런 신화적 의미 때문에 시베리아 종족들의 독수리 숭배는 세계수 및 샤머니즘과 밀접하게 연관된다. 그들의 관념에서 세계수의 수관은 천상계에 닿아 있어 우주의 상부를 상징하는데 그 정상에 앉아 있는 것으로 여겨지는 독수리가 바로 최초의 샤먼을 탄생시킨 존재이다. 샤머니즘 기원설화의 한 형태를 살펴보면 다음과 같다.

처음 이 세상에는 병이나 죽음도 없었지만 어느 때부터 악령이 병과 죽음의 채찍을 사용해 인간을 괴롭히기 시작했다. 그래서 신들은 인간을 돕기 위해 하늘로부터 수리를 내려보냈다. 그러나 구원의 수리가 내려왔어도 그 수리의 말이나 목적도 이해하지 못했다. 그러자 수리는 할 수 없이 신들에게로 되돌아갔다. 이에 신들은 수리에게 지상에서 맨 처음 만난 사람에게 샤만의 재능을 주도록 명했다. 신의 명을 받고 다시 땅으로 내려온 수리는 나무 밑에서 잠자고 있는 여자를 만났다. 이 여자는 남편과 떨어져 홀로 살고 있었다. 수리는 이 여자와 관계를 맺어

---

43) Ю.А. Бычков, Указ. соч. с. 57-58.

임신을 시켰다. 임신을 한 여자는 이윽고 남편이 있는 곳으로 돌아가 사내아이를 출산했다. 이 사내아이가 최초의 '샤만'이다.[44]

이 '최초의 샤만' 기원 설화는 시베리아 샤만의 무복에 달려있는 새 모양 장식의 의미를 설명해준다. 하나는 앞에서 보았듯이 최초의 샤만은 독수리와 여성의 교합에서 비롯되었다는 것이고, 다른 하나는 샤만이 새가 되어 날고자 한다는 것이다. 샤만은 새처럼 날아서 보다 높은 곳으로 다가간다는 의미에서 실제로 새가 된다.[45] 또한 새는 샤만의 보조령과 수호령이다. 에벤족의 설화에서 아비새는 샤만의 영혼이 비상을 할 때 연결시켜주는 보조령의 역할을 한다. 알타이지역 샤만상 암각화에서 샤만의 보조령으로 등장하는 동물은 순록, 소, 사슴, 말 등과 매, 독수리, 종달새 등이다. 샤만의 의례 과정에서 샤먼의 영혼이 천계여행의 매개물인 동물, 조류에 실려 있는 모습이 암각화에 나타난다. 이러한 샤만상 암각화는 태양신과 천신을 숭배하는 유목민들의 생활관습에서 비롯된 것이며, 제의를 주관하는 샤먼의 신령이 조상 및 동물의 정령에 실려 천계여행 하는 모습을 형상화한 암각화라고 본다. 특히 무복을 펼치거나 망토를 걸친 인형상은 새가 날개를 펼쳐 하늘을 나는 날개옷을 가진 샤만상의 표현이라 할 수 있다.[46]

에벤키족에게서 새들은 숭배의 대상이다. 까마귀, 독수리, 백조, 아비새, 되강오리, 딱따구리, 뻐꾸기, 도요새, 깍도요, 박새 등은 치료의 의식이나 사냥의 성공 기원, 가족의 행복을 빌 때 샤만의 보조령으로 여겨진다. 앞에 언급한 새들은 건드려서는 안 되며, 죽이거나 먹는 것이 엄격히 금지되어 있다.[47]

44) 박원길, 『유라시아 초원제국의 샤마니즘』, 민속원, 2001, pp. 361-362.
45) 미르치아 엘리아데, op. cit., p. 159.
46) 송화섭, 「시베리아 알타이 지역의 샤먼상 암각화」, 『한국무속학』 2, 2008, pp. 349-350.

아무르강 상류에 거주하는 에벤키족들에게서 까마귀는 샤만이 의식을 집행할 때 샤만의 영혼을 보호하는 존재이다. 독수리는 샤만 신화에서 가장 주도적인 등장인물이다. 독수리는 샤만의 영혼에서 적대적인 영들을 쫓아낼 수 있는 능력이 있는 유일한 새이다. 샤만의 모든 의식에서 독수리는 중요한 존재이고 샤만의 영혼을 나르는 새들의 보호자이다. 백조도 독수리처럼 샤만 의식에서 결코 없어서는 안 되는 존재이다. 백조는 항상 쌍으로 준비되는데, 샤만이 필요한 곳으로 백조가 샤만의 영혼을 운반해 준다고 생각한다. 에벤키족의 관념으로는 되강오리, 꺅도요 그리고 도요새는 모든 샤만의 의식에서 파수병 역할을 한다. 샤만의 영혼 여행은 이 새들에게 달려있다. 그들은 항상 제일 먼저 위험을 감지하고 그것을 샤만의 새들에게 알려준다. 이들의 경계심에 이러 저러한 샤만의 의식들이 좌우된다. 딱따구리는 샤만의 의식에서 치료자로 등장하고 사람이나 동물을 치료하는 의식에 참가한다. 뻐꾸기는 샤만의 신화에서 샤만 새와 샤만의 영혼 사이를 이어주는 역할을 한다. 그리고 뻐꾸기는 새해를 알리는 통지자이다. 아무르 강 상류에 거주하는 에벤키족들에게 새해는 뻐꾸기의 첫 울음으로 시작된다. 아비새는 샤만의 신념에서는 되강오리, 도요새, 꺅도요, 백조 사이에서 샤만의 영혼이 비상을 할 때 그들을 이어주는 연결 고리이고, 물에서 샤만의 영혼을 운반하는 역할을 한다.[48]

김열규는 샤만의 능력을 크게 두 가지로 대별했는데, 이승과 저승 사이를 마음대로 오갈 수 있는 능력과 모습을 바꿀 수 있는 능력, 즉 변신술 이었다. 두 세계를 오갈 수 있는 능력은 샤만이 죽은 이의 넋을 인도해 저승까지 바래다 준다고 여겨지는 이유가 되었고, 변신술은

47) А.И. Мазин, *Традиционные верования и обряды эвенков-орочонов (конец XIX - начало XX в)* (Новосибирск: Наука, 1984), с. 55.
48) Там же, с. 55-58.

샤만이 죽은 이의 넋을 인도해서 저승길을 갈 때 둔갑을 한다는 것이다. 태산에 길이 가로막히면 새가 되어 날아서 넘어가고, 들에서는 네 발짐승이 되어 빠르게 이동한다고 했다.

한국의 상고 시대 사회의 무당은 그런 존재였다. 그런데 동북아시아 시베리아 일부 원주민들 사이에서는 현대에 이르기까지 그와 같은 믿음이 지켜졌다. 이른바 '샤만의 영혼 여행'이다. 옛사람들은 영혼에 관한 아름다운 생각을 품고 있었다. 인간과 동물만이 아니라 식물도 영혼을 갖고 있다고 믿었다. 뿐만 아니다. 그 영혼들은 서로 통할 수 있다고도 믿었다. 그래서 어느 영혼, 예컨대 사람의 영혼이 동물이 되었다가 식물이 되기도 하면서 여행을 한다고 여겼다. 식물에 깃든 영혼도 동물에 깃든 영혼이나 마찬가지였다. 그런 까닭에 일부 특출한 종교적 능력을 갖춘 사람, 예컨대 무당은 그 영혼이 인간과 동물을 거쳐 여러 가지 모습을 갖게 되는 것이라고 여겨졌다.[49] 이렇게 샤만의 영혼여행에 동반되는 특징이 '변신'이다.

4) 변신

설화의 주인공들이 새나 짐승, 물고기로 변하는 것은 에벤족 설화의 특징이다. 연구자들의 견해에 따르면 주인공들을 이렇게 이중적 존재, 즉 인간-새, 인간-물고기, 인간-짐승으로 묘사하는 것은 토템의 흔적으로 볼 수 있다. 또 이러한 토템의 흔적은 각 부족의 생산 경제 활동의 성격과도 밀접히 연결되어 있다.[50]

콜리마지역에 거주하는 에벤족들의 설화에서 까마귀는 신부감의 모습으로 묘사된다. 반대의 경우로는 우데게이족의 설화에서는 까마귀가 아름다운 젊은이로 변하여 신랑으로 등장한다. 에벤족 설화에서

---

49) 김열규, 『한국신화, 그 매혹의 스토리텔링』, 한울, 2012, pp. 112-113.
50) Р.П. Кузьмина, Указ. соч., с. 99.

는 영웅들이 적을 물리치기 위해서 매로 변한다. 매우 흥미로운 이미지로 매가 에벤족들 중 한 부족의 토템일 가능성이 충분하다. 에벤족 설화에서는 부정적 인물들은 보통 독수리로 변하며 나쁜 역할을 수행한다. 거의 모든 이야기에서 독수리의 외모는 무서운 모습으로 등장한다. 에벤 이야기 속에서 나쁜 적은 머리가 둘 달리고 네 개의 날개와 네 개의 발톱을 가진 큰 독수리의 모습으로 날아와 에벤족의 영웅들을 대적케 한다.

에벤키족은 까마귀를 새로 변신한 사람으로 여긴다. 까마귀는 에벤키족 처녀를 아내로 삼아도 되지만 단지 그 처녀들이 까마귀의 말을 잘 이해하지 못한다고 생각한다. 사냥꾼들은 까마귀가 까악 거리는 소리를 내면서 맹수들로부터 순록을 보호해주고 사냥 할 때에는 짐승들을 찾도록 도와준다고 믿는다.[51]

변신과 관계된 에벤족 설화에서 '백조 처녀девушка-лебедь'의 형상은 매우 흥미롭다. 이 주제는 다른 민족들의 설화에도 공통적으로 찾아 볼 수 있다. 이 백조 처녀의 형상에는 백조를 토템 시조로 보는 고대의 토템 신앙이 반영되어 있다. 이와 비슷한 주제는 부랴트, 타타르, 에벤키족의 동쪽 그룹 부족들의 설화에서 만나 볼 수 있으며, 전체적으로 알타이 제어 민족들의 고대로 거슬러 올라가는 오래된 새 숭배의 근원에 대해 말해준다.

에벤족의 '백조처녀 설화'는 노비코바의 설화집에 채록한 「움체긴과 부윤쟈Умчегин и Буюндя」가 있고, 로벡이 편집한 베레조프카 에벤족 설화집에 나오는 「데키와 엘키Деки и Элки」가 있다. 그리고 앞선 두 설화와 약간 다른 유형인 「우인쟈와 그의 아내에 대하여Про Уиньдю и его жену」가 있다.

「움체긴과 부윤쟈」, 「데키와 엘키」에서는 백조 아내와 함께 주인공

---

51) А.И. Мазин, Указ. соч., с. 55.

으로 두 명의 형제가 등장한다. 형이 백조 처녀 중 한 명의 날개를 숨기고, 그녀와 결혼한다. 하지만 동생의 도움으로 백조 처녀는 자신의 고향으로 날아가 버린다. 하지만 형은 아내를 찾는 기나긴 모험길에 오르고, 결국 그녀를 찾아서는 그녀의 날개를 불태워버린다. 그렇게 해서 백조 처녀는 사람들과 같이 살게 되었다는 내용으로 끝난다.

여기서는 「움체긴과 부윤쟈」의 내용을 살펴보기로 하자. 이 이야기는 1977년 알라이호프 지역에서 에벤 이야기꾼 에두킨И.В. Эдукин으로부터 노비코바가 채록한 것이다. 「데키와 엘키」는 주인공의 이름과 몇몇 세밀한 부분을 제외하면 「움체긴과 부윤쟈」와 거의 흡사한 내용이라 따로 살펴보지는 않겠다.

노인과 할머니에게 두 아들 움체긴과 부윤쟈가 있었다. 그들이 죽고 움체긴은 사냥을 하고 부윤쟈는 음식을 만들었다. 부윤쟈가 집에 혼자 있을 때 일곱 마리 백조 처녀들이 놀러와서 공놀이를 하였다. 부윤쟈는 이걸 형에게 이야기해주기 위해 옷에 매듭을 묶었지만 기억을 하지 못했다. 다음날도 더 세게 묶었지만 말을 하지 못했다. 삼 일째 움체긴은 사냥터에서 몰래 집으로 돌아와 백조들이 날아 온 것을 알게 되고, 부윤쟈에게서 백조들이 털옷을 벗고 처녀로 변해서 놀이를 하는 것을 알게 되었다. 나흘째 되는 날 움체긴은 사냥을 가는 척하고 돌아와 백조들이 호수에서 노는 동안 털옷 하나를 나무 구멍 속에 숨겼다. 움체긴이 모습을 드러내자 여섯 백조는 날아갔지만 일곱 번째 백조는 털옷을 찾지 못하고 남게 되었다. 움체긴은 백조를 집에 데리고 가서 같이 살았다.

여름이 되자 백조 아내는 다시 놀고 싶어졌다. 부윤쟈를 불러 호수로 가서 공놀이를 하다 부윤쟈에게 공을 주고 털옷이 있는 곳을 알게 된다. 백조 아내는 털옷을 입고 날아가면서 자기가 임신을 했고 다시 찾지 말라고 말한다.

돌아온 움체긴은 아내가 날아간 곳으로 길을 떠난다. 도중에 땅 아래 숨겨진 천막속의 노파들에게 도움을 받아 바다를 건너 일곱 백조들이 놀고 있는 곳까지 간다. 그곳엔 그의 백조 아내가 유모 새에게 아이를 돌보게 하고 있었다. 유모새는 움체긴이 온 것을 알고 노래를 부른다. "아가야, 울지 마. 네 아빠 움체긴은 용감한 분이야. 거대한 바다를 건넜어. 여기 도착했어."

움체긴은 유모 새에게서 백조 처녀들의 털옷이 어디 있는지를 알아내서 아내의 털옷을 태웠다. 그렇게 백조 처녀는 영원히 지상의 여자로 변했고, 유모 새는 처녀로 변했다. 세 사람은 거대한 바다를 한걸음에 건넜고, 노파들과 함께 움체긴의 고향으로 갔다. 고향에는 부윤쟈가 죽은 채 뼈만 뒹굴었다. 그 뼈를 모아 물을 뿌리고 부윤쟈가 살아났다. 움체긴과 부윤쟈는 그렇게 잘 살았다.[52]

「움체긴과 부윤쟈」, 「데키와 엘키」에서는 변신, 잃어버린 아내를 찾기 위한 모험, 모험과정에서 초월적 존재의 도움 그리고 사랑과 재생의 모티프들이 매우 복잡하게 얽혀져 있다. 변신의 모티프는 백조가 털옷을 벗고 처녀로 바뀌는 것뿐만 아니라 움체긴이 백조 아내를 찾는 길고 긴 여행을 담비, 새, 벌레로 변하여 길을 가는 모습에서도 찾을 수 있다.

「우인쟈와 그의 아내」는 「움체긴과 부윤쟈」에서처럼 다양한 모티프들의 결합은 없다. 변신의 모티프는 「움체긴과 부윤쟈」에서와 마찬가지로 주인공 우인쟈, 백조 아내에게서 공통으로 보인다. 그리고 우인쟈의 사랑이 극대화되어 나타난다. 날개를 빼앗겨서 어쩔 수 없이 주인공과 살게 되는 것이 아니라 백조처녀를 기다리는 우인쟈의 사랑에 자발적으로 돌아와 아내가 된다. 이후 이 설화는 백조 아내의 현명함과 능력, 그리고 그것으로 장애를 극복하고 둘이서 잘 살게 되는 결말로 이어진다.

---

52) К.А. Новикова, Указ. соч., с. 51-58.

주인공 우인쟈가 정처 없이 걷다가 큰 호수근처에 왔다. 호수에서 세 명의 여인이 목욕을 하는 것을 보고 우인쟈는 쥐로 변하여 그들의 옷에 다가가서 날개옷을 숨겼다. 그리고는 다시 남자로 변하여 호숫가에 앉았다. 처녀들이 그를 보고 놀라며 날개를 돌려달라고 했다. 그들은 금빛 머리에 손톱과 이빨은 은색이었고 이마에는 태양처럼 밝은 별이 있었다. 두 명의 처녀는 옷을 입고 날아갔다. 하지만 제일 어린 처녀에게는 옷을 주고 싶지 않았다. 그 처녀는 호수가에 남아서 날개 하나라도 달라고 우인쟈에게 부탁했다. 우인쟈는 그녀가 불쌍해져서 날개 하나를 건네주었고 그녀는 날아갔다. 하지만 우인쟈는 그곳에 남아서 살기 시작했다. 옷이 넝마로 변해도 그는 황금날개를 가진 처녀 새를 기다렸고, 어느 날 그 처녀 새가 날아와 그의 아내가 되겠다고 했다. 그들은 바닷가 마을에 살았는데, 이웃들이 미인인 우인쟈의 아내를 뺏으려 우인쟈에게 여러 가지 임무를 맡겼다. 그 일을 하지 않으면 죽이겠다는 것이었다. 곰을 산채로 잡아오라고도 하고, 점박이 곰을 잡아오라고도 했고, 알록달록한 물범을 가지고 오라고도 했다. 그때마다 아내 새는 다 잘될 거라고 다독였고 실제로 다 잘되었다. 하지만 하룻밤 안에 집을 지으라는 새로운 과제에 아내는 동네를 물에 잠기게 해버리고 우인쟈와 아내는 다른 곳으로 가서 살게 된다.[53]

하지만 부랴트 설화에서는 세 마리 백조가 호수에 내려와 입은 옷을 벗고 아름다운 여자로 변하여 목욕을 한다. 이를 지켜보던 사냥꾼이 옷 한 벌을 숨겨 하늘로 가지 못한 여자와 결혼하여 아내로 삼는다. 아들 열 하나, 딸 여섯을 낳고나서 백조 아내는 숨긴 옷을 물었다. 아이들을 두고 떠나지 못하리라 생각하고 옷을 주자 그녀는 곧장 게르의 연기구멍으로 날아 올라갔다. 그리고 매년 백조가 북쪽으로 향하는 봄과 돌아오는 가을에 제의를 올리라고 말한다. 이 이야기와 최초의

---

53) Там же, c. 82-84.

샤만을 탄생시킨 수리의 전설을 서로 비교해 보면 서로 부족의 시조 담을 기술한 것처럼 보이는데, 수리는 아버지, 백조는 어머니로 묘사된 느낌이 강하다.54) 이 전설 역시 토테미즘의 흔적으로 볼 수 있으며 전 세계에 퍼져있는 광포설화의 전형을 보여주고 있다.

4. 맺음말

한 민족의 설화는 그 민족이 자신의 자연과 문화 환경 속에서 살아나오면서 축적된 문화인자가 고스란히 담겨있는 원형 자산이다. 그리고 설화에는 세계의 생성과 인간의 탄생에 대한 이야기에서부터 각종 기원설화, 동물 설화 등 세계를 대하는 태도와 문화가 고스란히 담겨 있다.

새의 하늘을 날아다니는 능력은 조류숭배사상으로 이어지고, 하늘에 있는 태양과 연결되어 태양숭배사상에 연결되어지기도 한다. 또한 새는 세계 간 이동의 능력으로 이 세계와 저 세계를 이어주는 매개자의 역할을 하며 샤만의 영혼 여행에서 보조령으로 나타나거나, 영혼의 운반자 역할을 하기도 한다. 이 모든 것은 비상飛上에서 비롯되는 새의 능력의 의미적 상징화 작업에서 나온 것으로 보인다.

시베리아 소수민족들의 신화 체계에서도 새가 가지는 의미는 매우 크다. 우주의 창조자, 문화영웅, 신의 사자 또한 인간 영혼의 표상이 되기도 하고 영혼의 안내자와 세계 간 중개자가 되기도 한다. 샤머니즘의 영역에서는 최초의 샤만을 만든 자, 샤만의 보호자, 샤만의 보조령이 되기도 한다.

이처럼 다양한 새의 역할은 시베리아 지역에서 각 민족마다 또 각

---

54) 박원길, op. cit., p. 363.

지역에 따라 상이한 차이를 보인다. 일반적 문화적 원형 속에서 보이는 새의 상징은 각 부족에 따라 적용의 범위 및 숭배의 대상이 달라지는 복잡한 맥락을 보여준다. 이런 의미에서 가장 기초적인 원형을 담지하고 있는 설화 속에서 각 민족마다의 개별적인 새 상징들을 추출하는 작업이 필요하다.

채집된 에벤족 설화를 통해 우리는 새의 가장 상징적인 형상들, 대지기원 신화에서의 보조자, 인간 영혼의 표상 혹은 그 영혼의 운반자, 토템 시조 그리고 토템 신화의 흔적인 변신과 관계되는 백조처녀 설화까지 살펴보았다.

이를 통해 에벤족의 대지기원 설화에서는 물새가 중요한 역할을 하는데 그중에서도 아비새가 중요하며, 백조처녀 설화는 세계적인 분포를 보이는 광포설화로 에벤족에게서도 마찬가지로 널리 퍼져 있음을 알 수 있었다.

이처럼 에벤족을 포함한 시베리아 소수민족의 문화 원형에 새는 매우 중요한 자리를 차지하고 있으며 하나의 문화적 기호로서 작용하고 있음을 살펴보았다. 에벤족의 설화에서 보이는 새의 상징적 이미지와 기능들은 다른 부족들이 가지는 새의 상징체계와의 비교 속에서 보다 객관적인 원형을 찾을 수 있을 것이며, 이것은 이후 진행해야 할 작업의 목표점이 될 것으로 생각한다.

참고문헌

권오영, 「한국 고대의 새鳥 관념과 제의祭儀」, 『역사와 현실』 32, 1999.

김현주, 『토테미즘의 흔적을 찾아서: 동물에 관한 야생적 담론의 고고학』, 서강 대출판부, 2009.

멜레틴스키, 엘리아자르, 『신화시학1』, 박종소 외 옮김, 나남출판, 2016.

박원길, 『유라시아 초원제국의 샤마니즘』, 민속원, 2001.

색스, 보리아, 『까마귀』, 이한중 옮김, 가람기획, 2005.

송화섭, 「시베리아 알타이 지역의 샤먼상 암각화」, 『한국무속학』, 2, 2008.

아츠히코, 요시다 외, 『세계의 신화 전설』, 하선미 옮김, 혜원출판사, 2010.

엘리아데, 미르치아, 『샤머니즘. 고대적 접신술』, 이윤기 옮김, 까치, 1992.

하르바, 우노, 『샤머니즘의 세계. 알타이 민족들의 종교적 표상』, 박재양 옮김, 보고사, 2014.

Holmberg, Uno. *The Mythology of All Races, Vol. IV, Finno-Ugric, Siberian.* Boston, 1927.

Бронштейн, М.М. и др. *Народы России. Праздники, обычаи, о бряды: энциклопедия.* М.: РОСМЭН-ПРЕСС, 2008.

Бурыкин, А.А. *Малые жанры эвенского фольклора. Загадки, пословицы и поговорки, запреты-обереги, обычаи и пр едписания, приметы (исследование и тексты).* СПб.: П етербургское востоковедение, 2001.

Бычков, Ю.А. "Птица как символ религиозно-мифологическо й системы в традиционной культуре этносов Сибир и", *Вестник НВГУ.* 2012. № 3.

Дьяконова, М.П. "Образ антиподов демиургов в мифах творе ния эвенков и эвенов", *Вестник Калмыцкого институ та гуманитарных исследований РАН.* № 1(23). 2016.

Кузьмина, Р.П. "Мифологические образы птиц в эвенском фо
льклоре", *Филологические науки. Вопросы теории и пр
актики*. No. 10(28). Тамбов, 2013.

Мазин, А.И. *Традиционные верования и обряды эвенков-ороч
онов (конец XIX - начало XX в.)*. Новосибирск: Наука,
1984.

Новикова, К.А. (сост.). *Эвенский фольклор. Сказки. Предания
и легенды. Песни. Загадки*. Магадан: Магаданское кни
жное издательство, 1978.

Роббек, В.А. (сост.). *Фольклор эвенов Березовки (образцы шед
евров)*. Якутск: Изд-во ИПМНС СО РАН, 2005.

Соколова, З.П. *Культ животных в религиях*. М.: Наука, 1972.

Тураев, В.А. (отв. ред.). *История и культура Эвенов. Историко
-этнографические очерки*. СПб.: Наука, 1997.

동북아 건국신화의 신격화에 개입하는 타자성*

문신

1. 신화神話와 신격화神格話

신화에 접근하기 위해 먼저 동의해야 할 것이 있다. 그것은 "'신화'라는 단어는 존재할 수 있지만, 그 단어가 지칭하는 '대상'은 너무 많기도 하고 모순적이어서, 신화라는 이름을 가진 어떤 '무엇'이 존재한다고 말할 수 없다"[1]는 점이다. 그런 까닭에 질베르 뒤랑은 신화가 무엇인지 규정하는 대신 "상상계의 밤의 체제가 상징체계를 극적이나 역사적인 이야기로 조직화하는 경향"[2]이 있다는 말로 신화를 설명하기도 했다. 신화가 상상과 상징의 구조를 띠는 까닭에, 그동안 신화 담론에 관한 연구는 신화를 우의적으로 해석하는 것을 비롯해, 문학과 미적 허구로 해석하기도 하고, 제의사회학적 접근, 심리학적 접근, 선험적 해석, 구조주의적 해석, 상징적이고 낭만적인 해석 등 다양한 관점에서 전개되었다.[3] 다양한 방법론만큼이나 신화의 기능에 대해서도

---

* 본 논문은 〈문신, 「한·중 건국신화의 신격화에 개입하는 타자성 연구」, 『한중관계연구』 5권 2호, 2019.6, 231-250쪽〉에 수록된 내용을 수정·보완한 것임.

1) 이반 스트렌스키, 이용주 옮김, 『20세기 신화 이론』, 이학사, 2008, 12쪽.
2) 질베르 뒤랑, 진형준 옮김, 『상상계의 인류학적 구조들』, 문학동네, 2007, 547쪽.
3) 이에 관한 구체적인 내용은 쿠르트 휘브너, 이규영 옮김, 『신화의 진실』, 민음사,

여러 가지 견해가 제시되었다. 조셉 캠벨의 경우 네 가지로 신화의 기능을 제시하고 있는데, 그 중에서 건국신화와 관련하여 살펴볼 기능은 신화의 '사회적 기능'이다. 이는 신화가 한 사회의 질서를 일으키고 그 질서를 유효하게 만드는 기능을 갖는다는 사실과 관련된다.[4]

신화의 사회적 기능과 관련하여 건국신화는 "신격을 주체로 한 겨레의 발생적인 이야기"[1]이자 "겨레의 시원에 대한 자긍심을 나타내는 수단"[2]이라고 좁은 의미에서 정의할 수 있다. 이는 신화가 원시적 사유의 산물이자 그 사유와 연결된 신성한 이야기[3]라는 사실을 강조한다. 이렇게 신화가 '이야기'적 요소를 지니고 있기 때문에, 신화는 다른 상상적 서사와 변별되기 위해 '창조'된 이야기의 내용을 강조한다.[4] 신화가 창조한 내용은 큰 틀에서 우주적 세계와 인간 공동체로 나눌 수 있다. 하늘·땅·바다 등 신화적 상상 주체의 존재론적 토대와 각종 생명의 창조적 서사 세계가 전자에 해당한다면, 민족·부족·국가 등의 창조는 후자에 해당한다. 전자의 내용이 후자가 존재할 수 있는 원천으로 작동한다는 점에서 보다 근원적인 창조의 내용에 해당한다고 할 수 있다. 그러나 창조의 내용보다 중요한 것은 창조의 방법이 아닐까 한다. 일반적으로 창세신화로 명명된 전자의 경우 창조의 방법은 '없음'에서 '있음'을 도출하는 형식이다. 이때의 '없음'은 존재론적

1991 참조..

4) 캠벨이 제시하는 신화의 기능은 먼저 신비주의와 관련된 기능이다. 이러한 기능은 신화가 초월적 세계로부터 전해지는 신비로운 메시지라는 관점을 반영한다. 우주론적 차원을 여는 기능도 있는데, 이는 과학이 관심을 기울이는 영역이다. 그리고 사회적 기능과 교육적 기능이 있다. 조셉 캠벨·빌 모이어스, 이윤기 옮김, 『신화의 힘』 고려원, 1996, 80-82쪽.

1) 전규태, 『한국신화와 원초의식』, 반도출판사, 1995, 13쪽.

2) 박기용, 「한중 건국 시조신화 비교 연구」, 『우리말글』 43집, 2008, 98쪽.

3) 조현설, 「세 신화 세 현실」, 『겨레어문학』 제33집, 2004, 210쪽.

4) 정재서, 『앙띠 오이디푸스의 신화학』, 창비, 2010, 42쪽.

이라기보다는 전적으로 인식론적인 개념이다. 아무 것도 존재하지 않는 상태에서 창조가 이루어지는 것이 아니라, 인간이 상상적으로 인식할 수 없는 어떤 상태에서 인식 가능한 상태로 현상해내는 것이다. 이러한 창조 과정을 혼돈에 새로운 질서를 부여하는 상상적 서사라고 말할 수 있다.[5] 민족·부족·국가 등의 창조는 이와 같은 상상적 질서 위에서 펼쳐진다. 이때 동원되는 창조의 방법은 질서에 권위를 부여하는 방식으로 형성되고, 그러한 권위가 창조된 질서에 위계를 작동시킨다. 이때 위계가 유지되는 것은 권력과 밀접하게 관계된다. 이를테면 권위는 권력을 통해 존재의의를 확보하는 것이다.

이 글은 이와 같은 창조의 방법 중에서 창조적 질서에 위계를 작동시키는 권위와 권력의 방식을 한국과 중국의 건국신화를 통해 해명해 보고자 한다. 이를 위해 이 글에서는 건국신화의 '신화'를 '신격화'라는 개념으로 접근할 것이다. 이는 창세신화가 인간 인식의 한계 너머에서 발생하는 신적 세계이지만, 건국신화는 인간의 인식과 상상의 체계 내에서 발생한 인간의 이야기라는 점에서 비롯한 것이다. 인간은 인식 가능한 이야기를 인식 불가능한 신의 영역으로 내보냄으로써 신성(神性-신의 본성)을 확보하고자 한다.[6] 이 신성이 환원되면서 인간의 인식체계에 영향력을 발휘하는 방식은 신성(神聖-인간적 의미에서 신성함)을 통해서이다. 그런 까닭에 신성은 신성神聖이 발현되기 위한 전제가 되고, 신성神聖은 신성의 인간 인식의 한 양상이 된다. 개념적으로 보

---

5) 김재용이 "동북아시아 지역 민족의 창조신화의 초구조는 아마도 태초의 혼돈과 그 질서화로 설명될 수 있다. 어떤 주체가 어떤 방법을 사용하여 어느 정도의 시간을 두고서 그 혼돈을 정리했는가 하는 점에서 차이가 있을지언정, 그 초구조는 보편적이다."라고 한 것도 이러한 맥락과 통한다. 김재용, 「동북아시아 신화의 갈등 구조에 관한 연구」, 『한국문학이론과 비평』 1집, 1997, 123쪽.
6) 이 글에서 사용하는 '신성'은 신의 본질을 의미하는 신성(神性)이며, 신성(神聖)의 경우에는 한자를 병기하여 구분하기로 한다.

면 신성이 성스럽고 경건하고 정결한 상태의 초월적인 지점을 가리키고, 신성神聖은 그러한 것들이 인간들에게 인식되고 표면화되는 신의 계시·현현epiphany에 해당한다고 할 수 있다.

따라서 인간계의 서사를 상상적으로 신성시하는 건국신화의 신격화 담론에서 핵심은 신'격'이 될 수밖에 없다. 신성이 인간에게 발현되는 양상이 신성神聖이라고 할 때, 그 역으로 인간이 신성에 접근하기 위해 상상해낸 것이 신격神格이다. 이를테면 신격은 인격에 신의 속성을 상상적으로 투사함으로써 인간 스스로 신성에 도달할 수 있다는 의지인 것이다. 이 구도를 다음과 같이 도식화할 수 있을 것이다.

이 도식에서 신성으로부터 인간의 인식으로 향하는 과정이 주로 종교를 통해 구현된다면, 그 역의 과정은 신화를 통해 성립하는 것이 일반적이다. 종교가 신성神聖을 계시 받음으로써 출발한다면, 신화는 신성神聖에 대한 인간의 상상적 서사에서 비롯하기 때문이다. 이 도식에서 신성과 인간을 매개하는 것은 신성神聖과 신격이다. 이때 신성神聖의 발현 주체가 신성이라면, 신격의 상상 주체는 인간이다. 신성神聖과 신격은 그것을 발현시키는 주체의 차이는 있지만, 궁극적으로 신성과 인간을 매개한다는 공통점을 지닌다. 따라서 이 '격'을 통해 건국신화는 인간의 인식 지평을 초월하여 초구조적 상상 담론이 될 수 있고, 그렇게 함으로써 신성이라는 권위/권력을 확보할 수 있다. 건국신화가 이렇게 신격화하는 근본적인 이유는 신성을 확보함으로써 공동체의 내적 결속을 확립하고, 결속의 내부에 일정한 위계를 구축할 수 있기 때문이다. 이를테면 건국신화는 신성한 권위/권력을 구축하기 위해 신

'격'을 상상해낸 것이다.

그렇다면 신'격'을 어떻게 이해할 수 있을까? 다양하게 논의될 수 있겠지만, 이 글에서 신격은 신성이 인식 가능한 것으로 현현된 모습이라고 잠정적으로 규정하고자 한다. 앞서 보았듯 '격格'이 '성聖'과 다르지 않다는 점에서 신성神聖을 통해 신격에 접근할 수 있다. 이는 '聖'이 철저하게 인간적인 개념이며, 인간의 인식범주 내에서 작동하는 존재원리라는 사실을 의미한다. 인간의 인식과 의지를 초월한 신성이 인간에게 인식 가능하도록 만들어주는 상상적 서사가 신화라는 점에서, 신화는 본질적으로 신성神聖에 관한 담화이자 신격에 대한 해명이 된다.

2. 신화 속 '타자'의 정체

신화가 "신성에 대한 기억이며, 신성회복을 위한 절차이자 기록"[7]이라는 점에서, 신화는 신성이 발현되는 신격에 관한 담화가 된다. 그렇다면 신성이 신격으로 발화될 수 있는 이유는 어디에 있을까? 한국과 중국, 나아가 동북아시아 건국신화에서 신격이 발화되는 확실한 방법은 타자의 발견이다. 물론 이때의 타자는 신화적 상상력의 주체인 인간 자의식의 한 형태이다.[8]

---

7) 오태권, 「삼국유사 건국신화에 나타난 신성분류와 계승성」, 『국학연구론총』16집, 2015, 4쪽.

8) 에덴동산에서 아담과 이브가 신의 계시로부터 벗어난 계기는 선악과를 통한 자의식이 형성되었기 때문이다. 이후 자의식은 아담과 이브가 서로를 타자로 인식하게 하였고, 나아가 신성神性마저도 자기 외부의 타자로 바라보게 하였다. 이와 같은 자의식을 통해 신성의 수혜자였던 종교적 인간은 신성神聖을 인간적 의지로 도모하게 되는 신화적 인간으로 변모하게 된다. 따라서 자의식은 신성을 '향한' 상상적 서사를 구성하게 했는데, '향한'이라는 지향성 속에 이미 타자가 전제되어 있다는 점에서 인간의 자의식 발견은 타자의 발견과 다르지 않게 된다.

일반적인 의미에서 타자는 '나' 아닌 모든 것들을 말한다. 그러나 '나' 아닌 것들이 모두 타자가 될 수 있는 것은 아니다. 타자는 나-주체의 대상 존재가 아니라 언제나 나-주체를 응시하고 나-주체에게 영향을 미치는 주체적인 존재이기 때문이다. 다시 말해 존중하고 환대할 가치가 있는 이질성이 타자가 될 수 있다.[9] 그런 까닭에 "타자는 나에게 진정한 자유를 수여하며, 따라서 타자는 내가 진정한 자유를 어떻게 행사하느냐에 따라 수혜자나 희생자가 될 것"[10]으로서의 잠재적 존재, 즉 가능성으로서의 주체가 된다. 따라서 타자-주체는 언제나 나-주체의 그림자처럼, 혹은 거울에 비친 상처럼 존재하면서, 나-주체 속으로 투사되고자 하는 서사적 욕망을 지닌다. 이러한 특징이 가장 잘 반영된 사례가 오이디푸스 서사일 것이다.

테베의 왕 라이오스Laios는 자신이 아들에게 살해된다는 신탁의 충고에도 불구하고 아내 이오카스테Jokaste와의 사이에서 아들을 얻었다. 그러나 아들이 태어난 후 신탁의 실현을 두려워한 그는 아이의 발뒤꿈치에 못을 박아 산속에 버렸다. 아이는 코린토스의 왕 폴리보스에게 발견되어 오이디푸스(발이 부은 자)라는 이름으로 성장하였다. 어느 날 자신이 폴리보스와 왕비 메로페의 친아들이 아니라는 말을 들은 오이디푸스는 진상을 알고자 델피의 신전을 찾아가 신탁을 청하였다. 여기서 그는 '아버지를 죽이고 어머니를 아내로 맞는다'는 기묘한 신탁을 받는다. 이를 피하려고 오이디푸스는 귀국을 단념하고 테베로 향하는데, 가는 도중에 좁은 길에서 한 노인을 만나 다툼을 하다가 그만 그를 죽이고 만다. 한편 테베에서는 날개가 달린 사자의 몸에 여자 얼굴을 한 스핑크스가 나타나 나그네들에게 수수께끼를 내어서 이를 풀지 못하는

9) 리처드 커니, 이지영 옮김, 『이방인 신 괴물』, 개마고원, 2004, 120쪽.
10) 콜린 데이비스. 김성호 옮김, 『엠마누엘 레비나스-타자를 향한 욕망』, 다산글방, 2001, 98쪽.

사람을 잡아먹고 있었다. 그 수수께끼는 '목소리는 하나인데 아침에는 네 발, 점심에는 두 발, 저녁에는 세 발로 걷는 것은 무엇이냐'였다. 오 이디푸스는 이 수수께끼를 풀어 스핑크스를 처치하고 그 공으로 테베 의 왕좌와 왕비를 손에 넣어 2남 2녀까지 낳는다. 그러나 그 후 그가 길에서 죽인 사람이 아버지 라이오스이고, 지금의 아내가 모친 이오카 스테라는 사실이 밝혀지자 이오카스테는 목을 매어 자결하고, 오이디 푸스도 두 눈알을 뽑고 유랑하다 죽는다.11)

오이디푸스 서사는 나-주체 안에 이미 하나의 가능성으로 존재하는 타자-주체를 거울상처럼 비춰준다. 나/타자-주체의 상호반영이라고 할 수 있는 거울상의 방식은 '신탁'이라는 목소리를 듣는 행위로 나타나 는데, 이때의 목소리는 나-주체 안에 잠재된 타자-주체의 경고에 해당 한다. 라이오스 왕과 오이디푸스의 신탁은 '주체'의 문제를 제외하면 동일하다. 라이오스가 나-주체일 경우 신탁은 타자-주체에 의해 죽임 을 당할 것이라는 것으로 나타나고, 반대로 오이디푸스가 나-주체일 경우 신탁은 타자를 죽일 것이라는 목소리로 현현된다. 동일한 서사의 신탁(목소리)이지만 나-주체가 누구인가에 따라 타자-주체와의 관계는 달라진다. 이렇게 두 주체 간에는 서로에게 투사하고 투사되려는 욕망 으로 얽혀 있는데, 이러한 욕망이 해소되는 방식은 두 주체의 소멸을 통해서이다.

중요한 것은 오이디푸스 서사에서 '신탁'의 역할이다. 라이오스나 오이디푸스 모두 '신탁'을 통해 타자-주체의 존재를 인식한다. 뿐만 아 니라 나-주체가 스스로에게 부과하고 있는 잠재적인 욕망의 상징 형 식이 타자의 형식으로 제기되는 방식을 통해 타자-주체가 나-주체와 불가분의 관계라는 점을 잘 알고 있다. 오이디푸스에게 라이오스는 아

---

11) 안진태, 『신화학』, 열린책들, 2001, 223쪽.

버지라는 나-주체의 원인이고, 라이오스 또한 오이디푸스를 통해 나-주체의 지속성·영속성을 확보한다는 점에서 그렇다. 이러한 나/타자 주체의 동일성은 이오카스테와의 성적 결합을 통해 해체되는데, 이러한 해체는 궁극적으로 나-주체의 동일성이 타자-주체로 분화되는 계기가 된다. 이를테면, 신화에서 성적 결합 형식은 타자-주체를 발견하는 상징적인 형식이 되는 것이다.

이렇게 본다면, 신화에서 타자-주체는 나-주체가 새로운 존재 형식으로 발전하기 위해 상징적으로 형성해 낸 존재일 수 있다는 가정이 아주 틀린 말은 아니게 된다. 이는 특히 건국신화에서 두드러지게 드러난다. 기본적으로 건국 주체의 선민의식은 동일성보다는 차이성을 통해 실현된다. 이는 존재의 '격'을 다른 차원에서 실현하는 일이다. 신화라는 서사 형식이 신성함을 궁극적인 기능으로 삼는다고 할 때, 신성함이란 동일성 속에서의 차이를 말하는 것이기 때문이다. 따라서 건국신화는 건국 주체의 신성을 존재론적 '격'으로 삼고 있다. 이를 신격이라고 말할 수 있다. 이 신격을 가능하게 하는 것은 동일성이라는 나-주체 속에서 신성을 지닌 차이 존재, 즉 타자-주체이다. 이 글이 한국과 중국의 건국신화를 중심으로 이러한 타자-주체가 어떻게 나타나고 있는지 관심을 두는 것은 그러한 타자-주체를 통해 실현되는 신성의 의미를 확인하기 위함이다.[12)]

---

12) 한·중 건국신화를 비교한 주요 연구에는 장정해, 「중국 소수민족의 수조(獸祖) 신화 비교연구-이리 시조신화를 중심으로」, 『中國語文學誌』 17집, 2005; 임태홍, 「한국 고대 건국신화의 구조적 특징: 중국과 일본의 신화를 통해서 본」, 『동양철학연구』 52집, 2007; 박기용, 「한중 건국 시조신화 비교 연구」, 『우리말글』 43집, 2008 등이 있다.

3. 타자-주체가 태어나는 방식: 性적 결합으로부터 聖적 전이로

신화에서 성적 결합은 새로운 주체를 탄생시키는 중요한 요소이다.[13] 그것은 신화를 생산하고 향유하는 인간의 생물학적 특성이 상징적으로 반영된 방법이면서 유한한 존재인 인간이 무한을 추구하는 본능의 발현이기도 하다. 주목할 점은 성적 결합의 형식이 단순히 새로운 존재의 탄생이나 출현을 의미하는데 그치지 않는다는 사실이다. 이 글에서 지속적으로 관심을 갖고 있는 것처럼, 나-주체는 공동체 속에서 다른 주체와 변별되기 위해, 그리고 다른 주체에게 부재하는 신성의 권위를 드러내기 위해 타자-주체를 필요로 한다. 이때 타자-주체가 나-주체에게 거울상의 상징으로 수용되는 방식은 성적 결합이 일반적이다. 성적 결합의 방식을 통해 나-주체는 신격을 획득할 수 있는 열린 가능성이 되는 것이다. 이를 조금 확장해보자면, 나-주체가 신격을 획득하는 과정에서 필연적으로 통과해야 하는 제의적 속성을 성적 결합이 상징한다고 볼 수 있다. 단군신화에서 그러한 특징을 분명하게 확인할 수 있다.

환인은 천부인 세 개를 환웅에게 주어 인간의 세계를 다스리게 했다. 환웅은 무리 3,000명을 거느리고 태백산 마루턱에 있는 신단수 밑에 내려왔다. 이곳을 신시라 하고, 이 분을 환웅천왕이라고 이른다. 그는 풍백, 우사, 운사를 거느리고 곡식·수명·질병·형벌·선악 등을 주관

---

13) 새로운 주체와 관련하여 신화의 의미를 '통과제의'적 관점에서 접근하는 것이 일반화되어 있다. 통과제의 과정에는 전 세계의 모든 민족에게서 형태는 다르지만 성년식이나 결혼제의가 나타난다.(김재용·이종주 공저, 『왜 우리 신화인가』, 동아시아, 2004, 99쪽) 이러한 신화서사의 특징을 통해 타자-주체의 탄생과 성적 결합 모티프가 밀접하게 관련될 수 있다.

하고, 모든 인간의 360여 가지 일을 주관하여 세상을 다스리고 교화했다. 이때 범 한 마리와 곰 한 마리가 같은 굴 속에서 살고 있었는데 그들은 항상 신웅, 즉 환웅에게 빌어 사람이 되기를 원했다. 이때 신웅이 신령스러운 쑥 한 줌과 마늘 20개를 주면서 말하기를 '너희들이 이것을 먹고 백일 동안 햇빛을 보지 않으면 곧 사람이 될 것이다' 했다.

이에 곰과 범이 이것을 받아서 먹고 삼칠일 동안 조심했더니 곰은 여자의 몸으로 변했으나 범은 조심을 잘못해서 사람의 몸으로 변하지 못했다. 웅녀는 혼인해서 같이 살 사람이 없으므로 날마다 단수 밑에서 아기 배기를 축원했다. 환웅이 잠시 거짓 변하여 그와 혼인했더니 이내 잉태해서 아들을 낳았다. 그 아기의 이름을 단군왕검이라 한 것이다. 단군왕검은 당고唐高가 즉위한 지 50년인 경인년에 평양성에 도읍하여 비로소 조선이라고 불렀다.[14]

단군신화에는 기본적으로 세 층위의 존재가 있다. 신(천상)— 인간(지상)—동물(지하·동굴) 존재의 수직 구조 속에서 신은 지상(인간계)으로 하강하는 존재로, 동물(곰·호랑이)은 지하(동굴)에서 지상(인간계)으로 상승하는 존재로 나타난다. 미리 말하자면, 이 구도는 나-주체로서의 곰·호랑이가 신격을 획득하기 위한 상징적인 방법으로 신(환웅)이라는 타자-주체를 호출하고, 그와의 동일성을 추구하는 거울상의 욕망 구도이다. 눈에 띄는 것은 신을 호명하는 주체가 하위주체(지하 존재-곰·호랑이)라는 사실이다. 이 가운데 나-주체로서의 곰은 타자-주체인 신의 목소리(쑥과 마늘 조건)에 응답함으로써 나-주체 내부에 타자-주체(신)를 이식하게 되고, 하강(신)과 상승(동물)의 접점으로서 인격을 확보하는 존재론적 '격'을 높이게 된다. 이와 같은 구도 내에 이미 성적 결합의 상징성이 확보되었지만, 단군신화는 그것을 분명하게 확인시켜주기 위해 "환웅이 잠시 거짓 변하여 그와 혼인"하여 아들을 낳게 한다.[15] 이처

14) 일연, 이민수 옮김, 『삼국유사』, 을유문화사, 1995, 51-52쪽.

럼 신과 동물의 결합을 통해 신격화된 존재를 탄생시키는 건국 시조 신화는 '돌궐'에도 있다.

돌궐인은 대개 흉노의 별종인데 성은 아사나씨이고 따로 부락을 이루었다. 후에 이웃 나라의 공격을 당해 그 부족은 다 죽었다. (이때) 열 살인 한 아이가 있었는데 적병이 그 작은 것을 보고 차마 죽이지 못하여 발목을 자르고 나서 초택草澤에 던졌다. 암이리가 있어 고기로 그를 먹였는데 자라자 이리와 교합하여 드디어 이리가 잉태를 했다. 왕이 그 아이가 아직도 살아 있다는 말을 듣고 거듭 사람을 보내 그를 죽이려고 하였다. 사자가 보니 이리가 곁에 있어 이리도 함께 죽이려고 하자 이리는 드디어 고창국 북쪽 산으로 도망갔다. 산에 동굴이 있었는데 동굴 안은 평평한 땅에 풀이 무성하고 주위가 수백 리나 되고 사면이 모두 산이었다. 이리는 그 속에 숨어 드디어 사내 아이 열을 낳았다. 열 명의 아이들은 자라서 밖에서 처를 구해 아이를 낳았는데 그 후예들은 각각 성이 있었고 아사나는 그중 하나이다.16)

이 서사에서 열 살 아이의 "발목을 자르고 나서 초택에 던졌다"는 내용은 발뒤꿈치에 못이 박혀 버려진 오이디푸스를 연상하게 한다. 신화적 상상력에서 이와 같은 신체 훼손은 죽음을 상징하는 일이 많다. 그리고 그 죽음은 파국으로 종결되는 것이 아니라 재생 내지 부활을

---

15) "거짓 변하여"의 모티프는 신화 및 설화에서 광범위하게 나타나는 성적 결합 방식이다. 서양의 경우 신데렐라 설화가 대표적이다. 자정이라는 시간적 금기 (이는 단군신화에서 백일이라는 시간과 같음)는 '거짓 변하여'의 핵심이 되며, 그 순간이 지나면 변한 것들은 원래의 상태로 돌아간다. 바로 이 '거짓 변하여' 모티프를 통해 신데렐라는 왕자와 결합할 수 있게 된다. 한국 설화에서도 이와 같은 변신 모티프는 흔하게 발견된다. 특히 용이 잠시 인간의 모습으로 '거짓 변하여' 정을 통하는 형식이 많은데, 백제 무왕의 출생이 이에 해당한다.

16) 『周書』 卷50 列傳 第42 '異域 下'(조현설, 『동아시아 건국신화의 역사와 논리』, 문학과지성사, 2003, 108-109쪽에서 재인용)

위한, '잠시 거짓 변하여' 형식의 죽음이다. 신체 훼손을 통한 죽음-부활의 상상력은 나-주체의 죽음을 통해 자신에게 내재해 있던 타자-주체의 발견으로 향한다. 이때 나-주체와 타자-주체의 관계는 몸과 영혼의 관계에 '거의' 대응한다. 이러한 구도는 서양의 경우 플라톤 이래 우세하게 확산된 영혼주의의 결과일 수 있다. 영혼주의의 핵심은 영혼의 고귀함과 신성함을 전제로 한다. 육체와 영혼의 이원론적 세계 인식 속에서 영혼이 고양되기 위해서는 육체적 고통과 파괴를 전제해야 한다는 믿음이 있었다. 육체와 영혼의 분리는 인류 보편적인 신화를 형성했다. 대부분의 제의에서 희생양(육체의 죽음)을 통해 영혼의 구원이 이루어진다는 서사가 이를 설명해줄 수 있다. 이러한 관점에서 오이디푸스 신화나 돌궐 신화에서 발목이 훼손되는 것은 새로운 존재 탄생의 필연적인 전제가 된다.

이렇게 신체 훼손 모티프가 새로운 존재의 탄생을 예고한다는 점에서 '이리와 교합'하는 서사는 신격의 탄생을 동반할 수밖에 없다. 육체의 죽음이 곧 고귀한 영혼의 탄생을 암시하기 때문이다. 이때 탄생하는 영혼에 신격이 주어지는 것은 '암이리'와의 결합 형식에서 발생한다. 단군신화에서 웅녀의 신화적 기능을 돌궐 신화에서는 암이리가 대신하고 있는 것이다. 이와 같은 성적 결합을 통해 단군신화의 단군왕검, 돌궐 신화의 아사나 같은 시조가 탄생될 수 있는 것이다.[17] 따라서 신화에서 나-주체의 존재론적 갱신 과정에서 발생하는 성적 결합은 나-주체에게 신격이 부여된 타자-주체를 탄생시키는 핵심적인 모티프로 작동함을 알 수 있다.

---

17) 두 신화에서 동물(곰·암이리)을 통해 신성한 힘을 부여받고자 한 것은 당시 그와 같은 동물이 지녔던 '힘'에 대한 두려움이 있었기 때문으로 보인다. 신화가 인간이 두려워하는 존재를 신성시한다는 보편적인 사실을 떠올려보면, 인간과 동물의 결합이 지닌 상징성은 인격적 차원이 아니라 권력적 차원에서 해석되어야 한다고 생각한다.

그렇다면 건국신화에서 타자-주체를 소환하는 이유는 무엇일까? 그것은 나-주체가 공동체의 동일성 속에서 차이성을 확보할 필요가 있었기 때문이다. 이를테면 나-주체가 특별한 존재라는 인정을 받기 위한 투쟁의 한 방식이 타자-주체와의 합일이었던 것이다. 이 경우 타자-주체는 언제나 외부에서 도래하는 자로, 이 주체는 이방인이자 괴물이자 신의 형상으로 인식되었다.[18] 이 지점에서 나-주체와 타자-주체의 결합은 육체성을 띤 性적 결합으로부터 영혼중심의 聖적 결합으로 전환된다. 지금까지 살펴본 단군신화나 돌궐신화가 신성이 결여된 동물과의 육체적 결합 방식으로 새로운 영웅을 탄생시켰다면, 이후에 나타난 건국신화에는 性적 결합의 대상이 이미 신성神聖을 확보한 상태로 나타나는 사례가 많다.

　　『隋書』를 살펴면 이렇게 말한다. 먼 옛날 서해에 阿育國이 있었는데 그 왕은 능히 구름을 타고 하늘에 오를 수 있었다. (그 왕이) 天女에게 장가들어 아들 셋을 낳았다. 둘째 弘德은 蒼洱間에 제후로 봉해졌는데 부처를 신봉하여 냄새나는 훈채나 날고기를 먹지 않고 매일 흰밥만을 먹었다. 그래서 白飯王이라고 했는데 이가 白國의 시조이다.[19]

　백국의 건국신화에서 확인할 수 있듯, 이 신화에서 "阿育國"의 왕이 결합하게 되는 타자-주체 "天女"에게는 하늘의 신성함이 '이미' 부여되어 있다. 그런 까닭에 왕과 천녀의 결합은 단순히 性적 결합이라는

---

18) 이에 대해서는 리처드 커니, 앞의 책 참조..
19) 『云南名勝志』 卷15 '大理國志勝' (조현설, 「신격기능체계론에서 본 아시아 건국신화의 한 양상」, 『구비문학연구』 제8집, 1999, 132쪽에서 재인용) 이 논문에서 조현설은 이 서사를 건국신화로 삼고 있는 '백국'이 존재하지 않는다는 점과, 이 신화가 백족이 세운 남조와 대리국 중 어느 나라와도 관련이 없다는 점을 밝히면서, "백국신화는 『수서』의 권위에 기탁한 채 명대 지방지에나 남게 된 것이 아닌가" 판단하고 있다.

원초적 본능을 충족시키는데 국한되지 않는다. 왕과 천녀 모두 이미 질서화된 힘과 권위를 확보하고 있기 때문이다. 이 서사에서 백국을 건국하는 주체는 性이 아니라 㗉을 통해 탄생하게 되는데, 타자와의 性적 결합 양상이 국가가 나타나기 이전의 혼돈 상태에서 발생하는 신격의 요소라고 한다면, 㗉적 결합의 경우는 국가 체제의 질서가 어느 정도 정착한 상태에서 새로운 권력/권위를 확보할 필요가 있을 때 발현되는 특징을 보인다.[20] 다음 장에서는 이러한 두 양상의 구체적인 사례를 살펴볼 것이다.

4. 건국신화에서 타자 수용 양상

性적 결합이 보편적인 권력에 불과한 존재에게 신격을 부여한다는 모티프는 한국을 비롯한 동아시아 신화에서 어렵지 않게 찾아볼 수 있다. 그렇지만 건국신화에서 타자를 수용하는 양상은 조금씩 다르다. 이 장에서는 건국신화가 발생하는 두 양상을 각각 살펴보고자 한다. 흔히 발견되는 건국신화는 무질서한 세계에서 새롭게 국가라는 질서를 확립하는 서사이거나 질서의 세계에 새로운 권력을 강화하는 서사가 된다. 전자의 경우가 대체적으로 고대 국가 및 세계 창조의 형성과 관련된다면, 후자는 모반의 형식으로 새로운 국가 체제를 도모하는 경우에 해당한다. 두 경우 모두 주체가 신격을 획득하기 위한 방법으로 신성한 힘을 지닌 타자-주체와의 결합을 활용한다. 앞서 본 인간-동물

20) 이렇게 천녀와의 결합을 통해 낳은 아들 가운데 "둘째 홍덕"이 "백국"을 건국하게 된다. 차남의 건국 모티프는 건국신화에서 특별한 일이 아니다. 한국의 주몽설화에서 '유리'가 등장하자 '비류'와 '온조'가 남하하여 백제를 건국했다는 설화도 차남의 건국 모티프와 관련된다고 할 수 있다. 이를 통해 신화적 상상력에도 장자 상속의 이념이 반영되어 있음을 알 수 있다.

의 결합 형식이 원초적인 신화적 상징이라고 한다면, 조선을 건국한 이성계의 금척 설화처럼 꿈이나 이인異人을 통한 권력 획득의 정당성 확보는 후대의 신화적 상징 형식이라고 할 수 있다. 이런 면에서 보면 건국신화에서 나-주체에게 신격을 부여하기 위해 소환되는 타자-주체는 이미 그 자체로 신성을 지녔다고 보는 것이 타당하다. 건국 주체는 그러한 신성과의 성적 결합을 통해 신격을 확보할 수 있는 것이다.

1) 혼돈의 질서화: 타자一性

한국과 중국의 건국신화에는 성적 결합을 통해 새로운 질서·세계·국가를 만들어내는 서사가 다양하게 펼쳐져 있다. 앞장에서 살펴본 것처럼, 기본적으로 세계 창조를 포함하여 새로운 형태의 질서를 만들어내는 과정에는 생물학적인 측면에서의 성적 결합 모티프가 핵심적으로 작용한다. 이러한 상상력은 문명 이전의 자연 상태에서 '창조'에 대한 보편적인 인식이었을 확률이 높다. 자연 법칙에 전면적으로 노출되어 있고, 신화적 상상력을 통해 세계를 인식하던 주체들이 경험할 수 있는 가장 현실적인 창조 방법은 성적 결합이었을 것이다.[21]

신화적 서사에서 창세/건국 이전은 『회남자』「정신훈」에 "옛날 천지가 아직 생기기 전에는 아무런 형태도 없고, 깊고 컴컴하고 흐릿하고 아득하고 까마득해서 그 문을 알 수가 없었다"[22]고 한 것처럼 혼돈 상태로 묘사된다. 그런 까닭에 창세/건국 신화는 이 혼돈을 바로 잡기

---

21) 물론 "그가 죽어갈 때, 그의 몸에는 갑자기 큰 변화가 일어났다. 그의 입에서 새어나온 숨길은 바람과 구름이 되었고 목소리는 우르릉거리는 천둥소리로 변했으며, (⋯) 쓸모없는 몸의 땀조차도 이슬과 빗물이 되었다."는 중국 반고 설화의 경우처럼 타자성이 드러나기 전에 나-주체 단독으로 무성생식을 하듯 세계를 창조하는 경우가 없는 것은 아니다.

22) 전인초·정재서·김선자·이인택, 『중국신화의 이해』, 아카넷, 2002, 43-44쪽에서 재인용.

위해 신이 등장하고, 그 신을 통해 비로소 세계에 질서가 부여된다. 이 과정에서 세계의 질서는 남성과 여성의 결합을 모티프로 삼는 경우가 대부분이다. "대체로 창세신은 하나의 절대신으로 나타나는 것이 보통이다. 구약성서에서도 하나님은 한 분이었고 중국의 반고신화에서도 반고 혼자서 천지를 분리시키고 만물을 생성한다. (…) 남녀의 결합과 출산은 한국의 경우 '단군신화', '주몽신화'와 같은 국가가 형성된 이후에 이루어진 북방계 국조신화에서 나타나는 현상이다."[23] 그런 점에서 신화에서 건국의 주체는 세계의 질서가 수립되지 않은 상태에서 무분별하고 무차별한 세계에 최초의 질서가 부여되는 동력으로서 타자의 性적 기능을 활용하고 있는 것이다.

① 시간은 유수같이 흘러 어느덧 그들은 모두 어른이 되었다. 오빠는 동생과 결혼하고 싶어했으나 동생은 원하지 않았다. "우리가 어떻게 결혼을 해요? 우리는 친형제잖아요." 동생은 늘 이렇게 말했다. 그러나 오빠가 자꾸자꾸 원하니까 동생도 거절만 할 수가 없어서 오빠에게 말했다. "오빠, 저를 쫓아오세요, 저를 잡을 수 있다면 오빠와 결혼하겠어요." 그래서 오빠와 동생은 큰 나무를 가운데 두고 빙빙 돌며 도망치고 쫓아가고 하게 되었다. 동생은 민첩하고 재빨라 오빠가 아무리 쫓아가도 잡을 수가 없었다. 그러자 오빠는 꾀를 내었다. 동생을 쫓아가는 척하다가 갑자기 몸을 돌리니 무방비 상태에서 숨만 몰아쉬던 동생은 그만 오빠의 품안으로 들어오게 되었다. 그리하여 둘은 결국 결혼하여 부부가 되었다. 부부가 된 지 얼마 되지 않아 동생은 둥근 공처럼 생긴 살덩어리를 하나 낳게 되어 부부는 기이하다고 생각하며 이 살덩어리를 잘게 다져 종이로 쌌다. 이 물건을 가지고 하늘사

23) 서대석, 「일본신화에 나타난 신혼과 신탄생의 성격」, 『고전문학연구』 제14집, 1998, 302쪽.

다리를 타고 하늘나라에 가서 놀려는 것이었다. 그런데 중간쯤 올라갔을 때 갑자기 바람이 몰아쳤다. 그 바람에 종이가 찢겨 잘게 다진 살덩어리들이 사방으로 흩어졌는데, 그것들이 땅에 떨어져 모두 사람이 되었다.[24]

② 그런데 여러 천신들은 이자나기노미꼬토와 이자나미노미꼬토의 두 신에게 명하여 "이처럼 떠 있는 국토를 고정시켜 단단하게 만들라" 하였다. 그리고 아메노누보꼬(天沼矛)라는 창을 내려주며 모든 것을 위임하였다. 그리하여 이 두 신은 천부교라는 다리에 서서 그 창을 밑으로 질러 바닷물이 부글부글 소리나도록 휘저어 들어 올렸을 때 그 창끝에서 떨어지는 바닷물이 쌓여 섬이 되었다. 이것이 바로 오노고로시마라는 섬이다.

두 신은 이 섬으로 내려와 신성한 기둥을 세워 매우 넓은 궁전을 지었다. 그런데 이자나미노미꼬토에게 묻기를 "너의 몸은 어떻게 생겼느냐?" 하자 여신이 대답하기를 "나의 몸은 차츰차츰 생겨 이루어졌으나 이루어지지 않은 곳이 한 군데 있습니다."고 하였다. 이 말을 들은 이자나기노미꼬토가 말하기를 "나의 몸은 차츰차츰 생겨 이루어졌으나 한 곳 남은 곳이 한 군데 있다. 그렇다면 나의 여분의 것으로 완전히 이루어지지 않은 너의 몸에다 끼워 넣어 국토를 낳고자 한다. 너의 생각은 어떠하냐?"라고 하자 이자나미노미꼬토는 "그렇다면 우리 둘이 서로 이 기둥을 돌면서 만나 결혼을 하기로 하자"라고 말하였다. 이와 같이 약속을 한 다음 곧 이자나기노미꼬토가 말하기를 "너는 오른쪽으로 돌아서 만나고 나는 왼쪽으로 돌아서 만나기로 하자"라고 했다. 이렇게 약속을 한 후 그 기둥을 돌 때 이자나미노미꼬토가 먼저 "정말 잘 생긴 남자이구나"라고 말을 했다. 그리고 나중에 이자나기노미꼬토도 "정말 사랑스럽고 어여쁜 여자이구나!" 하는 말

24) 원가, 앞의 책, 168-169쪽.

을 했다. 이와 같이 서로의 말을 마친 후 이자나기노미꼬토가 여신에게 말하기를 "여자가 먼저 말을 하는 것은 좋지 않았다" 하였다. 그래서 두 신은 결혼을 하여 낳은 자식이 히루꼬(水蛭子)이었다. 그 아이는 갈대로 만든 배에 태워 떠내려 보내고 말았다. 그 다음에는 아와시마(淡島)라는 섬을 낳았다. 이 아이 또한 자식의 수에는 넣지 않았다.[25]

①은 중국의 복희가(伏羲哥)와 복희매(伏羲妹) 남매의 이야기이고 ②는 일본 『고사기』에 나오는 창세/건국 신화이다. 두 신화 모두 창세 과정에서 성적 결합이 발생하고 있다. 중국신화에서 결합의 주체는 남매로 설정되어 있는데, 남매 사이의 결합이 금기되자 그것을 해소하기 위해 "저를 잡을 수 있다면 오빠와 결혼하겠어요."라는 조건을 제시한다. 이 조건은 창세/건국 주체의 영웅성을 확보하기 위한 시험의 성격이 짙다. "큰 나무를 가운데 두고 빙빙 돌며 도망치고 쫓아가고 하"는 과정은 질서 이전의 혼돈 상태를 질서화해가는 역동적인 과정으로 이해된다. 여기서 주목할 점은 "동생은 민첩하고 재빨라 오빠가 아무리 쫓아가도 잡을 수가 없었다."에서 확인할 수 있듯, 여동생의 신체 능력이 월등하여 오빠가 결코 여동생을 잡지 못한다는 설정과 "오빠는 꾀를 내었다. 동생을 쫓아가는 척하다가 갑자기 몸을 돌리니 무방비 상태에서 숨만 몰아쉬던 동생은 그만 오빠의 품안으로 들어오게 되었다."는 오빠의 지적 능력을 구분하고 있다는 점이다. 이는 새로운 질서를 구축하는 창세/건국신화가 신체적으로도 지적으로도 신격화되고 있다는 사실이다. 그리고 그들이 부부가 되어 "둥근 공처럼 생긴 살덩어리를 하나 낳게 되"는데 그것들이 공중에서 흩어져 "모두 사람이" 된다.

이렇게 타자와의 성적 결합을 통해 새로운 질서를 구축하는 중국신

---

25) 노상환 역주, 『고사기』(상), 예전사, 1987, 37-38쪽.

화의 모티프는 일본 『고서기』에서도 발견된다. ②에서 "떠 있는 국토"
는 질서화 되기 이전의 혼돈 상태를 말한다. "천신들"은 "이자나기노
미꼬토와 이자나미노미꼬토의 두 신"에게 새로운 질서를 만들도록 명
령하고 있는데, 질서화 과정에서 주목할 지점은 두 신이 서로 자신의
정체성을 고백하는 장면이다. 요약하자면, "이루어지지 않은 곳"과
"남은 곳"을 인식하는 과정인데, 이러한 인식을 통해 도달한 결론은
서로 결합할 때 '완전함' 즉 질서가 구축된다는 사실이다. 이는 나-주
체 단독으로는 새로운 형태의 질서를 만들어낼 수 없다는 한계를 인
식함과 동시에 타자-주체를 기능적으로 수용하는 일이 창세/건국의 핵
심임을 확인하는 일이다. 그렇다고 해서 성적 결합이 순조롭게 이루어
지는 것은 아니다. 이 서사에서 "우리 둘이 서로 이 기둥을 돌면서 만
나 결혼을 하기로 하자"는 것은 자신들의 결합에 신성함이 동반되어
있다는 사실을 강조한다. 알다시피 '기둥'은 천신들이 부여한 "아메노
누보꼬天沼矛라는 창"이기 때문이다. 이 창을 통해 "천부교라는 다리에
서서 그 창을 밑으로 질러 바닷물이 부글부글 소리나도록 휘저어 들
어 올렸을 때 그 창끝에서 떨어지는 바닷물이 쌓여 섬"이 되었다는 서
사와 두 신의 성적 결합을 통해 '히루꼬'와 '아와시마'라는 섬을 낳았
다는 서사는 교묘하게 중첩된다. '창'이라는 수직적 구조를 통해 천상
의 질서가 지상에서 동일하게 부여됨으로써 지상에 형성된 세계/국가
에 신성을 부여하는 것이다.26)

이렇게 혼돈 상태에서 질서화가 전개되는 핵심 모티프는 '이루어지
지 않은 곳'과 '남은 곳'의 결합을 통한 균형의 확보이다. 우리의 상상

---

26) 그렇지만 성적 결합의 방식이 위 신화에서처럼 남성과 여성이 '거의' 대등하게
이루어지지만은 않는다. '거의'라고 한 것은 "여자가 먼저 말을 하는 것은 좋지
않았다"라는 인식 때문이다. 그럼에도 단군신화에서 보았듯, 여성이 남성(신)에
종속되는 신화 서사나 남성(신적 인간)-여성(동물)의 서사에 비하면, '거의' 대
등한 수준에서의 타자 인식이 나타나고 있다.

력을 좀 더 확장하면, 단군신화의 천상세계가 힘과 질서의 넘침 세계(남은 곳)라고 한다면, 곰·호랑이의 동굴세계는 모자란 세계(이루어지지 않은 곳)가 되고, 이 두 세계가 성적 결합을 통해 형성한 세계가 지상의 인간세계로 질서화된 것이라고 말할 수도 있다. 이는 신화가 신에 관한 이야기라기보다는 나-주체의 신격화에 관한 서사일 것이라는 전제를 뒷받침한다. 나-주체였던 곰·호랑이가 타자-주체(신)와의 결합을 통해 인간-주체가 된 것은 보편적 존재, 예를 들어 피지배계급 같은 공동체 내 존재가 특별한 존재, 즉 공동체에서 선민을 확보한 존재가 되기 위해 신(하늘)의 권위와 상징적으로 결합하는 인간화된 서사라는 말이다. 이렇게 신화에서 신과의 性적 결합은 생물학적인 측면에서 가장 자연 법칙적이면서 인간적인 방법으로 동원되고 있다.

2) 질서의 권력화: 타자-聖

혼돈 상태에서 성적 결합을 통해 질서를 확보했던 것과 달리, 이미 어느 정도 세계의 질서가 확립된 국가 건설 이후에 주로 나타나는 신격화 방법으로 타자의 '聖'을 강조하는 경우가 많다. 이 경우 대개 타자는 계보학적으로 신성을 이미 부여받은 상태이다. 이 신성이 나-주체의 존재론적 변이를 추동하는 매개로 작용한다. 건국 주체에게 신격을 부여하는 존재가 단군신화에서처럼 직접적인 신성이 아니라, 은폐되어 있는 신성의 계보로 나타난다는 것이다. 이는 나-주체가 신성과 결합하는 방식이 성적 결합이라는 원초적이고 일차원적 양상에서 혈통으로 대변되는 신성神聖과의 결합이라는 간접적이고 고차원적인 양상으로 발전해나간 것이다.

한국의 건국신화 가운데 고구려를 세운 주몽 신화는 나-주체에게 신격을 부여하는 타자-주체의 존재가 분명하게 드러나 있다. 뿐만 아니라 타자-주체 자체가 이미 신성한 존재라는 상징성도 명확하다. 타

자-주체가 수용되는 방식도 성적 결합보다는 血적 계보를 통해 이루어
지고 있다. 많은 선행 연구들이 주몽 신화에 관해 거의 모든 것들을 밝
혀내었지만, 이 글에서 주몽 신화를 다루는 이유는 이 서사의 나-주체
라고 할 수 있는 유화부인의 이중적 존재 양상을 살펴보기 위함이다.

〈국사〉 고려본기에 이렇게 말했다. "시조 동명성제의 성은 고씨요,
이름은 주몽이다. 이보다 앞서 북부여의 왕 해부루가 이미 동부여로 피
해 가고, 부루가 죽자 금와가 왕위를 이었다. 이때 금와는 태백산 남쪽
우발수에서 여자 하나를 만나서 물으니 그 여자는 말하기를, '나는 하
백의 딸로서 이름은 유화라고 합니다. 여러 동생들과 함께 물 밖으로
나와서 노는데, 남자 하나가 오더니 자기는 천제의 아들 해모수라고 하
면서 나를 웅신산 밑 압록강 가의 집 속에 유인하여 남몰래 정을 통하
고 가더니 돌아오지 않았습니다. 부모는 내가 중매도 없이 혼인한 것을
꾸짖어서, 드디어 이곳으로 귀양 보냈습니다' 했다.
금와가 이상히 여겨 그녀를 방 속에 가두어 두었더니 햇빛이 방 속
으로 비쳐 오는데, 그녀가 몸을 피하면 햇빛은 다시 쫓아와서 비쳤다.
이로 해서 태기가 있어 알 하나를 낳으니, 크기가 닷 되들이만 했다.
(…중략…) 어머니가 이 알을 천으로 싸서 따뜻한 곳에 놓아두었더니 한
아이가 껍질을 깨고 나왔는데, 골격과 외모가 영특하고 기이했다. 나이
겨우 일곱 살에 기골이 뛰어나서 범인과 달랐다. 스스로 활과 화살을
만들어 쏘는데 백 번 쏘면 백 번 다 맞히었다. 나라 풍속에 활 잘 쏘는
사람을 주몽이라 하므로 그 아이를 주몽이라 이름 했다.[27]

일반적으로 건국신화에서 영웅은 공동체 속에서 타자와 결합하는
형식을 띤다. 내부의 존재가 외부의 신성한 존재와 결합하여 신격을
획득하는 것이다. 그러나 주몽신화에서 유화의 존재는 내부자가 아니

27) 일연, 앞의 책, 72-73쪽.

다. 하백의 딸 유화는 "웅신산 밑 압록강 가"에서 정을 통한 후 "태백산 남쪽 우발수"로 귀양와 있다. 금와에게 유화는 이미 타자인 셈이다. 일반적인 건국신화라면 외부에서 온 타자 유화와 금와가 결합하여 주몽을 잉태하는 형식이지만, 이 신화는 그렇지 않다. 이미 유화는 해모수라는 타자와의 결합을 통해 주몽을 잉태한 후, 스스로 타자의 형식으로 금와의 땅으로 온 것이다. 단군신화의 경우, 단군왕검의 신격이 천상계의 환웅과 직접적인 관계를 형성하면서 신성의 원인인 환웅의 존재가 전면에 노출되고 있지만, 주몽신화에서 주몽에게 신성함을 부여하는 해모수는 그 존재가 은폐되어 있다. 그리고 주몽을 잉태한 유화는 "하백의 딸"이라는 신성함의 계보를 잇는 존재다. 혼돈 상태에서 질서를 구축해가는 건국신화의 경우 신성이 한쪽에 국한되어 나타났던 것에 비해, 주몽신화의 경우 양쪽 모두의 계보 속에 신성이 존재하는 특징이 있다.

그러나 주몽신화에서 신성은 그 자체로 완성되지 않는다. "중매도 없이 혼인한 것을 꾸짖어서, 드디어 이곳으로 귀양 보"낸 것은 해모수(하늘)와 하백(물)의 결합이 온전히 성립될 수 없다는 점을 상징한다. 그 이유 가운데 하나로 생각해볼 수 있는 것은 이 글에서 전제하고 있는 신화적 서사의 본질적인 측면이다. 신화가 신들의 이야기가 아니라 인간 존재의 신격화에 관한 서사라는 점에서, 신과 신의 결합은 신화 장르에 그대로 수용되기 어려운 측면이 있다. 단군신화에서 천상-지하의 결합을 통해 지상의 인간세계를 구축한 것을 떠올린다면, 주몽신화에서 유화가 금와(질서화 된 인간세계)의 땅으로 온 것은 천상세계(해모수)와 지하세계(하백: 물의세계=지하세계)의 결합이 인간세계(금와)에서 재질서화되어야 한다는 신화적 논리를 실현한 것이다. 이 과정에서 유화는 혼돈의 질서화 과정을 다룬 신화에서처럼 타자-주체인 해모수와의 성적 결합으로 주몽을 잉태하는 원초적인 결합 양상을 거치지만, 주몽신화에서 전면에 노출되는 것은 인간세계에서 발현되는 신성이다. 유화가 낳은 "알"에 부여된 신성을 보여주기 위해 다양한 시험(버려짐)이 제안되고, 주몽은 그 시련을 극복한 영웅으로 탄생한다. 이 과정에서 주몽에게 부여되는 것은 은폐되어 있는 해모수와 하백의 신성함이다.

주몽신화에서 금와의 땅으로 귀양 온 유화는 외래자이자 타자이자 괴물이자 신이다. 금와의 입장에서 유화의 존재는 자신의 질서를 해체할 수 있는 힘으로 인식된다. 그런 까닭에 금와의 관점에서 '알'은 버려져야 하고, 또 태어난 주몽은 축출되어야 한다. 금와에게 유화와 주몽은 철저히 타자이기 때문이다. 마찬가지로 유화와 주몽의 입장에서 금와 혹은 이미 질서화된 세계도 타자에 해당한다. 유화는 이 타자-주체와의 결합을 통해 주몽을 신격화할 수 있게 되었다. 이때 '귀양'이라는 방식을 통해 결합되는 것은 단군신화에서 곰과 호랑이에게 주어진 '동굴'의 시련을 연상시킨다. 유화가 곰과 호랑이처럼 지하세계(물의 세계)의 존재라는 점에서 귀양 형식의 동굴 모티프는 단군신화의 구조와 다르지 않다.

지금까지 살펴본 것처럼, 이미 질서화 된 세계에 개입하여 새로운 질서를 구축하는 건국신화에는 은폐된 타자와의 성적 결합(해모수-하백)이 전제되어 있다. 이는 "신화가 전승집단의 세계관 및 자신들의 근원을 설명하는 인식 체계라고 한다면 종속된 신화의 전승집단이 자발적 타율성을 받아들였다고 보기 어"[28]려운 것을 감안하면, 타자와의 결합은 타자에게 내재된 신성한 힘의 논리에 지배되었음을 뜻한다고 할 수 있다. 그런 까닭에 신성의 계보(유화-주몽)가 타자-주체인 질서세계(금와)와의 2차 결합을 요구받게 되는 것이다. 이때 2차 결합에는 성적인 양상이 아니라 은폐되었던 凡적 결합이 인간세계에서 구현되는 방

---

28) 정인혁, 「건국신화 속의 이주와 결혼, 그리고 어머니-여신의 행방」, 『어문연구』 37권 2호, 2009, 147쪽.

식을 보인다. 해모수와 하백의 결합 자체가 이미 弱적 결합이었던 셈이다.

5. 맺음말

신화적 상상력을 포함하여 인간의 모든 창조 행위는 타자-주체, 즉 새로운 대상과의 이종교배 속에서 이루어진다. 그런 까닭에 타자-주체의 수용 활동은 창조 서사의 핵심 모티프가 될 수 있다. 나-주체와 타자-주체의 교배라는 결합 양식이 환기하는 것은 자연법칙의 원초적 수용이며, 이러한 결합이 추구하는 것은 궁극적으로 변증법적인 새로운 존재이다. 이 새로운 존재는 나-주체가 연장된 존재이면서 갱신된 존재인데, 건국신화에서 이 존재는 혼돈 상태에 새로운 질서를 부여하는 신격화된 영웅으로 나타난다.

지금까지 살펴본 것처럼, 한국과 중국의 건국신화에서 나-주체와 타자-주체가 결합하는 방식은 큰 틀에서 두 가지로 제시할 수 있다. 혼돈 상태에서 최초로 질서가 부여되는 창조/건국신화의 경우 원초적인 성적 결합 방식을 통해 나-주체는 타자-주체와 결합한다. 이렇게 결합된 두 주체의 결합은 언제나 잉여를 생산하는데, 이 잉여를 생산하는 핵심 기제가 타자-주체에게 내재한 신성이다. 타자-주체의 신성이 나-주체와 만나 잉여 존재에게 신격을 부여하는데, 신격화 된 나-주체는 혼돈에 질서를 수립하고 그 질서를 유지하는 권위를 지니도록 인정된 존재가 된다. 이때 잉여의 의미는 나머지라기보다는 이질성으로 보는 것이 바람직하다. 이자나기노미꼬토의 "한 곳 남은 곳"이 대표적인 사례가 될 텐데, 이러한 이질성은 그것이 부재하는 존재들에게는 두려움과 경배의 대상이자 원인이 된다.

또 하나, 기존에 형성된 질서를 재구축하고자 하는 건국신화도 있다. 이때는 결합 방식이 육체적인 의미에서 성적인 차원을 전제하면서 聖적 결합에 이른다. 물론 이 경우에 聖은 계보학적으로 그리고 혈통적으로 내면화된 상태에서 영웅에게 유전된다. 나-주체와 타자-주체의 결합이 원초적인 성적 결합으로부터 신성함을 내면화함으로써 고도로 상징화된 양상을 보이는 것이다. 이는 기존에 구축된 질서를 뛰어넘기 위한 전략에서 비롯했을 가능성이 크다. 이미 구축된 상태에서 새로운 질서를 구축하기 위해서는 보다 특별한 존재론적 위상이 요구되기 때문이다. 즉, 신성을 직접 요구하고 획득했던 단계(단군신화의 경우)의 서사가 당대에 신격을 구축하는 일이었다면, 주몽신화처럼 발생론적으로 이미 신성을 확보한 상태에서는 그것이 발현되는 과정(알이 버려졌을 때 신이한 일들이 발생한 것)을 통해 존재의 신성함을 재차 강조함으로써 건국 영웅의 위상을 확보해내고자 한 것이다.

참고문헌

단행본

김재용·이종주 공저, 『왜 우리 신화인가』, 동아시아, 2004.

노상환 역주, 『고사기』(상), 예전사, 1987.

리처드 커니, 이지영 옮김, 『이방인 신 괴물』, 개마고원, 2004.

안진태, 『신화학』, 열린책들, 2001.

원가, 전인초·김선자 옮김. 『중국신화전설Ⅰ』, 민음사, 1992.

이반 스트렌스키, 이용주 옮김, 『20세기 신화 이론』, 이학사, 2008.

일연, 이민수 옮김, 『삼국유사』, 을유문화사, 1995.

전규태, 『한국신화와 원초의식』, 반도출판사, 1995.

전인초·정재서·김선자·이인택, 『중국신화의 이해』, 아카넷, 2002.

정재서, 『앙띠 오이디푸스의 신화학』, 창비, 2010.

조셉 캠벨·빌 모이어스, 이윤기 옮김, 『신화의 힘』, 고려원, 1996.

조현설, 『동아시아 건국신화의 역사와 논리』, 문학과지성사, 2003.

질베르 뒤랑, 진형준 옮김, 『상상계의 인류학적 구조들』, 문학동네, 2007.

콜린 데이비스, 김성호 옮김, 『엠마누엘 레비나스-타자를 향한 욕망』, 다산글방, 2001.

쿠르트 휘브너, 이규영 옮김, 『신화의 진실』, 민음사, 1991.

논문

김재용, 「동북아시아 신화의 갈등 구조에 관한 연구」, 『한국문학이론과 비평』1집, 1997.

박기용, 「한중 건국 시조신화 비교 연구」, 『우리말글』 43집, 2008.

서대석, 「일본신화에 나타난 신혼과 신탄생의 성격」, 『고전문학연구』, 제14집, 1998.

오태권, 「삼국유사 건국신화에 나타난 신성분류와 계승성」, 『국학연구론총』16

집, 2015.

임태홍, 「한국 고대 건국신화의 구조적 특징: 중국과 일본의 신화를 통해서 본」, 『동양철학연구』 52집, 2007.

장정해, 「중국 소수민족의 수조(獸祖)신화 비교연구-이리 시조신화를 중심으로」, 『中國語文學誌』 17집, 2005.

정인혁, 「건국신화 속의 이주와 결혼, 그리고 어머니-여신의 행방」, 『어문연구』 37권 2호, 2009.

조현설, 「신격기능체계론에서 본 아시아 건국신화의 한 양상」, 『구비문학연구』 제8집, 1999.

_____, 「세 신화 세 현실」, 『겨레어문학』 제33집, 2004.

2부

동북아
대중문화에 나타난
설화적 상상력

전시체제기 야담의 두 가지 양상
- 제국의 지역질서와
대중문화상품 간의 교차점을 중심으로*

1. 야담野談의 위상과 말기末期와의 조우

야담이라는 술어의 의의가 어디 있는가. 이것은 두 가지의 의의가 거기부터 있다. 첫째는 조야朝野의 야와 둘째는 정사야사의 야 그것이다. 조라는 군데는 소수 특권 계급의 향유처인데 대하여 야라는 곳은 대다수 민중들의 집단지= 즉 다시 말하면 야라는 것은 곧 민중을 의미하는 것인 때문이며 역사에는 소위 정사라는 것과 야사의 두 가지가 있는데 이때까지의 세인의 안목으로 얼핏 직각적으로 생각할 적에 정사라는데 미혹하기 쉽고 야사라면 천대시하기 쉬우나 봉건시대에 있어서 제왕을 중심으로 한 모든 특권군들이 자기네의 온갖 죄악을 은폐해 놓고 그네의 역사를 미화하고 연장해놓은 그리고 대중과는 하등의 교섭이 없이 자기네의 향복과 행락을 자랑해 놓은 것이 정사이며 모든 억압과 기위의 눈을 숨어서 정말 민중의 진정에서 나온 민중의 의사와 그네의 실적을 적어놓은 것이 즉 야사인즉 사적 고찰로 보아서 이것이 가장 은휘 없는 노골화된 정사일 것이다. 다시 말하면 야사라는 것은

---

* 본 논문은 〈하신애, 「전시체제기 야담(野談)의 두 가지 양상: 제국의 지역질서와 대중문화상품 간의 교차점을 중심으로」, 『국제어문』 81집, 2019.6, 113-135쪽〉에 수록된 내용을 수정·보완한 것임.

곧 민중사라는 것을 의미하는 것이다.

이 두 가지 의의에서 빼내온 야담은 곧 역사적 민중교화운동이라고 볼 수 있지 아니한가. (중략) 우리 조선에서도 최근 몇 십 년 전까지도 이것이 남아 있었다. (중략) 지금의 야담은 그때 그것의 진화적 현신이 며 과학적 출현이라는 것이 가장 공평한 적평이라고 볼 수 있다.[1]

일본에서 강담講談은 "일종의 대중적 역사물로서, 일본 고유의 전통의 하나로서 역사적 사건에 대중의 기호를 위해 허구와 전설 등을 가미시켜 구연되는 이야기"를 뜻한다. 구연된 강담의 기록 이외에 작가가 창작한 신新강담이 있으며, 이러한 신新강담과의 연관 하에 1920년대 후반 식민지 조선에서 야담운동이 전개되었다.[2] 이때 야담野談의 野는 위 인용문에서 볼 수 있듯이 야사野史의 野에 해당하는 것으로, 특권계급의 정사正史가 아닌 민중들의 "은휘 없는" 기록으로서의 재미있는 이야기이자, 동시에 "억압과 기위의 눈"을 넘어 역사를 민중들에게 전달하기 위한 유효한 수단이기도 했다.

주지하듯이, 1920년대는 조선학 열풍이 발흥된 시기였다. "조선인으로서 조선어와 조선사를 알아야겠다는 향학열"[3]을 확산시키기 위한 민족주의적 기획 하에 전기傳記, 사담史談, 전설, 비사秘史, 기인기담奇人奇談, 애화哀話, 애사哀史, 사화史話, 야담野談 등의 역사 저작들이 산출되었다. 그리고 기존 국한문체 해독이 가능한 식자층을 대상으로 했던 역사 대중화 운동에서 한 발 더 나아가, 민중에 초점을 맞춘 김진

1) 김진구, 「야담 출현의 필연성, 우리 조선의 객관적 정세로 보아서」, 『동아일보』, 1928.2.6.
2) 신재성, 『1920-30년대 한국역사소설연구』, 서울대학교 국어국문학과 대학원 석사학위논문, 1986, 15쪽, 차혜영, 「1930년대 [월간야담]과 [야담]의 자리」, 『상허학보』, 2002, 81쪽.
3) 『조선일보』, 1928.11.25.

구의 새로운 야담운동이 대두되었다.[4]

식민지 조선인의 대다수가 문맹이었던 현실을 반영하듯, 김진구의 야담운동은 강화講話 혹은 구연口演의 성격을 강하게 드러낸다. 실제로 1927년 야담운동의 중심기관이었던 조선야담사朝鮮野談社를 발족시킨 전후, 김진구가 개최한 야담 대회는 "근 천千의 청중이 집합한 대성황"을 이루었고, "개방적 형태의 대중공연"이라 할 수 있는 야담 대회에서 청중들은 "최후까지 비상한 흥미로써 박수갈채의 환호성"을 보냈다고 한다.[5] 아래 인용된 야담대회의 광고문은 "옛이야기라는 익숙한 소재와 화법"에 "새로운 역사 지식"을 결합하고, "목소리를 통한 연기"를 곁들임으로써 대중들의 호응을 이끌어 내었던 신新문화운동으로서의 야담의 면모를 짐작케 한다.

> 오라! 들으라! 우리 조선에서 새로 창설된 민중예술=그리고 민중오락인 야담 대회를 들으러 오라! 그리하야 우리는=정신이 극도로 굶주린 우리는 이것을 들음으로써 정신의 양식을 구하라! 얻으라! 동양풍운을 휩쓸어 일으키든 혁명아들의 포연탄우 가운데서 장쾌한 활약을 하든 이면사의 사실담을 들으라! 동양풍운을 휩쓴 동학란(이돈화), 한말호걸 대원군(권덕규), 이홍장과 이등박문(김익환), 김옥균왕국(김진구)[6]

이처럼 역사적 사실에 비공식성, 대중성, 통속성이 결합함으로써 구성된 1920년대 야담의 개념은 김진구가 견지해 왔던 "사대사상과

---

4) 고은지, 「20세기 '대중오락'으로 새로 태어난 '야담'의 실체」, 『정신문화연구』, 2008, 104-106쪽, 공임순, 『식민지 시기 야담의 오락성과 프로파간다』, 앨피, 2013, 67쪽.

5) 공임순, 위의 책, 73, 78쪽.

6) 제 1회 야담대회 광고문, 『동아일보』, 1928.2.6.

존주尊周주의에 대한 비판" 및 "식민지 조선의 현실에 대한 불만의 감정"과 더불어, 민중에 대한 "정신적 양식의 보급"과 "역사를 통한 교화"라는 계몽주의적 맥락을 강하게 드러내게 되었다. 그러나 위 인용문에서 볼 수 있듯이 "한말 호걸"이나 근대 초기 "동양풍운"을 직접적으로 언급하는 한편, "일一 왈 역사교화주의요, 이二 왈 역사교화주의요, 삼三 왈 역사교화주의"를 강조하고자 했던 김진구의 계몽 의지는 필연적으로 식민 권력의 치안유지법과 충돌하게 되었던 바, 실제로 조선야담사의 지방순회공연은 언론 통제에 따른 "주의, 중지, 구류 처분"으로 이어졌던 것이다. 연설과 집회가 금지된 식민지 조선에서 수많은 대중들을 모았던 지방 야담 공연은 배타시되었으며, 특히 "말하기의 대중적 감응력"에 대한 식민 권력의 경계는 "말은 글과 다른 것이라. 그 어조를 피육皮肉으로나 혹은 풍자적으로 자칫 미끄러져" "같은 말이라도 말하는 사람의 어조에 따라" 청중들을 흥분케 할 수 있다는 측면에서 야담 공연에 대한 단속으로 이어졌다. 즉 식민권력의 감시 및 제재는 가급적 "비분강개悲憤慷慨한 느낌과 박안취석拍案就席하는 기분을 청중들에게 불러일으키지 않도록" 야담 공연을 변화시키는 결과를 초래했으며, 이는 곧 1930년대에 이르러 야담이 민중교화운동이기보다는 근대적 제도 내에서 "포퓰라-성"을 지닌 "잘 팔리는 문화상품"으로 새롭게 자리매김하게 되는 원인이 되었다.[7]

1930년대에 이르러 야담이라는 전근대적인 형식을 차용한 이야기들은 조선적인 것, 전통이라는 맥락 하에 다시금 부각된다. "정치 참여에서 소외된 식민지인들의 현실적 불평등을 출판 자본의 평등한 소비문화로 대체"[8]하고자 했던 1930년대 대중문화의 전개는 조선적 정서라는 "내셔널한 대중의 소비감성과 욕구"를 충족시키기 위한 "옛이야

7) 공임순, 위의 책, 74-79, 206쪽.
8) 공임순, 위의 책, 43-44, 76쪽.

기의 대량생산"을 촉구했고, 야담은 이제 계몽이 아닌 취미로서 소비되기 시작했다. 그러나 이러한 조선적인 것에 대한 경도傾倒는 임화가 지적한 바 있듯이 "역사적 반성이라든가, 고전의 과학적 재음미라든가, 자아의 재검토" 등을 명분으로 하고 있음에도 불구하고 "후퇴의 명백한 징후"로 독해될 수 있다는 측면에서 중요하다.[9] 즉 공임순이 지적하고 있듯이, "과거의 회고적 정서가 안겨주는 고요한 수동성의 세계"는 "복잡한 (식민지) 현실로부터의 괴리나 철수"뿐만 아니라 "사회비판이 거세되고 전시 체제가 가속화되는 동시대적 흐름"에 대한 영합으로 판독될 수 있는 바, 이는 "민족의 순수한 기원과 혈통을 강조하며 민족 지상주의로 나아가고자" 했던 "전 세계적인 파시스트적 경향성의 일부"로도 볼 수 있는 것이다.[10] 이 경우 야담은 민중교화운동 및 문화상품을 거쳐 "국책 선전의 도구"로서 자리매김하게 된다. 그렇다면 이러한 야담이 식민지 말기, 대동아공영권이라는 제국의 지역질서 재편과 맞물려 실제로 수행했던 역할은 어떠했던가?

대중매체를 "유력한 여론 선동의 무기로서 적극 활용"하고자 했던 식민권력의 의지에 따라, 야담이 "식민권력의 국민운동"으로 수렴되어 충량한 황국신민을 산출하기 위한 "문화적 프로파간다"로 배치되었던 정황은 배제될 수 없다. 이와 더불어, 조선 후기로부터 파생된 야담은 (봉건 사회의 해체기를 배경으로 한) 민중들의 삶에 밀착된 "일상의 문학"이었음을 새롭게 상기하자. 이러한 "일상의 문학"에 담겨진 재미·오락·취미 혹은 "이면의 사실담"을 들춰내어 "상하上下나 우열優劣의 관계"를 둘러싼 지배질서에 대한 전복顚覆을 초래하고자 하는 풍자·해학의 정서[11]는 전시戰時와 같은 정책적인 급변의 상황보다도 통

---

9) 임화, 「복고현생의 재흥」, 『동아일보』, 1937.3.15.-20.
10) 공임순, 앞의 책, 245-249쪽.
11) 이강옥, 『한국 야담의 서사세계』, 돌베개, 2018, 619-620쪽.

상 "장기 지속적"으로 유지되고 갈망된다는 점에 주목할 필요가 있다. 야담에 반영된 이러한 일상적 정서는 정치적 이벤트의 발생에도 불구하고 관습화된 "욕망의 리듬"에 따라 독자적으로 움직이곤 했던 바, 제2차 세계대전 당시 나치가 공공연하게 "버터 대신에 총"을 옹호했지만 "민중들의 빵에서 버터를 떼어내지는 못했던 것"과 마찬가지로, 대동아공영권의 구축에 동원된 전시체제 하의 식민지 조선이라 하더라도 제국이 민중들의 삶에서 재미·오락·취미에 대한 (제국의 방향성과 전적으로 일치하지 않는) 욕망 자체를 소거해 버릴 수는 없었다는 점에 초점을 맞출 필요가 있다.[12) 재미·오락·취미에 대한 욕망은 당대 문인들에 의해 지적된 바 있듯이 도피라는 맥락 하에 독해되거나 제국에 의한 동원의 대상이 될 수도 있다. 그럼에도 불구하고 "일상의 문학"이 담지하는 재미의 달콤함이나 풍자·해학이 담지하는 일순간의 통쾌함은 제국이 "야담의 프로파간다화"를 통해 문화적으로 구축하고자 했던 지역 질서의 강고함을 약화시키는 지점을 예기치 않게 생성한다. 여기서 짚고 넘어가야 할 사실은 문화 상품으로서의 야담이 겨냥하고자 했던 대중들의 "소비감성과 욕구" 또한 바로 이 지점에 위치해 있다는 점이다.

이 글에서는 『월간야담月刊野談』(윤백남 발행, 1934.10-1939.10), 『야담野談』(김동인 발행, 1935.11-1945.2)에 수록된 몇몇 작품들에 대한 분석을 통해, 전시체제기 "문화 상품/프로파간다"로서의 야담이 선보인 시대적 인

---

12) 여기에 대해서는 다음과 같은 괴벨스의 연설을 참조하자. "라디오는 현재 우리가 통과하고 있는 시점의 엄중함을 고려하여 아주 분명한 과제를 수행해야 합니다. 우리는 인민의 극소수에게만 다가갈 수 있는 무겁고 진지한 방송이 아니라, 심각한 생존 투쟁을 벌이고 있는 대다수의 인민들이 가능한 한 긴장을 풀고 오락을 즐기는 가운데 마음을 북돋우고 곧추세울 수 있는 방송을 내보내야 합니다. (괴벨스, 제 16회 라디오 박람회, 베를린, 1939.7.28.-8.6), 포이케르트, 『나치 시대의 일상사』, 김학이 옮김, 개마고원, 2003, 27-28, 113쪽.

식 및 야담을 통해 정립되거나/허점을 노출시키기도 했던 지역 질서의 형상을 도출하고자 한다. 지금까지의 근대 야담 연구가 개념 혹은 잡지라는 매체적 특성 위주로 진행되었다면, 이 글에서는 전시체제기 야담과 대동아공영권의 구축/태평양 전쟁으로의 돌입이라는 시대적 흐름 간의 길항을 보다 적극적으로 고찰하는 것을 목표로 삼는다. 이는 정사正史가 아닌 야사野史, 고급 문예가 아닌 대중 예술·상품이 대동아공영권이라는 제국의 지역 질서에 직면하여 어떠한 대응적 층위를 선보였는지 확인할 수 있도록 한다는 측면에서 의의를 지닌다.

2. 대동아공영권의 구축과 야담의 동원動員

오랫동안 本誌를 위하야 은연중 지원하여온 金松氏가 지난 구월부터 본사에 들어와서 사장의 중임을 맡게 되었는데 앞으로 本誌의 성장과 발전은 金氏의 힘으로 크게 기대될 것이며 잡지 물론, 단행본출판에도 박차를 가하야써 출판보국出版報國의 임무를 다할 것이다.[13]

본지의 창간호創刊號는 지금부터 八년전 김동인金東仁씨의 손으로 꿈여졌는데 그 창간호 이래 오늘까지 八十六號를 내는 동안 세계의 역사는 몇 번이나 뒤바뀌우고 반도의 사회 정세情勢도 변모했다. 따라서 우리 야담도 변천하였는데 가령 소화十년도(1935년)의 본지를 펴본후 다시 十七년도(1942년)의 야담을 펴본다면 마치 하늘과 땅의 차이가 엿보인다. 본시부터 내가 이년 전 입사하면서 종내의 내용을 변획해 보랴는 뜻을 품고 문예소설 중간독물中間讀物, 시국기사 등을 실었지만 시세時勢의 변천함에 따라 부지불식중에 그와 같이 내용이 변했든

---

13) 임경일, 〈후기〉, 『야담』, 1941.11.

것이다.14)

4월 1일부터 8월까지 다섯 달 동안 전 조선에 걸치어서 징병검사가
시행된다. 오랫동안 대망하든 군문軍門으로 달리는 영예榮譽의 날은 드
디어 우리 청년에게 찾아왔다. 때는 극격한 전쟁시기이다. 새로운 세기
의 태동胎動, 역사의 물레방아는 새로운 질서를 싹이면서 돌아가고 있
다. 이 신 질서의 한 가지로써 끝없는 영광을 지니고 궐기한 반도청년
들은 융의戎衣를 떨처입고서 세계의 공적 영미英美를 처부수고 대동아
공영권건설의 용사로 나서서 동아지도민족의 중핵이 될 지위에 선 것이
다. 이 감격 이 영예의 책임을 달성하는 발족의 날 「반도장정 징병검사」
의 빛나는 행사는 열어졌다. (중략) 지금 제국을 둘러싼 광대한 전선은
다수의 병력을 요구하고 있다. (중략) 저- 북방 아류-산 열도의 앗즈 도
島에서 옥쇄玉碎한 충혼忠魂, 그리고 남태평양南太平洋에서 호국護國의
신神으로 된 용사 (중략) 이들이 이루지 못한 것을 한탄할 것 없다. (중
략) 반도 청년들아 모름즉이 영예榮譽있는 전통傳統을 지키고 빛나는
제국의 국위國威를 떨칠 황군의 한 사람의 자격을 획득한다는 긍지矜
持와 자부自負를 가지고 엄숙한 태도로써 반도청년의 진가眞價를 발휘
하세.15)

1940년대 "극격한 전쟁 시기"에 접어들어 "세계의 역사가 뒤바뀌우
고 반도의 사회 정세가 변모"함에 따라, 1930년대 대중들에게 건실한
독물讀物과 재미있는 이야기16)를 제공하기 위한 취지에서 발행되었던
야담 잡지들은 "문예, 창작, 옛말, 사화史話, 일화逸話 등등 순전히 취미
있고 이야기로 될 만한 것만을 편집"하고자 했던 기존 방침으로부터

---

14) 김송, 「新春特別號를 내면서」, 『야담』, 1943.2, 107쪽.
15) 「열였다 영광榮光의 군문軍門!」, 『야담』, 1944.4, 5쪽.
16) 「편집후기」, 『월간야담』, 1935.3, 133쪽.

벗어나 "출판보국"의 길로 나아가게 되었다.[17] "두툼한 조선 재래의 정서"[18]에 잠겨 시름을 잊고자 했던 식민지 조선인들은 이제 대동아 공영권 건설의 용사로 나서야 하는 처지가 되었으며, 조선이라는 공간/정체성 또한 "제국을 둘러싼 광대한 전선"의 일부로서 재편되어 "북방 아류-산 열도"에서 "남태평양"에까지 이르는 제국의 새로운 지역질서 중 하나로 인식되었다.

이러한 시세의 변천에 따라, 야담 잡지의 콘텐츠 구성 또한 "하늘과 땅의 차이" 만큼이나 눈에 띄는 변화를 담지하게 되었음은 예측 가능한 일이다. 1945년 해방 직전까지 발행되었던 잡지 『야담』의 경우, 삼국유사의 전역 게재를 비롯하여 『용재총화』·『고려사요』·『이조오백년사가』·『만복사저포기』·『유응부선생 실기』 등 학적 가치가 있는 (조선의) 고전 자료 전달에 집중하고자 했던 당초의 방침으로부터 벗어나, 통권 39호(1939.3)부터 전선미담戰線美談·내지內地야담이 차지하는 비중을 늘리게 되었다.[19] 이러한 정황의 발생에 1937년 7월 이후 본격화된 중일전면전쟁이 계기로서 작용했음은 물론이다. 이후 1941년 12월 연합국과의 전면전을 야기한 태평양전쟁의 발발에 이르면 제국의 전시 총동원 체제가 식민지에 본격적으로 가동되기 시작하는데, 이때 야담은 "식민권력이 원하는 시국 인식과 각성을 소리와 문자 안에 녹여내고 전파"할 수 있다는 측면에서, 제국의 음성을 "농산어촌의 벽지에까지 실어 나를 수 있는" "동조적 매개체"이자 "국책의 도구"로서 간주되었다.[20] 그렇다면 전시체제로 접어든 이후 야담을 문화적 프로파간다로 동원하고자 했던 제국의 의도는 실제로 어떠한 결과물로 나

---

17) 김동인, 「선언」, 『야담』, 1935.10, 154쪽.
18) 윤백남, 「권두언」, 『월간야담』, 1934.10, 9쪽
19) 신상필, 「김동인의 『야담』 잡지를 통해 본 근대 야담의 서사 기획」, 『한민족문화연구』, 2017, 268-269쪽.
20) 공임순, 앞의 책, 51쪽.

타나게 되었으며, 잡지에 게재된 전선미담·내지야담 혹은 기존 야담 레퍼토리는 시국에 따라 어떠한 각색을 거쳐 프로파간다로서 재탄생하게 되었던가?

1944년 5월호 『야담』에 게재된 「구보정진대분전기久保挺進隊奮戰記」는 야담 잡지에 수록된 전선미담의 대표격으로, "식민권력이 원하는 시국 인식"을 전파한다는 프로파간다 본연의 목적에 충실하게 작성된 글이다.

> 장구 적중을 돌파하야 적의 퇴로를 질느는 한편, 대거 남하를 계획하는 적대부대의 진로를 차단하고 고투하기를 일 개월 간, 아 신체와 대선멸전을 맡기게 한 <u>구보정진부대의 활약은 황군의 진가를 유감없이 발휘한 것을 지금은 현지 각부대로부터 절찬과 감격에 싸여 있다</u>. 동부대는 중임을 맡긴다음 패적이 춘동하는 적지를 돌파하야 전신, 모다가 피투성이 되다싶이 우군 제일선에 돌아왔다. (중략) <u>동부대는 모든 곤궁과 결핍을 무릅쓰면서 일개월간 이 요점을 확보하고 임무를 완수하였다</u>.[21]

야담 본연의 서사성보다는 정보전달에 충실한 시국기사나 뉴스의 성격을 강하게 띠는 이 전선미담은, 전신이 "피투성이가 되다싶이" 적지를 돌파하여 "황군의 진가"를 발휘하는 구보정진부대의 전투 수행 과정을 사실적으로 전달함으로써 후방에 위치한 식민지 조선인들에게 제국의 전쟁 현황을 생생하게 전파하는 한편, 이들로 하여금 승전勝戰에 따른 "현지 각 부대의 절찬과 감격"에 동조하게끔 하는 역할을 수행한다.

한편 전선미담이 전투 수행 과정을 '사실'에 입각하여 전파하는데

---

21) 「구보정진대분전기久保挺進隊奮戰記」, 『야담』, 1944.5.

주력했다면, 시대적 변천에 따른 "각색" 및 이야기에 대한 편집자의 시국적 "논평"이 보다 두드러지게 나타나는 것은 내지야담 및 기존 야담의 레퍼토리이다. 1944년 1월부터 연속으로 게재된 내지야담 「일본역사담日本歷史譚」의 일부를 살펴보자.

과연 노부나가는 강한 대장이었다. (중략) 그 우에 조정을 존숭하고 사방을 평정하려고 했으니 (중략) 이렇게 동방에 있든 강적들은 점점 없어졌다. (중략) 노부나가는 그가 이룩해놓은 사업 중에서도 황실존숭皇室尊承의 정신만은 잊을 수 없는 일이었다. 노부나가는 왕왕히 천황께 물건을 헌상하여 어심御心을 위로하여 받드렀다. 그리고 황거皇居를 수리할 때에는 자기가 손수 지휘하여 훌륭히 건립하게 하였으며 전쟁 중 바쁜 동안에도 때때로 진품을 헌상하였든 것이다. 이것이 모다 노부나가의 충의심에서 솟아나온 소행으로써 길히 신민臣民된 자의 모범이 될만한 행동이었다.[22]

위 글은 오다 노부나가의 생애 및 업적에 대해 상세히 논하고 있다. 그런데 오다 노부나가의 일생에 걸친 업적들 중에서도, 필자가 그의 "황실존숭의 정신"에 유독 초점을 맞추어 서술하고 있는 점은 흥미를 유발하는 대목이다. 즉 "전쟁 중 바쁜 동안에도 진품을 헌상"함으로서 "어심을 위로"하는 노부나가의 충의심은 단순히 노부나가 일一 개인이 지닌 성품의 탁월함을 드러내는 것에서 그치지 않고, 당대 황국신민으로서 천황을 받들어야 하는 처지에 놓인 식민지 조선 독자들을 향해 "길히 신민臣民된 자의 모범이 될 만한 행동"을 본받을 것을 촉구하고 있기 때문이다.

그런가 하면, 1944년 5월에 게재된 이조李朝야담 「보은단報恩緞」은

---

22) 仁旺山居士, 「日本歷史譚 (一)- 織田信長」, 『야담』, 1944.1.

기존 조선인들에게 널리 알려져 있었던 야담 레퍼토리가 전시체제라는 시국과 맞물려 어떻게 각색·변조되는지를 보여 주는 대표적인 사례 중 하나이다. 이 야담은 선조 당시 한어漢語 역관이었던 홍순언洪純彦의 이야기를 다룬 것으로, 1934년 11월 윤백남에 의해『월간야담』에「보은단報恩緞 유래由來」라는 제목으로 이미 한 차례 수록된 바 있다. 10년이라는 시간차를 두고 게재된「보은단報恩緞」과「보은단報恩緞 유래由來」의 비교 분석은, 야담을 둘러싼 시대적 흐름의 변천을 여실히 보여준다는 측면에서 주목할 필요가 있다.

1934년 윤백남에 의해 게재된「보은단 유래」의 경우, 종계변무宗系辨誣로 인해 "비창하고 침통한" 분위기에 휩싸인 조정의 분위기를 조명하며 시작된다. 종계변무란 명나라의『태조실록』과『대명회전大明會典』에 기술된 일로, 조선 태조가 고려의 권신權臣 이인임李仁任의 아들로 되어 있는 것을 발견하고 조정에서 여러 차례 사신을 보내어 이를 바로잡아 줄 것을 요청한 사건을 말한다. 이때 "왕가 종계에 큰 문제라 하루밧비 변무"해야 하는 처지에 놓인 선조 휘하 신하들의 "착잡한 분위기"가, 식민화라는 변고變故로 인해 종계를 상실하고 제국의 의붓자식과 같은 처지로 살아갈 수밖에 없었던 조선인들의 심정과 상통함은 두말할 필요 없을 것이다. 역관 홍순언 또한 이러한 "초조하고" "우수"에 젖은 분위기 하에 놓여 있음은 다른 신하들과 다르지 않았다.

그런데 이러한 홍순언의 신상에 변고가 생기는 것은 "역관에 중임을 지고 열흘 만에 의주를 지나 심양을 거처 다시 산해관을 지나서 며칠 만에 북경서 삼십리 떠러저 있는 통주까지 다다라 하루밤을 수이게 되었"을 때이다.

　　이날은 유난이 달이 밝어 뜰압헤 버려잇는 이름모를 꽃들의 풍기는 향내음새가 이상하게 마음을 충동하는지라 순언은 달빛에 유혹을 받고 꽃향기에 이끌리어 통주 길거리로 거닐게 되었다. (중략) 환한 불빛에 무심히 길 양편을 바라보니 이곳은 통주에서도 가장 유명한 춘루春樓촌이었다. 그는 급작이 발길을 멈추고 이곳까지 온 것을 새삼스럽게 후회하는 듯이 도로 오든 길로 돌쳐서려 하였으나 (중략) 거문고 소리나 또는 여자의 간질간질한 웃음소리가 그의 마음을 이곳으로 끌기 시작했다. (중략) 이 알 수 없는 유혹에 끌리어 여러 날 객지에서 쓸쓸이 지내든 마음을 이곳에서 하로밤 어여쁜 기녀에게 풀어버리려는 호방한 마음이 걷잡을 수 없이 치밀어 올랐다.

"마치 무슨 힘에 끌리는 사람 모양으로 하룻밤의 객회를 위로할 상대를 고르던" 홍순언은 "백냥방", "삼백냥방"을 거쳐 "천냥방"이라고 써 붙인 현판을 발견하게 된다. "하루저녁에 천 냥을 던질 그런 사람"이 세상에 있을지 의아해하던 홍순언은 "전후를 생각할 여지없이 자기도 모를 만큼 이상해진 순간에 이 집 안으로 발길을 들여놓았다." "정결하면서도 청초한 객실"에 들어선 홍순언은 "그리 화려한 의상을 입지 않았으나 달빛에 더욱 아름다웁게 빛나는 여자의 얼굴을 발견"하게 된다.

그리 사치하게 입지 않은 그 의상이 기녀라기보다는 양가의 규수에 갓가울 만큼 고결한 자품이 은은히 보이였다. 그러나 맛치 피랴는 꽃이 반쯤이나 피려할 때 몇 방울 이슬에 젖어 달빛 아래서 가벼운 바람조차 이길 수 없어 하늘거리는 것같이 청초하고 개결하면서도 뛰어나게 성적으로 상대를 정복하려는 강한 힘이 홍역관의 마음을 어지럽게 하기에는 조금도 부족이 없었다.

"과연 천 냥도 아깝지 않은" 이 여자는 기실 "호부시랑의 무남독녀 외딸"이었으며, "규중에서 고이 길리워 규수로서의 모든 교육과 부모

의 넘치는 사랑을 받았다." 그러나 아버지가 "불량한 사람으로 말미암
아 국고에서 이천 냥"을 횡령했다는 혐의를 입고 옥에 갇히자, 그 규
수는 "옥에 갇힌 아버지"를 구하기 위한 효성의 일념으로 이 청루에
"몸을 던졌"다는 것이다.

첫째는 천 냥이라는 사람의 내기 어려운 방을 부치여 제 몸을 헛되
이 더럽히지 안차는 것이요 그 다음에 만일에 천 냥을 앗기지 안코 던
지는 분이 게시면 그 분을 좃차 일생을 맛치자는 작정으로 그리한 것
이랍니다. (중략) 다섯 달 만에 처음으로 손님을 맞는 자리라 상공게서
더럽다고 바리지 안으시면 이몸을 밧처 일생을 상공 겻혜 모시겠슴니
다만은 저의나라법이 외국사람을 따르지 못하게 하옵기 이것이 저의
마음을 괴롭게 하오니 웃지하면 조흘지요.

본디 "천성이 호방하고 마음이 활달하여 일즉이 의로운 일을 사
랑하고 남의 어려움을 자기 일같이 구해주는 의협이 가득한 사나이"
였던 홍순언은 "이상하게도 마치 그전부터 친한 사람을 대하는 듯한
마음을 느끼면서 어느 한편으로 차마 가까이 범하기 어려운 답답함"
을 느끼게 하는 이 "알 수 없는 숙명의 상대자"를 앞에 두고, "하늘
이 감동할 효성"에 대하여 의협을 내어 "돈 이천 냥을 서슴지 않고
그 여자에게 주고 자리를 일어섰다." 존함을 묻는 말에 "홍역관"이
라고만 일러준 홍순언은, 귀국 이후 "공금 이천 냥을 험포냈다"는 혐
의로 금부로 끌려가 "닥쳐 올 죽음"을 고요히 기다리며 두 해를 보
냈던 것이다.

이러한 홍순언의 운명이 바뀌는 것은 종계변무의 중임을 감당하기
버거웠던 다른 역관들이 돈 이천 냥을 내어 그의 목숨을 구하는 한편,
"저승길"이 될지도 모를 중국행에 다시금 오를 것을 설득했기 때문이
다. "사람의 무상한 심사를 쓸쓸히 느끼면서" 북경에 도착한 홍순언은

"중국대관이 수많은 종자를 데리고" 홍역관을 찾는 것을 발견한다. 예부시랑으로 밝혀진 중국대관은 뜻밖에도 홍역관을 "장인"이라 부르며, 자신의 집에 머무르기를 청한다. "불안과 초조에 휩싸인" 홍역관의 눈앞에 찬란한 의상을 입은 귀부인이 나타나 "딸"이라 칭하며, 이 여자는 바로 "천냥방"의 기녀였던 것으로 밝혀진다. 홍순언이 준 이천 냥 덕분에 자신과 아버지를 구명하는 데 성공한 여자는 이후 예부시랑의 "안해"가 되었으며, 보답을 위해 "조선서 사신이 들어올 때마다 홍역관"을 찾았던 것이다. 이러한 사연 및 예부시랑의 도움으로 인해 홍순언은 결국 종계변무의 중임을 수행하는 데 성공하며, "보은報恩"이라 수놓은 "수백 필의 비단"까지 선사 받아 중국을 떠난다. 훗날 귀국한 홍순언은 공을 인정받아 "당릉군"의 벼슬에까지 오르게 된다.[23]

1934년 윤백남에 의해 새롭게 쓰인 「보은단 유래」의 서사에는 위와 같이 효성, 보은, 성공 등의 요소들이 포함되어 있으나, 무엇보다도 두드러지게 부각되는 것은 기이한 인연에 따른 "사랑"이라 할 수 있다. 종계를 상실하고 침통한 분위기에 휩싸인 홍순언이 "달빛", "꽃향기", "거문고 소리"와 함께 다가온 이국異國의 미녀와 만나는 장면은 남녀가 사랑에 빠지는 순간에 대한 생생한 묘사이며, 이국의 "법"으로 인해 "숙명의 상대자"와의 사랑을 성취할 수 없었던 탓에 홍순언은 "이천 냥"을 여자에게 던져준 채로 죽음을 각오하고 떠나 옥에 갇혔다. 이후 여자와 다시 해후하게 되지만, "아버지"와 "딸"로서 재정립된 관계를 앞에 둔 홍순언은 그저 덤덤하게 반응할 뿐이며, 선사 받은 "보은단"조차도 챙기지 않고 중국을 떠나려 한다. 홍순언이 원했던 것은 "보은報恩"이 아니라 사랑이었기 때문이다.

그렇다면 1944년, 10년이 지나 다시금 식민지 조선인들에게 전달된 「보은단報恩緞」의 서사는 어떠했던가? 1944년의 서사에서는 「보은단

---

23) 윤백남, 「보은단 유래」, 『월간야담』, 1934.11.

유래」에서 두드러지게 나타났던 "사랑"의 요소들이 전면적으로 삭제되어 있다. 1934년의 야담이 "달콤한 연애" 이야기를 통해 식민지인의 상실감을 위로하고자 하는 문화상품의 성격을 띠었다면, 1944년의 야담은 어디까지나 전쟁을 수행하기 위한 프로파간다인 것이다. 1944년의 서사가 부각시키는 것은 도전과 쟁취, 봉공 그리고 전리품의 획득이며, 이것은 전쟁의 목적과 크게 다르지 않다. 극도로 단순화된 1944년의 서사에서, 홍순언은 단순히 정욕을 해결하기 위해 "창관娼館"으로 향하며, "놀랄 만치 어여쁜" 여자와 대면하는 순간에도 더 이상 "달빛"이 비치거나 "꽃향기", "거문고 소리"의 여운이 곁들여지지 않는다. 홍순언은 어디까지나 충실한 역관으로서 "나라에 봉공"하고자 하는 마음으로 "중화말을 배우고 중화문물에 대한 잡서를 통독"하였으며, "공무에만 힘을 다하"고자 하는 마음으로 여자와의 한순간의 일탈을 묻어둔 채 귀국한다. 이후 다시 중국으로 간 홍순언은 기존의 '투자' 덕분에 그간 추구해 왔던 종계변무의 해결을 쟁취하는 데 성공하며, "개가를 올린 사신일행은 기쁜 마음으로" 귀국하여 선조대왕께 "복명復命"한다. 이들이 보은단을 전리품과 같이 챙겨 왔음은 두말할 필요 없으며, 홍순언은 이 보은단을 "세상 떠날 때까지 마음껏 잘 입은" 것으로 제시된다. 주지하다시피, 1944년의 어디에도 더 이상 연애는 없다. 1944년은 어디까지나 전쟁의 시기이며, 홍순언의 목적은 대동아공영권 구축을 목표로 삼은 제국의 신민臣民으로서 대對 중국 협화協和 임무를 수행하여 이에 성공하는 것이다.[24]

---

24) 엄흥섭, 「보은단」, 『야담』, 1944.5.

3. 야담의 시국 인식과 불온不穩한 정서의 상품화

한편 정사正史가 아닌 야사野史, 고급 문예가 아닌 대중 예술·오락이라는 야담의 표피는 앞서 언급된 바 있던 풍자·해학의 요소로 인하여, 뜻밖에도 정사/고급 문예는 담지할 수 없었던 불온한 정서들을 문화적으로 상품화하거나 유포하는 기반이 되었다. 선행 연구에서 언급된 바 있듯이, 근대 야담-특히 재담才談-은 "등장인물의 재치나 실수, 부적절하거나 모자라는 행동을 보여주어 웃음과 비웃음, 조롱, 빈정댐 등을 이끌어 낸" 바 있다. 이는 "조선 시대 소화笑話로부터 이어지는 전통"인데, 야담 또한 "서사문학에서 면면히 이어져 왔던 전복顚覆 구도"를 고스란히 선보이고 있다는 측면에서 주목할 필요가 있다. 즉 야담에 등장하는 웃음과 비웃음은 "신분이 높은 자를 신분이 낮은 자가, 힘이 강한 자를 힘이 약한 자가, 아는 것이 많은 자를 아는 것이 적은 자가, 남자를 여자가 패배시키거나 비난하고 조롱하거나 빈정대는 구도"로부터 파생되며, 이처럼 "상하上下나 우열優劣에서 상식적 관계를 전복"[25]시키는 것이야말로 독자들로 하여금 풍자나 해학이 선사하는 불온한 통쾌함을 향유하도록 하는 기반이 된다. 실제로 선행 연구에 따르면 근대 야담은 "전통적 조선이 근대적 서양을 조롱"하는 대목을 선보임으로써 "서양의 눈으로 조선을 바라보거나, 서울(중심부)의 눈으로 시골(로컬)을 바라보고자 했던 근대 식민주의의 시선"에 대한 전복의 순간들을 창출하기도 했다.[26] 그렇다면 근대 야담이 담지해 왔던 풍자·해학 및 통쾌함을 자아내는 전복의 구도란 1940년대 전시체제에 이르러서도 여전히 유효하게 작동하고 있었던 것일까?

지배 질서에 대응하는 불온한 정서를 (예기치 않게) 유포하는 전시

---

25) 이강옥, 『한국 야담의 서사세계』, 돌베개, 2018, 617-621쪽.
26) 이강옥, 위의 책, 621-635쪽.

체제기 야담의 희귀 사례를 분석하기 위해, "명랑야담·해학諧謔야담"
이라는 표제 하에 『야담』 1944년 1월호에 실린 「실없은 양반」을 살펴
보자.

> 부여땅에 리화백이라고 하는 세상에 낙척되여있는 큰 재사 한 사람
> 이 있었다. 그 사람은 조선 안에 제일류로 손을 꼽는 양반이라고 칭하
> 는 집에서 좀 아랫도리로 떠러저 있는 집의 자손으로서 그 인품이 잘
> 났고 또는 글을 잘하고 말을 잘하고 (중략) <u>그러나 자기네 가족끼리나</u>
> <u>또는 관료에서도 그런 인재를 인재로 수용하지 아니하고 항상 하대와</u>
> <u>멸시로써 대우하든 것이였다.</u> (중략) 그는 일직 서울에 있을 때 베슬이
> 라는 것도 좀 맛본 일도 있었지만 <u>천리준총이 엇지 짐시리하는 적은</u>
> <u>역사에 억매우고 구구히 구복지게나 채우고 말 수가 있었으랴</u> 그의 맘
> 속에는 이런 생각이 낫든 것이였다. <u>(사람이 한 세상에 나와 사람의 대</u>
> <u>우를 받지 못할진대 차라리 강호로 떠러저나려가 그 흉금을 훨쩍 헤처</u>
> <u>바리고 등산임수도 임의로 할것이오 음풍연월도 맘대로 할것이며 좋은</u>
> <u>친구를 사괴여 술타령도 하여볼 것이오 심하면 호걸 협잡질까지라도</u>
> <u>제멋대로 좀 노라보는 것이 사내자식의 할 일이 아니겠느냐?)</u>[27]

위 구절에서 볼 수 있듯이, 「실없은 양반」의 서사는 근대 초기 재담
들과 마찬가지로 "상하나 우열의 관계"를 근간으로 기술되고 있다. 즉
「실없은 양반」에는 "제 일류로 손을 꼽는 양반이라고 칭하는 집"과
"아랫도리로 떠러저 있는 집"이 등장하며, 이는 곧 "서울(중심부)"과
"강호(로컬)"라는 공간적인 우열 관계로 이어진다. 이러한 우열 관계
에 있어서, 우월한 자가 아니라 "하대와 멸시로써 대우"받아 왔던 열
등한 자의 목소리를 부각시키며, 이것이 지배 질서를 향한 열망이나
벼슬을 통한 봉공 의지가 아니라 "협잡질까지 제멋대로 놀아보고자

---

27) 오지영吳知泳, 「실없은 양반」, 『야담』, 1944.1.

하는" 일탈의 정서로 표출되고 있다는 점이야말로 위 야담을 1940년대 대동아공영권의 질서로부터 엇나간 지점에 (의도치 않게) 도달하게끔 하는 시발점이라 할 수 있다. 즉 「실없은 양반」에 등장하는 리화백은 "일류"가 아닌 신분임에도 불구하고 벼슬길에 오를 수 있었다. 그러나 「실없은 양반」은 주어진 임무를 충실히 수행하여 국가로부터 신민臣民의 지위를 인정받기보다는 "구복지게나 채울" "짐 싣는 말"의 운명을 거부하는 한편, "인재를 인재로 수용하지 아니하고" "사람이 사람의 대우를 받지 못하는" 현실에 대한 불만을 토로한 끝에 강호로 "떨어져나가는" 모습을 선보인다는 측면에서, 내선일체內鮮一體의 구호 하에 이등국민 조선인들을 포섭하여 "대동아공영권 건설의 용사"로 복무시키고자 했던 제국의 의도와 엇갈리는 문화적 맥락들을 구현·유포하고 있음을 알 수 있다.

흥미로운 것은 이처럼 지배 질서의 "하대와 멸시"를 감내해야 했던 '이등 양반' 리화백이 강호라는 주변부로 낙향한 이후, 우연한 내기를 계기로 자신보다 더 열등한 사회적 입지에 놓인 '삼등 평민' 김동지를 괴롭히게 된다는 점이다.

"너를 부른 것은 다름이 아니라 이 동니 앞에 있는 토지를 도로 받치라는 말이다." 김동지가 리화백의 말을 듣고 여러 가지로 의심이 생기였다. 한 가지는 리씨가 그전에는 나를 보고 자네라고 불너왔는데 오늘에 와서는 별안간 너라고 하는 것도 이상한 말이오 또 하나는 토지를 내게 도로 받치라고 하는 것도 이상한 말이었다. (중략) "네가 그 말 뜻을 알지 못하느냐. 너는 본래가 댁 종에 자식이라 그럼으로 너를 너라고 부르는 것이오 이 토지는 댁선 영감 때에 네 아비에게 분짓을 하여준 땅이라 요전날까지는 댁에서 지나기가 그다지 어렵지 아니하였음으로 그대로 두었거니와 요새 와서는 댁에서 지내기가 어렵게 지남으로서 그 땅을 도로혀 받치라는 말이다." 이 말을 드른 김동지는 토지도 토지려니와 자기드러 제 종의 자식이라고 하는 말이 분하고 원통한 마음이 별안간 소사올나온다. 화김으로는 당장에 사생을 불구하고 결투라도 하고저 하는 생각도 있었으나 양반과 상놈이 현수한 세상에 까닥 잘못하면 전정이 어느 지경에 이르러 가게 될는지 모른다 앗다 죽어참아가며 법관에 호소를 하야 이 분푸리를 하야 보리라 하고 그대로 물너나왔다.[28]

위 구절에서 볼 수 있듯이, 서울(중심부)에서 "아랫도리"에 불과하던 리화백은 강호(로컬)에 이르러 양반이라는 이유만으로 지배 질서의 일부로서 평민들 위에 군림한다. 그런데 강호에서 펼쳐지는 양반-평민의 우열 관계에 이르러서도, 「실없은 양반」은 우월한 자가 아니라 열등한 자의 목소리를 부각시키고 있다는 점에 주의를 기울일 필요가 있다. 즉 그간 "사람의 대우"를 받지 못했다는 설움을 지닌 리화백은 양반 친구들과의 내기 끝에 자신보다 낮은 위계에 놓인 평민 김동지를 괴롭히는 것으로 스스로의 "호걸스러운" 위상을 입증하려 하며, 관청과의 협잡질을 통해 김동지의 토지를 실제로 빼앗음으로써 내기에서 이기는 결과를 맞이한다. 그러나 이러한 리화백의 성공으로 인한 "명랑"한 웃음이 아닌, 김동지의 "악에 받친" "분하고 원통한 마음"이 은휘 없이/노골적으로 양반의 면전面前에 표출되는 것이야말로 해학야담이 선사하는 통쾌함의 핵심을 이룬다는 데 주목할 필요가 있다.

　　일로부터 김동지의 토지는 리화백의 물건이 되었다. 그때 내기 셈은, 진 사람이 부담하게 되어 술도 많이 사고 안주도 많이 작만 하야 하루를 잘 놀게 되었는데 리화백은 김동지에게 청첩을 하였다. 김동지는 그 토지를 리화백에게 빼앗기고 겸하야 남의 종의 자식이라는 악명을 듣게 되며 절치부심하고 실성성병하야 거의 죽을 지경에 빠저 있어 (중

---

28) 오지영, 위의 글.

략) 암암이에 창찬한 하눌을 우러러 그 원한을 부루지졌다. (중략) 김 동지가 악이 반짝났다. 제 아무리 양반놈이기로 내 것을 청천백일하에 다 빼서 먹으랴하는고 생각 끝에 청첩을 받았으니 아무나 가나 보리라 만일 또 무리한 요구를 한다면은 그때 가서는 사생을 결단하고 (중략) "여보시오 나리댁에서 양반이라고 하시나 그 전 세상에 댁 조상양반을 가지고 오늘날까지 나려오며 양반질을 하는 것이 아닙니까 그리고 보 면 댁에서는 그전 조상양반의 뼉다구를 파러 상놈들을 잡아먹는 것이 되지 안슴니까 오늘날 양반들의 일시적 작난바람에 이놈을 몇일 동안 원한의 구렁에 넣은 것이 얼마나 양반의 도리에 억으러진 행사라 하겠 슴니까 내 이제 이러바린 토지를 도로 찾게 되는 것이 반갑지 않은 것 은 아니오나 양반으로서 양반의 본의를 잃어바린 것을 나는 섭섭히 생 각합니다." 하였다.[29]

인용문을 통해 알 수 있듯이 내기의 승자는 리화백임에도 불구하고 해학야담에 등장하는 발화의 대부분을 차지하는 것은 "원한"에 찬 김 동지의 음성이며, 이야기의 결말 또한 김동지가 던진 메시지로 귀결된 다. "사생을 결단"하고자 하는 김동지의 발화를 통해 "조상의 뼉다구 를 팔아 상놈들을 잡아먹"고자 하는 "양반들의 일시적 작난바람"에 휘말려 토지를 둘러싼 우여곡절을 겪어야 했던 평민의 "섭섭함"이 유 감없이 드러난다. 이처럼 전통적인 전복 구도에 입각한 해학야담 「실 없은 양반」은 양반들끼리의 전쟁이라 할 수 있는 "내기"에 원치 않게 연루되어 토지를 징발당하고 기득권의 승리에 복무할 수밖에 없었던 "상놈"들의 "절치부심切齒腐心"한 목소리를 전시체제 하 식민지의 문화 적 장場 내에 전파한다. 이것이야말로 태평양 전쟁이라는 제국의 "심 각한 생존 투쟁"에 원치 않게 동원되어 복무해야 했던 식민지 대중들 의 소비감성 및 욕구와 맞물리는 대목이다. 나아가 이것이 야담을 통

---

29) 오지영, 위의 글.

한 '과거로의 도피' 중에 우연찮게 건드려진 불온한 지점이건, 과거를 팔아 아시아 타 민족과 영토들을 "잡아먹다가" 전시체제에 이르러서 야 일본인과 동등한 "황국신민"의 지위를 부여하겠다는 "작란"을 치 는 제국의 행위를 환기시키기 위한 의도적인 불온함이건 간에, 「실없 은 양반」은 동원하는 자인 "식민권력이 원하는 시국 인식과 각성"만 을 "농산어촌의 벽지에까지 실어 나르"고자 했던[30] 1940년대 프로파 간다의 채널에 틈입하여, "끝없는 영광을 지니고 궐기"할 것만을 요구 했던 제국의 균질적인 음성에 일시적인 혼선混線을 야기하는 것이다.

4. 지역질서와 대중문화상품 간의 교차점에서

마지막으로, 다시 한 번 1928년 동아일보에 게재되었던 김진구의 기사를 분석하며 이 글을 마무리 짓고자 한다. 김진구는 "야담이라는 술어의 의의"에 대해 설명하며, "조야朝野의 야와 정사야사의 야"를 언 급한다. 즉 "조라는 군데는 소수 특권 계급의 향유처"인데 반해 "야라 는 곳은 대다수 민중들의 집단지"이며, 정사가 "특권군들이 자기네의 온갖 죄악을 은폐해 놓고 그네의 역사를 미화하고 연장해 놓은 그리 고 대중과는 하등의 교섭이 없이 자기네의 향복과 행락을 자랑해 놓 은 것"인데 반해 야사는 "민중의 진정에서 나온 민중의 의사와 그네의 실적을 적어놓은 것"이라는 설명이다.[31]

야담의 의의를 둘러싼 1928년의 이러한 설명은 1940년대 식민지 조 선에서도 유효하게 통용된다는 측면에서 주목할 필요가 있다. 1940년 대 제국의 전시 총동원 체제는 "식민권력이 원하는 시국 인식과 각성

---

30) 공임순, 앞의 책, 51쪽.
31) 김진구, 앞의 글.

을 소리와 문자 안에 녹여내어 전파"하고자 했던 시기이며[32], "제국의 음성"을 담은 프로파간다가 황국皇國 역사에 대한 미화 및 행적에 대한 자랑으로 점철되어 있었음은 자명한 사실이기 때문이다. 야담 또한 지역질서를 공고히 하기 위한 프로파간다의 매체로서 활용되었던 정황은 배제될 수 없다. 그럼에도 불구하고 야담이라는 장르가 오랜 세월에 걸쳐 축적하거나 문화상품으로서 구현·유포해 왔던 민중적 정서는, 1940년대 프로파간다라는 특수한 맥락을 거친 이후에도 여전히 "억압과 기위의 눈"을 피해 식민지 대중들의 "음성"을 전파하기 위한 근간으로서 전시체제기에 통용되고 있었다는 것이 이 글의 분석이다. 민중들의 삶에 밀착된 "일상의 문학"이었던 야담은 재미·오락·취미 혹은 "이면의 사실담"을 들춰내어 "지배질서에 대한 전복顚覆"을 초래하고자 하는 풍자·해학의 정서[33]를 오랫동안 담지해 왔던 바, 전시戰時와 같은 정책적인 급변의 상황보다도 통상 장기 지속적으로 유지되었던 민중들의 일상적 욕구가 야담의 전통적 정서와 맞물려 제국의 지역 질서로부터 엇나가는 문화적 지점을 예기치 않게 생성했다는 점에 주목할 필요가 있다. 오랜 세월에 걸쳐 복수複數의 화자들에 의해 구성되어 출처도 필자도 불분명한 이 옛이야기들은 그 익명성과 익숙함으로 인해 전시 총동원 체제 하에서도 전적으로 금지되거나 배제될 수 없는, 제국의 단일한 음성에 의거하여 재편된 대동아공영권의 균질적 질서를 흐트러뜨리는 일상적 잡음雜音으로서의 의의를 확보한다. 그리하여 야담은 1944년이라는 시점에 이르러, "노부나가 패업霸業"으로 대표되는 황국皇國 역사에 대한 미화로 점철된 프로파간다의 끄트머리에 패전敗戰을 예감하기라도 한 듯이 다음과 같은 논평을 덧붙임으로써, 전시체제 하 식민지 조선의 문화적 장場에 제국의 음성으로

---

32) 공임순, 앞의 책, 51쪽.
33) 이강옥, 앞의 책, 619-620쪽.

여전히 수렴되지 않은 채 잔존殘存했던 대중들의 '엇나간' 감성 및 욕구를 가시화하기도 했던 것이다.

이리하여 「노부나가」 합세의 패업도 홀연히 연기처럼 사라지었으니 어떠한 영웅일지라도 운명의 힘은 벗어날 수 없는 것이다.[34]

---

34) 仁旺山居士, 앞의 글.

참고문헌

(1) 1차 자료

『월간야담(月刊野談)』, 계유출판사, 1934.10-1939.10
『야담(野談)』, 야담사, 1935.11-1945.2

(2) 논문 및 단행본

고은지, 「20세기 '대중 오락'으로 새로 태어난 '야담'의 실체」, 『정신문화연구』, 2008.
공임순, 『식민지 시기 야담의 오락성과 프로파간다』, 앨피, 2013.
김효순, 「식민지시기 야담의 장르인식과 일본어번역의 정치성」, 『한일군사문화 연구』 19권, 2015.
신상필, 「김동인의 『야담』 잡지를 통해 본 근대 야담의 서사 기획」, 『한민족문 화연구』, 2017.
신재성, 『1920-30년대 한국역사소설연구』, 서울대학교 국어국문학과 대학원 석 사학위논문, 1986.
이강옥, 『한국 야담의 서사세계』, 돌베개, 2018.
이민희, 「야담 잡지를 통한 역사소설가로서의 김동인 재조명 : 일제강점기 단군 소설화 양상과 관련하여」, 『비교문학』 57권, 2012.
차혜영, 「1930년대 [월간야담]과 [야담]의 자리」, 『상허학보』, 2002.
최희정, 「1920~30년대 출판경영인 최연택(崔演澤)의 야담집 기획과 출간」, 『석 당논총』, 2018.
포이케르트, 『나치 시대의 일상사: 순응, 저항, 인종주의』, 개마고원, 2003.
하신애, 「박태원 방송소설의 아동 표상 연구-전시체제 하 일상성과 프로파간다 간의 교차점을 중심으로」, 『현대문학의 연구』 45권, 2011.

민중미술 그룹 '두렁'의 작업에 나타난 설화, 민속, 샤먼의 의미*

강인혜

1. 머리말

술 마시고 장구치며 춤추는 도깨비 무리들, 한반도 지형을 따라 춤추는 곰순이와 호돌이, 그리고 '통일겨레'라는 깃발을 앞세워 풍물패와 다함께 즐기는 강강수월래, 소고를 쥔 채 관중을 바라보는 말뚝이.

도1 오윤. '도깨비'. 광목에채색판화. 132.6x244cm. 1985년.

---

* 본 논문은 〈강인혜, 「1980년대 민중미술 그룹 '두렁'의 작업에 나타난 설화, 민속, 샤먼의 의미」, 『美術史學報』 Vol.52, 2019, 195-216쪽〉에 수록된 내용을 수정·보완한 것임.

도2 오윤. '도깨비'. 통일대원도,
349x138cm. 1985년.

(도 1, 2) 70년대 말부터 등장한 현실주의 계통의 민중미술은 수많은 우리의 민담, 민속, 설화를 담고 있다. 뒤돌아보면 민중미술 뿐 아니라 한국 미술사에서 민속 혹은 설화는 끊임없이 재발견되고 재해석돼 왔다. 이 글은 과거 80년대 두렁을 중심으로 이 민중미술이 불러들였던 설화와 민속의 의미를 살펴보고자 한다. 민중미술 화가들이 민속과 전통을 참조한 것은 바로 민중미술의 시작점이라 할 수 있는 김지하가 작성한 「현실동인 제1선언문」에까지 거슬러 올라간다. 「현실동인 제1선언문」은 "우리의 테제는 현실로부터 소외된 조형의 사회적 효력성을 회복하는 일이다"라고 선언하여 "예술은 현실의 반영"이고 그 '혈연적' 토대로서 고구려 고분벽화, 신라 석굴암의 불상들, 진경산수의 전통 등을 계승, 발전시켜야 할 대상으로 평가한다.[1]

---

1) 김지하, 『김지하 전집. 제3권, 미학사상 : 문학·미학·예술』 실천문학사, 2002, pp. 77-78. 1969년 박정희의 장기집권 음모에 대한 격렬한 투쟁이 한창일 무렵 진보적 운동가였던 김지하는 자신의 대학 후배 오윤과 임세택, 오경환, 강명회 등과 함께 사실주의적 경향의 작품 제작을 위주로 하는 단체를 조직하게 되는데, 이것이 바로 "현실" 동인이다. 이들의 첫 번째 전시회는 1969년 10월 25일부터 31일까지 일주일간으로 계획됐으며, 그 제1선언은 김지하에 의해 작성됐으나, 이 전시회는 미술대학 교수들과 학부모들의 완강한 저지로 무산됐다. 최열, 『한국현대미술운동사』 돌베개, 1991, pp. 148-149 참고. 현실주의를 위주로 하고 오윤이

민중미술은 70년대 말부터 여러 소집단을 중심으로 전개되는데, 그 중에서 1세대인 "현실과 발언"과 "광주자유미술연합회(이하 '광자협'이라 칭함)"에 뒤이어 결성된 제2세대 민중미술 그룹이라 할 수 있는 '두렁'은 민속·민중적 시각이 분명히 나타나 있는 불화, 민화, 무속화 등을 바탕으로 한 미술동인이었다. 대체로 현실동인과 김지하의 정신을 계승했다고 알려진 1세대 민중미술 그룹 중 하나인 현실과 발언에서 오히려 전통은 "봉건성의 잔재"로 간주되어 계승되지 못했다면,[2] 두렁은 탈춤운동이나 마당극 운동에서의 경험을 바탕으로 하여 민중적인 전통미술을 전개시킨 미술동인이라 할 수 있다. 민중미술과 전통연행 예술과의 관련에 대해서는 근래 들어 꾸준한 연구가 이루어졌지만,[3] 이들은 대부분 오윤이나 광자협에 초점이 맞춰졌다.[4] 그 중에서도 두렁의 경우 그 짧은 활동기간과 현장중심의 활동으로 인해 이들에 대한 본격적인 연구가 최근 들어 이루어졌다면,[5] 본고는 두렁의 민속,

---

참여했다는 현실동인의 정신을 계승한다고 알려진 미술 그룹이 '현실과 발언'이며, 이와 함께 민중미술을 전개시킨 그룹이 '광주자유미술인협의회 (광자협)'이다. '현실과 발언'은 오윤, 원동석, 성완경, 최민, 윤범모, 주재환, 김정헌 등이 참여했으며 1979년 출범하고 1980년 11월에 창립전을 가졌다. '광자협'은 1979년 광주를 기반으로 활동하던 홍성담, 김산화 강대규, 최익균, 이영채 등이 모여 활동을 시작한 미술 소그룹이다.

2) 이러한 점은 현실과 발언 10주년 좌담회에서도 언급되어, 현실과 발언은 서구적 형식위주이며, "오윤씨를 빼고는 전통에 대한 이해가 부족"하다고 지적된 바 있다. 현실과 발언편집위원회 편저, 『민중미술을 향하여: 현실과 발언 10년의 발자취』 과학과 사상, 1990, pp. 65-66, p. 89.

3) 김미정, 「1960년대 민족·민중 문화운동과 오윤의 미술」 『美術史論壇』 40, 2015, pp. 53-76; 박계리, 「20세기 한국회화에서의 전통론」, 이화여자대학교 박사학위 청구논문, 2006.

4) 전병윤, 「오윤의 〈마케팅〉연작 연구」, 서울대학교 대학원 고고미술사학과 석사학위논문, 2012; 김허경, 「1980년대 광주민중미술의 전개양상에 나타난 신명(神明) 연구」 『민주주의와 인권』 18, 2018, pp. 109-146.

5) 유혜종, 「삶의 미술, 소통의 확장: 김봉준과 두렁」, 『한국미술이론학회』 16, 2013,

전통적 측면과의 관계 속에서 논의하고자 한다.

한편 두렁이 주요 활동공간으로 이용한, 마포구 아현동에 위치했던 애오개 소극장은 1983년 2월부터 85년 2월까지 두렁 뿐 아니라, 놀이패 '한두레', 노래패 '새벽' 그리고 풍물패 '터울림' 등이 활동했던 민중문화의 산실이었다.6) 당시 문화운동이라고 하면 마당극과 탈춤 등만 거론되던 시기에 새롭게 시각매체를 이용한 문화운동을 제기했다는 점에서 두렁은 독특한 위치를 차지했으며, 특히 애오개 소극장이라는 공간을 통해 두렁은 이 시기 활발하게 진행되던 탈춤, 풍물, 판소리 등의 연행예술 실천으로부터 상당한 영향을 받았다. 따라서 두렁의 다양한 이미지들은 80년대 풍물, 판소리 등의 민중문화 운동과 전통 민속예술의 발견이라는 틀 속에서 바라보아야 한다.

이 그룹의 명칭인 '두렁'은 논이나 밭을 둘러쌓고 있는 작은 언덕을 뜻하면서도 농작물을 거두어 집으로 나르는 곳이고 일하다 쉬는 휴식처이기도 하다.7) 즉, "쉬는 휴식처이자 일에 지치지 않게 노래도 부를 수 있고 춤도 추는 놀이판"이라는 점에 착안하여 일과 놀이가 함께 이루어지는 터전이라는 의미에서 탄생했다.8) 두렁 멤버이자 이론가 역할을 했던 라원식이 "전통 민중미술은 농경사회의 일과 놀이와 싸움의 공동체 단위였던 두레 속에서 서로 협동하며 생산과 소비활동을 하는 가운데 생성되었다"라고 설명했듯이 두렁이라는 그룹은 그 이름이 뜻하는 것처럼 기층민 고유의 삶과 문화에 주목했다.9)

pp. 71-103; 김동일, 양정애, 「감성투쟁으로서의 민중미술 - 80년대 민중미술 그룹 '두렁'의 활동을 중심으로」『감성연구』16, 2018, p. 267 참조.
6) 김종길, 「1983년 애오개 소극장, 미술동인 두렁」, 『미술세계』, 2018년 4월 참고. 라원식, 「춤추는 호랑이와 함께, 도깨비 나라로」, 『오윤 전집:세상 사람, 동네 사람』 현실문화연구, 2010, p. 419.
7) '두렁', 『미술동인 '두렁' 판화 달력』 실천문학, 1983, p. 12; 김봉준, 『붓으로 그린 산그리메 물소리』 강, 1997, p. 129.
8) 위와 같음.

이 시기 민중문화운동이 재발견하고 재창조하려 했던 전통과 민속은 단순히 과거의 유산, 역사의 저장고로부터 끄집어낸 전통과 민속이 아니라 당시 정치, 사회적 이슈에 맞게 그 형식과 내용이 재창조된 것이다. 말하자면 70·80년대 대학가에서 행해지던 탈춤, 노래, 무속, 굿은 소위 운동권 대학문화에서 민족전통의 전수자로서 농민과 민중을 상정하고 그들이 즐기던 전통과 민속을 현대 정치 문제에 빗대어 재발견하고 재창조한 것이다. 아울러, 민중문화 운동은 조선후기 시작됐다고 추정하는 농촌사회의 마을 공동체를 일종의 유토피아적 공동체로 상정하고, 근대화 과정에서 소멸된 두레, 품앗이 등과 같은 이상적인 농민 공동체를 부활시키는 것을 목표로 하고 있다.10) 즉, 80년대 민중문화운동은 단순히 전통과 민속을 되살려 서구문화에 대립되는 민족적 주체성을 살리려 한 것을 넘어서, 이러한 민속의 실천을 통해 과거 농경사회의 이상적 농촌공동체가 지니던 공동체 의식과 집단 정체성을 회복할 것을 목표로 설정했다. 이 글 또한 80년대 민중문화 운동이 추구했던 이상적 농촌공동체와 마찬가지로 민중미술 두렁이 다시 읽으려 했던 민담, 민속적 요소를 설화적 측면과 그리고 이들이 나타내는 샤머니즘적 특징이 어떻게 민중의 공동체라는 측면에서 기능했는지를 살펴보고자 한다. 두렁에 나타난 굿이나 살풀이의 행위들은 무엇보다도 이 그룹이 샤머니즘과 맞닿아있음을 잘 보여준다. 이를 위해서 먼저 80년대 민중문화운동에서 전통과 민족을 불러내고자 했던 역사적 맥락과 두렁의 작품에 나타난 전통과 민속적 요소 중 탈춤, 동학과 불교회화라는 측면을 살펴보고, 이후 이들에 나타난 샤먼적 요소를 문화연대라는 관점에서 논의할 것이다.

---

9) 라원식, 「민족· 민중미술의 창작을 위하여」, 『민중미술 15년: 1980-1994』 최열; 최태만 [공]엮음, 삶과 꿈, 1994, p. 58

10) 이남희, 유리, 이경희 옮김. 『민중 만들기: 한국의 민주화운동과 재현의 정치학』 후마니타스, 2015, pp. 317-318.

2. 민중문화운동과 전통, 민속문화

80년대의 이러한 전통과 민속에 대한 관심은 크게 두 가지 측면에서 논의됐는데, 하나는 70,80년대의 진보적 학생운동, 즉 민중문화운동의 큰 틀 안에서 이루어졌고, 또 하나는 주체적인 우리 역사를 일으켜야겠다는 역사주체성에 대한 위기의식에서 비롯됐다. 우선 시기를 더 거슬러 올라가면 전통과 민속에 대한 관심은 60, 70년대 박정희 정권의 관 주도하의 전통문화 보존운동을 일으킨 것에서부터 시작 됐다고 할 수 있다. 61년부터 관 주도의 민속경연이 있었고, 62년에는 문화재보호법이 제정되어 64년 양주 별산대놀이가 무형문화재로 지정되면서 당시 많은 전통 물품과 연행예술이 문화재로 등재되었다.[11] 그렇지만 이러한 국가주도의 전통문화운동은 오히려 민중적 전통을 박제화, 박물관화 시킴으로써 전통과 민속적 특성을 왜곡시켰다는 비판을 받았다.[12]

전통과 민속에 대한 새로운 발견은 무엇보다 4.19 이후의 학생운동과 민주화투쟁의 전개를 통해 보다 새롭게 인식, 재해석되어 직접 민중의 현장에 적용됐다.[13] 즉, 민중문화운동으로 통칭되는 진보적 학생운동에 의해 전통적 민중문화들이 새롭게 조망됐는데, 이러한 예 중 대표적인 것이 1970년대 초반부터 진행된 대학가 탈춤운동이라고 할

---

11) 또한 이러한 전통과 민속에 대한 발굴과 국가적 관리는 이미 일제 강점기 시기, 여러 민속학자 인류학자들에 의해 일본제국주의의 문화정책의 일부로 실행된 바 있다. 대표적인 예로 도리이 류조와 무라야마 지쥰이 있으며 이에 대한 연구로는 최석영, 「일제의 대한제국 강점 전후(前後) 조선무속에 대한 시선 변화」, 『한국무속학』 9, 2005, p. 123 참조.

12) 문호연, 「연행예술의 전개」, 『문화운동론』 공동체, 1985, p, 57.

13) 정희섭, 「민중문화와 민중문화운동」 『민중문화론』 정지창 엮음, 영남대학교출판부, 1993, p. 37.

수 있다. 이러한 대학 탈춤운동은 점차 당시의 창작극 운동과 만나 기존 정치에 대한 비판을 곁들인 마당극운동으로 발전됐고 나아가 80년 초 5월 광주민주화 운동을 겪으면서 기존의 대학중심의 전통문화부활 운동은 점차 대학을 넘어 민중들의 실제 생활 현장에서 각종 지역문화 운동 등으로 발전해 나갔다.[14] 80년대 민중문화운동은 예술운동, 소집단운동, 노동문화, 종교운동 등의 다양한 분야의 움직임들이 복합적으로 연계되어 전 분야에 나타난 현상이었으며 민중미술 운동은 이러한 움직임 속의 하나로 볼 수 있다.[15] 무엇보다 민중문화 운동은 관주도의 전통연구와는 별개로 대학 바깥에서 학생 주도로 민속 전통에 대한 현장 조사와 공개 강연, 판소리, 농악 탈 제작에 대한 체험학습을 진행했다.[16] 80년대에는 제 5공화국의 정당성 문제를 회피하고자 "국풍 81", '민족중흥의 큰잔치'와 같은 국가 주도의 민속과 전통 관련한 행사들이 대거 기획됐는데, 민중문화운동은 이러한 위로부터의 지배와 관 주도 행사에 대한 저항의 한 형태로 나타난 것이었다.[17] 말하자면 원래는 박정희정권의 박제화 된, 그리고 국가주의적 프로젝트에서 시작된 민족전통에 대한 부활이 70년대 이후 여러 민주화 운동과 학생운동을 거치면서 장르, 형태, 형식, 계층, 참여 방식 등에서 보다 다양한 측면으로 확대 발전 부활해갔으며, 그 중의 하나가 민중미술이었다.

한편 이러한 학생운동과 민주화 투쟁의 과정 중에 진행된 전통의 재발견은 이남희가 지적한 것처럼 해방 이후 한국의 탈식민화 과정이 "많은 지식인에게 한국사는 실패한 역사라는 인식을 초래했고" 결국 '역사 주체성의 위기'에서 비롯된 것이다. 즉 "한국인의 부단한 투쟁

---

14) 앞의 글, pp. 39-40
15) 주창윤, 「1980년대 대학연행예술운동의 창의적 변용과정」『한국언론학회』 59, 2015, p. 244
16) 이남희, 앞의 책, p. 306.
17) 주창윤, 앞의 글, p. 243.

에도 불구하고 한국의 해방은 한국인들의 직접적인 참여 없이 이루어졌고, 해방과 동시에 한국은 미국에 의지해야만 하는 상황"에 대한 위기의식에서 비롯된 것이었다.[18] 나아가 이러한 위기의식과 한국인 스스로 자신의 역사를 책임지지 못했다는 의식으로부터 과거 역사를 되돌아보고 그 속에서 민중을 역사의 주체로 끄집어 낸 것이라고 할 수 있다. 때문에 민중문화운동과 민중미술 곳곳에는 반미, 반자본주의, 반서구에 대한 의식이 뚜렷하며 그로부터 전통과 민속에 대한 관심이 이어졌다. 두렁의『산그림』에도 "무비판적으로 받아들인 서구문명에 주체적으로 대응하여 대중의 생명력을 회생시킬 주체문화의 형성이 요구되어지는 마당에" 라고 당시 미술을 진단하며 "민화, 무속화, 탱화, 풍속화, 탈 민속조각 등 민속미술"을 재조명하고 몸으로 익힐 것을 목표로 내세웠다.[19] 같은 선상에서 김봉준은 70년대 후반 '현실과 발언'이 주축이 되어 등장한 리얼리즘 미술에 대하여도 서구리얼리즘의 틀을 넘어 우리의 리얼리즘 미술로서 주체적 틀이 필요하다고 주장한다. 즉 "서구적 리얼리즘을 비판적으로 극복하여 민족적 미형식과 내용의 창출"이 필요했는데, 이 과정에서 재발견 재탄생한 것이 민속, 민화 혹은 설화 그림이나 불화였다.[20]

그렇지만 두렁의 전통에 대한 관심과 수용은 박정희 정권에서 주목한 것 같이 단순히 과거로의 회귀나 부활을 의미하는 것은 아니었다. 1983년 여름 두렁 동인들은 다함께 모여 4회에 걸쳐 전통 민중미술에 대한 좌담회를 펼친 바 있는데, 민속미술이란 두렁에 따르면, "전통시대의 농민과 천민, 그리고 신흥 계층을 함께 포함하는 민중의 생활상에서 고양된 미술문화"이며,[21] 무엇보다 "원시공동체 사회의 굿과 놀

---

18) 이남희, 앞의 책, pp. 23-24.
19)『두렁 그림책: 산 미술』, 1984, p. 12.
20) 김봉준,「일의 미술의 위하여」『민중미술』민중미술편집회, 1985, pp. 123-124.
21)「전통미술의 바른 이해 (좌담)」,『민중미술』민중미술편집회, 1985년, p. 37.

이의 문화 속에서 생성"되었다는 점에 주목한다.[22] 이들은 전통미술 중에서도 특히 민속문화, 민속미술에 주목하며, 그 이유는 "실제로 살아가는 생활과도 연관이 되어서 나오는 문화형태이기 때문"이라고 주장한다.[23] 20세기 문화의 소비 방식이 음악, 미술, 문학 등과 같이 분화, 분열된 형태로 발전됐다면, 민중생활과 직접 연관된 민속문화는 문학, 미술, 음악이 다함께 어우러져서 나온 형식이었다. 즉 민중이 살아가는 방식 그 자체였다는 점에서 통합된 "민중적 형식의 모태로 전통 민중미술을 부흥"시키고[24] 이를 "그 당시의 민중의 세계관·생활풍습·행동양식"이라는 측면에서 재평가하고자 했다.[25]

때문에 두렁이 초창기부터 지속적으로 제기한 것도 '시각'이라는 분야로 분화된 장르가 아니라 '산미술' 혹은 일과 놀이의 통합이었다. 분화되고 분절된 현대사회에서 추구하는 놀이와 분리된 일 혹은 삶과는 유리된 미술관 속 그림이 아니라 일과 놀이가 함께하는, 혹은 직접 삶과 이야기 속에서 존재하는 미술활동을 추구했다. 이처럼 이야기, 이미지, 노동과 놀이가 통합되어 나타난 예술 활동의 대표적인 예가 과거의 예술 형태, 즉 굿이나 탈춤 같은 것들이다. 아래에서는 탈춤, 불화, 동학 등의 두렁이 채용한 전통적 요소를 통해 어떻게 삶과 통합화된 민중의 삶에 적합한 방식을 발전시켰는지 살펴볼 것이다.

22) 위의 글, p. 182.
23) 「전통미술의 바른 이해 (좌담)」, 앞의 글, p. 37.
24) 김봉준(1985), 앞의 글, p. 124.
25) 김봉준(1985), 앞의 글, p. 128.

3. 두렁과 전통적 요소

1) 민중의 예술: 탈춤, 연행예술

잘 알려진 것처럼 두렁 그룹은 다수의 멤버들이 홍익대 탈춤반 출신들이었다. 리더 김봉준의 경우 홍익대 탈춤반, 연극반으로 활동하면서 이미 77년부터 농민을 대상으로 공연한 최초의 작품인 ≪농촌마을 탈춤≫이나 78년의 마당극 ≪동일방직문제를 해결하라!≫와 같은 작품에 참여하고 직접 연출한 바 있다. 특히 미술대학 학생으로서 탈을 직접 제작하여 공연에 참여하기도 했는데 이러한 경험이 이후 두렁의 활동에 상당한 영향을 끼쳤던 것으로 보인다.26)

또한 김봉준은 홍대 탈춤반 활동 당시 연세대 탈춤반과 서울대 문화패들과 교류하게 되는데, 무엇보다 서울대 탈춤반의 채희완, 임진택

도3 두렁창립예행전. 애오개소극장. 1983년.

---

26) 이명미 편저, 『(구술로 만나는) 마당극 2』高麗大學校 民族文化硏究院, 2011, pp. 425-428.

등과 교류하면서 영향을 받게 된다. 특히 서울대학교 미학과 학생이면서 탈춤반 일원이었던 채희완이 연출한 ≪강쟁이 다리쟁이≫ 공연을 위한 탈과 목판화도 함께 제작한 것으로 알려져 있다. 두렁 멤버 대부분이 당시 민중문화 운동의 분위기 속에서 탈춤 뿐 아니라, 풍물, 농악 등의 연행예술을 몸소 체험함으로써 두렁 조직 이전에 신명에 대한 개념을 체득하게 됐다고 할 수 있다.27) 졸업 후 김봉준과 홍익대 탈춤반 멤버들은 아현동 지역에 굴레방 미술기획실을 마련해 작업을 지속하다가 이 굴레방 멤버들이 주축이 되어 애오개소극장을 마련했다. 애오개 소극장은 위에도 언급한 것과 같이 마당극을 비롯한 민중문화 운동의 중심지 역할을 하게 된다. 이곳에서 다른 연행예술 그룹, 특히 한두레 등과 같은 공간을 쓰면서 두렁이 조직되고, 애오개 소극장에서 전시회도 열게 된다.(도 3) 같은 공간을 사용하는 만큼 두렁은 풍물도

도4 ≪문화 아수라≫ 창작 탈놀이 공연과 두렁 예행전 장면, 김봉준 『숲에서 찾은 오래된 미래: 김봉준 화백의 목판화 이야기』, 동아일보사, 2001. p. 137.

27) 이명미 편저, 앞의 책, pp. 448-449.

배우고, 민화 학습도 하고, 탈도 만들어 함께 참여했으며 이러한 활동들은 두렁의 활동에 큰 영향을 미쳤음에 틀림없을 것이다.[28] 특히 당시 문화 예술계의 현실을 풍자한 탈굿 문화아수라판이 이곳에서 시연됐던 점 또한 영향을 끼쳤을 것으로 짐작된다.(도 4)[29] 김봉준 스스로도 당시의 풍물 농악 등은 '신명예술의 시각화'라는 점에서 큰 성과가 있었다고 평가하기도 한다.[30]

이러한 연행예술의 가장 중요한 특징은 '놀이성'이라고 할 수 있다. 문호연에 따르면 마당굿이건 대동놀이건 놀이성을 강조하고 있으며, 특히 이 '놀이정신'에서 "민중적 생활표현의 예술적 원천인 '신명'이야말로 민속연희에서 일반적으로 추출되는 여러 가지 요소 중 가장 근원적인 것"이다.[31] 김봉준의 설명에 따르면 신명은 "흥미와 열심히 생기도록 좋아진 마음"이라는 의미로,[32] 신명의 표현은 단순히 놀이와 흥미가 표현됐다는 점을 넘어서 일과 놀이가 통합된 상태를 나타낸다는 점에서 중요하다. 두렁의 여러 논의에서 나타나는 것처럼, 사실상 미술은 일종의 일이고 노동이었지만 현대미술에서 이는 장르화되고 분리, 분화됐다. 탈춤과 같은 연행예술의 신명의 표현은 바로 노동과 놀이가 통합됐던 원래 미술의 기능을 나타내며, 본래의 민중형식을 부활시키는 것이라고 할 수 있다. 김봉준 등이 굴레방 놀이 기획실에서 발간한 책이면서, 탈춤 활동의 경험을 바탕으로 한 책,『민속체조놀이』표지화로 쓰인 〈뜰밟이〉(도 5) 같은 작품을 보면 얼쑤 하는 어깨 춤과 모든 연행자들이 풍물과 일을 즐기는 모습에서 신명난 모습

---

28) 이명미 편저, 앞의 책, p. 469.
29) 『경기천년 도큐페스타: 1980년대 소집단 미술운동 희귀자료 모음집』, 경기도미술관, 2018, p. 84.
30) 이명미 편저, 앞의 책, p. 470.
31) 문호연, 앞의 글, p. 72.
32) 김봉준(1985), 앞의 글, p. 129.

도5 김봉준, <뜰밟이>, 목판화. 굴레방 놀이기획실 발간, 『민속체조놀이』 책 표지화로 사용; 김봉준 『숲에서 찾은 오래된 미래: 김봉준 화백의 목판화 이야기』, 동아일보사, 2001. p. 144.

도6 김봉준, 뚝아 뚝아 말뚝아, 37x50cm, 목판화 1985년, 김봉준 『숲에서 찾은 오래된 미래: 김봉준 화백의 목판화 이야기』, 동아일보사, 2001. p. 162.

이 잘 표현되어 있다. 또한 85-86년 민중문화운동협의회 상징화로 쓰인 〈뚝아 뚝아 말뚝아〉(도 6) 같은 경우 간명한 붓질로 신명난 춤선을 표현하고 저절로 흥에 겨워 어깨를 덩실거림을 표현함으로써 노동과 놀이의 통합된 상태를 잘 보여준다.

2) 민중혁명의 도상: 동학

1984년 경인미술관 마당에서 개최된 두렁 ≪창립전≫에서는 열림굿이 실연됐는데, 여기에는 당시 사진에서도 보이는 것처럼 동학의 세계관을 함축한다고 알려진 13자 주문, "시천주조화정 영세불망만사지 (侍天主 造化定 永世不忘 萬事知)"가 〈조선수난민중해원탱〉을 엮은 새끼줄에 함께 걸려있어 동학과의 관련성을 짐작할 수 있다.33) (도 7) 이 주문은

---

33) 라원식 「동학농민혁명과 미술」 『미술세계』 1994년 2월, pp. 62-63.

"투령" 창립전 열림굿, 경인미술관, 1984.4

도7 두렁, ≪창립전≫ 열림굿, 경인미술관, 1984년.

교조 최제우가 소리 내어 외우고 실천하면 생명의 이치를 깨달아 오래도록 죽지 않는다고 했던 일종의 동학 교리이자 주문이다. 이는 풀어서 보면, "시는 안으로 신비한 영이 있고 밖으로 기화가 있으며 세상사람 누구나 각각 깨달아 간직하는 것"을 뜻한다. 즉 여기서 영은 흔늘님으로 우주만물의 근원이며 이 절대자는 스스로 기화해서 외적인 현상세계를 형성하는 존재이며, 이 초월적 존재는 누구나 인간 마음에 내재되어있다는 의미이기도 하다.[34] 말하자면 누구나 한울을 모시는 신령한 영적 존재라는 동학의 평등성의 측면을 나타내는 주문으로 창립전을 연 것이다.[35]

민중문화운동 이전의 동학에 대한 재해석은 본래는 5·16 군부 세력이 자신들의 정통성을 강조하기 위해서 동학을 재해석했던 데에서 시작됐다. 그렇지만 본격적으로 동학농민운동을 민중사적 시각에서 재해석하고자 한 것은 80년대 들어서이다. 80년대의 전 분야에 걸친 민중문화운동에 힘입어 동학농민운동과 4·3 제주 사건 등을 제국주의에 저항한 세력으로 해석하고 역사적으로 재발견하고자 하는 움직임이 있었다. 이 시기에 있어서 동학은 하나의 종교라기보다는 민중의 힘과 능동성을 나타낸 하나의 시대정신으로 해석되어, 종교적 성격보다는

---

34) 한자경, 『한국철학의 맥』 이화여자대학교출판부, 2008, pp. 360-367.
35) 한자경, 앞의 책, p. 357.

저항의 의미를 더 강조한 '갑오농민전쟁'이라는 용어가 채택되기도 했다. 이러한 분위기 속에서 김지하 또한 동학에 많은 관심을 가지고, 80년대 이후 동학과 관련된 여러 저술을 내놓았으며, 대표적인 것이 김지하의 시, 혹은 민중극 《녹두꽃》이라고 할 수 있다.

도8 오윤. '칼노래'. 25x30cm. 1985년

이남희에 따르면, 이러한 동학의 재해석과 더불어 동학농민운동 지도자 전봉준의 초상은 목판으로 인쇄되어 1980년대 전국 운동권에서 널리 배포됐는데 이는 마치 1960년대 서구에서 체 게바라의 초상이 유행했던 것과 흡사했다고 한다. 학생들의 집회장소, 노동자들이 모이는 곳, 혹은 여러 운동 단체의 사무소에서 김봉준의 판화에서 보는 것과 같은 목에 칼을 찬 전봉준의 얼굴과 그의 날카로운 시선은 흔히 볼 수 있는 이미지였다. 실제로 김봉준의 〈녹두장

도9 '김봉준' 목칼을찬조상. 목판화. 1980년대

군〉은 당시 민주화운동 관련 유인물로 배포되기도 했다.[36] 나아가 어떤 학생은 "매일 전봉준 초상 앞에서 절을 하며 운동을 계속할 것을 다짐"했다고도 하는데, 그러한 점에서 동학과 그 이미지는 우리민족과 민중을 대표할 뿐 만 아니라 민중의 염원을 담은 기복적 역할도 했다.[37]

이러한 분위기 속에서 오윤을 비롯한 김지하와 교류했던 많은 민중미술가들도 동학에 지대한 관심을 나타냈다. 무엇보다 김지하와 친분이 깊었던 오윤은 대학시절부터 동학에 관심을 가졌는데 대표적인 예로 오윤의 〈칼노래〉(도 8)를 들 수 있다. 이 〈칼노래〉는 『용담유사』에서도 「검결」로 알려진 가사이면서 수운 최제우가 전북남원시 교룡 산성의 은적암터에 기거하면서 지은 노래로 온 세상을 근본적으로 변혁하고자 하는 혁명사상을 담고 있다고 알려져 있으며 이를 형상화 한 것이 오윤의 〈칼노래〉이다.[38] 오윤 만큼 동학사상의 영향을 받던 그룹이 두렁으로 이 그룹 리더, 김봉준의 〈목칼을 찬 조상〉(도 9)은 녹두장군이 순창에서 체포되어 서울로 압송되던 장면을 그린 것이다.[39] 이와 함께 〈녹두장군〉〈갑오농민신상〉과 같은 작품은 모두 당시 농민들의 외부세력에 대한 저항을 나타낸 작품이며 두렁 《창립전》 당시 뒷 배경에 걸려 있었다. 두렁 그림에 종종 등장하는 밥그릇을 들고 있는 형상은 바로 "사람이 하늘이다"라는 동학의 교리를 재해석하여 마당극 《녹두꽃》에 등장한 "밥이 하늘이다"를 의미한다.[40] 사실 민중미술

36) 김봉준, 『숲에서 찾은 오래된 미래: 김봉준 화백의 목판화 이야기』 동아일보사, 2001, p. 125.
37) 이남희, 앞의 책, pp. 109-110.
38) 라원식(1994), 앞의 글, p. 62.
39) 라원식(1994), 앞의 글, p. 63.
40) 채희완, 임진택 편저, 『한국의 민중극: 마당굿 연희본 14편』 創作과 批評社, 1985, p. 7.

은 민중을 미술관 밖으로 끄집어내어 민중을 대상으로서만 다루는 것이 아니라, 자기 "자신으로서의 민중으로 자신과 민중을 한 세계 안에 통일시키는 것"을 목표로 하고 있다.[41] 말하자면 "민이 곧 나"라는 민중적 세계관을 근간으로 하는 민중미술은 상당부분 동학의 세계관과 상통한다.[42] 다시 말해 인내천을 바탕으로 하는 동학은 이러한 민중미술의 세계관 그 지체를 나타냈다는 점에서 적극 수용됐다.

3) 불교 회화적 요소: 감로탱화의 영향

민중미술운동 중에서도 두렁은 불화 혹은 감로탱화의 영향을 많이 받은 것으로 알려져 있다. 특히 그룹 리더였던 김봉준 스스로가 불화에 많은 관심을 가지고 76년경부터 봉원사 만봉스님으로부터 불화를 사사받았다. 그는 불화를 "아시아적인 회화의 전형"이라고 지적하며, 무엇보다 시간과 공간의 표현에 대하여 과거 현재, 미래가 한 공간에 하나의 화면으로 펼쳐진다는 점에 특히 매료됐다고 서술한다.[43] 말하자면 "우리식 세계관과 미형식을 찾던" 두렁에 적합한 미술이라고 간주했다.[44] 이러한 불화의 영향은 《창립전》 등에서 열림굿판을 벌이면서 그 배경으로 사용한 그림인 〈조선수난민중해원탱〉(도 10) 혹은 〈만상천하 I〉에서 분명하게 드러난다. 불화 장르 중에서도 감로탱화의 영향을 많이 받았는데, 이는 무엇보다 당대 서민들의 풍속을 잘 보여준다는 점 때문이었다.[45] 비슷한 시기 활동한 오윤의 〈지옥도〉 또한

---

41) 김봉준(1985), 앞의 글, p. 133.
42) 김봉준(1985), 앞의 글, pp. 133-136: 김봉준은 이 글에서 "민중을 내안에 섬기고 (육화), 민중의 뜻대로 (세계관) 행하는 (행동양식) 삶일 때, 민이 곧 나란 세계가 민중적 세계관"이라고 설명한다.
43) 김봉준(1997), 앞의 글, pp. 35-36
44) 위의 글, pp. 36-38.
45) 위와 같음.

도10 두렁(김봉준 주필), 조선수난
민중해원탱, 캔버스에 단청안
료, 250x150cm, 1984년

불화로부터 영향 받았는데, 오윤은 탱화의 하단부분에 민중의 생활상이 그대로 재현되었기 때문에 차용했다고 서술한 바 있다.46) 조선후기 들어 발달한 것으로 알려진 감로탱화는 "아귀(餓鬼) 또는 지옥중생에게 감로수를 베풀어 극락왕생 세계로 천도"하기 위해 올리는 의례에 주로 사용한 불화로 상단, 중단, 하단의 삼단 구성으로 이루어져 있으며, 상단은 천상계, 중단은 재를 올리는 지상세계, 그리고 하단은 지하세계를 나타낸다. 즉 "천상에서 극락의 주존(主尊) 아미타여래 일행들이 하늘에서부터 구름을 타고 내려와(상단), 중단의 아귀에게 시식의례를 베푸는 승려들의 재의식을 통해(중단), 육도중생의 서민들이 서방정토로 천도되어 극락왕생 한다는(하단)의 3단 구성"의 서사를 이루고 있다.47) 무엇보다 감로탱화의 하단화면 속에 당대 민중의 다양한 풍속장면이 묘사됐다는 점에서 근래 연구가들이나 민중미술가들이 많은 관심을 보였다. 감로탱화 하단에 묘사된 당대의 인간상과 사회상 중에서도 당대 무속인의 모습, 혹은 조선시대 사당패나 광대들의 연희 장면이 집중적으로 펼쳐졌다는 점에서 탈춤, 굿, 풍물 등에 관심 많았던 두렁의 주목을 끌었던

---

46) 오윤 전집, p. 131.
47) 박화진, 「조선시대 민중의 이국관과 풍속상: 지옥계불화 감로탱화를 중심으로」
『동북아 문화연구』 25, 2010, pp. 30-31.

것으로 추측된다.[48]

　이러한 불화는 이들의 작품에 응용됐을 뿐 아니라 "애오개 미술교실"을 통해서 교육을 통해 일반인에게 전파되기도 했다. 특히 이 미술교실에는 단청과 탱화 그리기의 무형문화재 이만봉 스님의 전수자 이인섭씨가 와서 감로탱화에 대한 설명과 십왕초의 실기를 보여주기도 했다. 미술교실에서 행한 감로도의 시공간 개념에 대한 설명에서 "감로탱화는 대개 절의 대웅전 왼쪽 벽면에 그려놓으며 천상계, 현실계, 지옥계로 나뉘어 천상계는 불교의 해탈의 세계를 말하고 현실계는 육도중생도라고 하며 이조 중생의 65가지 유형의 전형적인 생활상 등이 보인다"고 서술한 바 있다.[49]

도11 김봉준, <만상천하 ▷>, 목판화, 1982년

도12 김봉준, <고향 땅 부모 형제>,
28x39cm 목판화, 1985년

---

48) 전병윤, 앞의 글, p. 32.
49) 『두렁 그림책: 산 미술』, pp. 43-44.

두렁의 공동 작품 (김봉준 주필)이자 창립전에 전시됐던 〈만상천하 I〉(도 11)는 바로 이 감로탱화의 삼단 구도를 빌려와 적용한 작품이다. 여기서 하단은 퇴폐적 유흥문화와 자본주의적 물신화된 쾌락 문화를 그리며, 중단에는 민중의 여러 가지 일상적 생활을 묘사하고 있다. 특히 중단은 주로 회색조의 어두운 색조로 처리하여 건설노동자, 도시의 달동네, 도심 한가운데의 노점상과 다양한 일상의 모습들을 자세하게 나열해서 보여준다. 상단은 미래를 나타낸 것으로 두 주먹 불끈 쥔 노동자가 신의 위치인 상단 중앙에 자리하며 현세계와 지옥으로부터 해방된 미래를 상징한다.[50] 말하자면 감로탱화의 형식으로 빌려 민중의 생활상과 서사를 표현했는데, 이는 민중의 삶을 표현할 때 적합한 형식이라는 점에 주목했다.[51]

이 불화의 삼단 형식은 민중의 서사 뿐 아니라, 〈고향 땅 부모 형제〉(도 12)와 같은 개인의 서사를 담는 데에도 적용됐다. 이 목판화는 노부모와 3남 2녀의 아들딸로 구성된 대가족의 이야기를 그린 것으로, 삼남매는 서울로 일하러 고향을 떠났고 셋째아들과 막내딸은 시골에서 농사짓고 사는 "서민가족의 전형적인 삶"을 보여준다. 이 그림은 기존 서구회화에서와 같이 하나의 시점과 하나의 공간으로 제한하지 않고, "농촌과 도시의 일터 현장들을 두루" 보여주는 "시공간의 동시적 축약법" 형식을 이용하고 있다. 도시와 농촌이라는 상이한 공간들을 한 화면에 보여주기도 하지만 과거 자신이 있던 곳 혹은 노스탤지어로서의 농촌과 현재 자신이 일하는 일터를 한꺼번에 보여준다는 점에서 시간적으로도 불화의 삼단형식을 따르고 있다. 이는 하나의 시공 감각으로는 이해할 수 없는 "과거 현재, 도시와 농촌을 아우르는 그림"으로 불화, 특히 감로탱화 등에서 쓰이는 시공간의 동시적 축약법

---

50) 최열, 앞의 책, p. 224.
51) 김봉준(1997), 앞의 책, p. 87.

을 적용하여 현대 생활을 묘사한 그림이다. 김봉준은 후에 이러한 판화를 통해 놀이, 노동, 신명, 삶을 주제로, 서민의 소박한 생활을 표현하고자 했다고 설명한 바 있다.[52] 말하자면 과거·현재·미래가 통합되고 여러 공간이 한꺼번에 등장하는 민중의 삶을 이야기하는 형식 중 하나가 불화 혹은 감로탱화였다.

4. 굿과 샤먼, 그리고 무속성

사실 두렁의 공식적인 활동이 짧았던 이유 중 하나는 대부분의 멤버들이 농민, 노동자, 지역주민들 속으로 들어가 현장활동에 보다 더 적극적으로 개입했기 때문일 것이다. 그렇다면 농민, 노동자 속으로 들어가 함께한 두렁에 있어서 미술의 의미는 무엇일까. 앞에서 언급한 불화나 동학을 표상한 그림들이 지니고 있는 공통점 중 하나는 바로 무속성 내지는 샤먼적 특성이다. 본디 민속미술 그 고유의 기능에는 벽사나 기복, 혹은 '영성'이나 무속적인 특성이 있다는 점에서 샤먼적 특성을 통해 두렁의 여러 작품들이 의미하는 삶 속에서의 기능에 대해 논하고자 한다.[53] 오윤은 1985년 연세대학교에서 있었던 굿에 관한 좌담회에서[54] 굿에 있어서 중요한 점은 거기서 정말 '살아야 되는

---

52) 김봉준 (1997), 앞의 책, pp. 84-87.

53) 이러한 점에 대하여 김종길은 '샤먼리얼리즘'이라고 칭하기도 했다. 김종길, 「샤먼리얼리즘의 민중미학」, 『미술세계』 2016, 6, p. 80; 「민속화 그리기」 『민중미술』 민중미술편집회, 1985, p. 185.

54) 이는 1985년 7월 김인회 교수실과 연세대학교 식당 인근에서 김수남, 채희완, 이애주 오윤 등이 모여 진행된 것으로 굿에 관한 좌담회가 있었다. 이에 대해서는 「오늘의 우리에게 굿은 무엇인가- 삶의 본질, 상상력의 원천으로서의 굿 (좌담)」 『오윤 전집』 현실문화연구, 2010, pp. 499-530 참조..

세계관'이라는 점이라고 설명한다.[55] 말하자면 단순히 전통이기 때문에 계승해야 한다는 의무감의 문제가 아니라 그 안에 살아가는 세계관의 문제라는 것이다. 음악·미술·이야기라는 것은 지금처럼 분리된 것이 아니라 원래 우리 삶 속에 녹아들어 있던 것이고 굿은 이 통합화된 예술의 대표적 형식이다. 그리고 이 굿은 당시 민중이 그 안에서 삶과 죽음을 이야기하는, 살아가는 그 자체였다는 점이다.

두렁은 굿판 혹은 샤머니즘적 성격을 직접 실현한 그룹이기도 하다. 우선 애오개 소극장에서 열린 두렁의 ≪창립 예행전≫과 다음해 경인미술관에서 열린 ≪창립전≫에서도 열림굿판을 벌였다.[56] 이 열림굿에는 "하늘에 계신 단군 한울님, 항일의병신위님, 갑오농민 신위님, 노동 신위님 부디 내려오셔서 흥겨운 잔치판에 먹고 나고 [⋯] 참다운 우리그림 그리게 살려 주소서 [⋯]"로 시작하는 고축문을 두렁 멤버 중 한 사람이 읊은 후, 이어 박수무당이 열림굿을 펼치며 주인과 손님의 구분 없는 한마당을 끌어갔다.[57] 이 열림굿판의 배경으로 사용된 두렁의 그림들은 다양한 의례 혹은 제의적 성격을 지니고 있어, 무속성을 보여준다. 특히 〈조선수난민중해원탱〉은 감로도의 형식을 따라 3단 구성으로 이루어졌으며 하단과 중단에는 우리 역사 내에서 고통받아온 민중의 모습이 묘사됐다. 맨 아래 인물들은 전봉준이 잡혀갔을 당시의 모습과 유사한 형태로 동학농민운동의 모습을 나타내며 그 위의 검은 옷을 입은 무리들이 일렬로 앉아있는 모습은 여순항쟁,

55) 「오늘의 우리에게 굿은 무엇인가· 삶의 본질, 상상력의 원천으로서의 굿 (좌담)」 앞의 글, p. 502.
56) 이 창립전에서는 "대중과 함께하는 '산미술'이라는 선언문을 발표하며 굿판에는 걸개그림 〈조선민중수난해원탱〉과 굿그림 〈갑오동학농민혁명칠신장도〉, 〈항일의병신장도〉 등이 모셔졌다. 창립전은 84년 4월 21일~26일까지 펼쳐졌다. 라원식, 「밑으로부터의 미술문화운동」, 『민중미술 15년』 국립현대미술관 편저, 삶과꿈, 1994, p. 26.
57) 「미술동인 "두렁" 창립전: 나누어 누리는 미술」, 『시대정신』 1, 1984, pp. 106-107.

그리고 그 옆에는 한 구석에는 보따리를 싸들고 피난가는 모습으로 보아 6·25라는 동족상잔의 고통까지 민중들이 겪어온 여러 고난과 고통의 역사를 재구성해서 그려내고 있다.[58] 아울러 미래를 상징하는 상단부분은 화합과 화해의 순간을 나타내며, 모두가 손을 잡거나 원을 그리고 돌면서 장단에 맞추어 춤을 추고 있다. 밥그릇을 들고 있는 이는 '밥이 하늘이다'라는 동학의 교리에 대한 재해석을 나타내면서, 미래에는 갈등과 반목이 모두 해결되어 모두 공평하게 행복해하는 유토피아를 그리고 있다. 이제까지의 민중이 겪은 수난의 역사를 불러내어 제사지내는 해원의 의미를 담고 있다.

무엇보다 민중미술이 이론화한 주요 미학 중 하나는 앞에서 언급한 바와 같이, 공동체 신명론으로 특히 우리민족 고유의 감성인 '신명'이라고 할 수 있다.[59] 민중미술에서의 신명의 재현은 여러 각도로 논의된 바 있지만, 신명은 일종의 신들린 상태 즉 샤먼과 접신하여 일상적 현재를 초월하는 상태로[60] 민중미술에서의 '굿성', '무속성' 혹은 샤머니즘적 특성을 보여줬다고 할 수 있다. 두렁과 이와 유사한 성격의 민중미술그룹 광자협 모두 "신명이야말로 바로 현대 예술이 잃어버린 예술 본래의 것이었으며 집단적 신명은 바로 잠재된 우리시대의 문화역량"으로서 신명을 자신들의 실천미학으로 제시했다.[61] 민중미술에

---

58) 김봉준과의 인터뷰, 2019년 3월 15일.

59) 이에 대해 김지하는 우리민족과 민중의 미학을 고유의 정서로 알려진 '한'이 아니라 '신명'이라고 선언하여 '신명'을 새로운 미학적 동력으로 제시한다. 이러한 신명은 김봉준에 따르면, '흥미와 의욕이 일어나는 마음'으로, 즉 신명은 신자와 명자를 쓰는 한자지만 본래는 '신난다'라는 순 우리말에서 비롯됐다: 김봉준(2001), 앞의 책, p. 283.

60) 원동석, 「민족미술의 특질론」, 『한국의 민속예술』 임재해 編, 文學과 知性社, 1988, p. 289.

61) 김허경, 앞의 글, p. 111 광자협이나 두렁 모두 "민중의 삶을 이끌어가는 생명력, 집단적으로 그 역동성이 피어날 때 솟아나는 신명을 민중의 미의식의 핵심"

서의 신명의 요소를 추적한 김허경에 따르면 예로부터 민중은 마을내의 모든 고통과 갈등을 해소하기 위하여 종종 마을 전체의 공동 굿판을 벌리고 무당을 앞세워 신과의 교류를 시도하기도 했는데, 바로 이러한 굿판에서 신명은 "공통의 역사적 사건을 치유하고 마음의 안정과 삶의 활력을 제공하는 촉매역할"을 한다고 주장한다. 같은 맥락에서 작가의 기능은 영매 혹은 매개체로 일컬어지는데, 특히 오윤은 "예술가는 무당"이라고 주장하기도 했다.[62] 김봉준 또한 "작가의 세계가 열린 세계로 영적 무아의 세계, '집단적 주제'의 세계가 될 때 화면의 세계도 닫힌 자의 세계를 벗어날 수 있다"고 언급한 바 있는데, 마찬가지로 작가를 영적 세계와 일상의 세계를 연결시켜주는 매개자로 간주한다.[63] 민중문화운동에서 굿, 혹은 무속적 측면이 나타난 가장 이른 시기로는 4·19혁명의 좌절과 기억을 위하여 63년 11월경 연행된 "향토의식 초혼굿"을 들 수 있다. 여기에는 농촌 현실을 풍자하거나 사대 외교에 대한 장례식을 치루어 당시 한일굴욕외교에 대한 일종의 굿판을 벌였다.[64] 맨 앞에는 상두꾼이 선소리를 하고 상여를 멘 천여 명의 상여꾼이 뒷소리를 받으며 행한 가두시위는 이후 70, 80년대에 이어졌던 마당굿의 한 전형이라고 할 수 있다. 유사한 맥락에서 두렁의 〈통일 해원도〉(도 13)는 풍물굿을 형상화 한 것으로 "마치 동편서편의 마을사람들이 풍물을 올리며 겨루기 하는 것처럼"보이는데, 이를테면 통일을 염원하는 굿판을 시각화 한 그림이라 할 수 있다.[65]

으로 파악한 점은 공통됐으나, 두렁이 놀이하는 민중상과 같은 신명의 재현에 주안점을 두었다면 광자협은 신명의 전투적인 자세로 세계를 변혁시키는 데 더 중점을 두었다. 이에 대해서는 최열, 앞의 책, pp. 206-207 참조..

62) 박찬경, 「백석과 오윤 그리고 레비스트로스」 『만신 김금화 : 인간 세상에 핀 신의 꽃 비단꽃 넘세 김금화 자서전』(궁리출판, 2014), 329-330. 김종길(2016), 위의 글, p. 81.

63) 김종길, 「1985년, 민중미술의 미학」, 『미술세계』 2018, 10월, p. 161.

64) 문호연(1985), 앞의 글, p. 54.

한편 민중문화 운동이 지닌 이러한 샤먼적 성격에 대하여 최정무는 80년대 민중문화 중에서도 과거 민중들의 축제를 재해석해서 창출했던 마당극 장르가 어떻게 과거의 역사, 특히 억눌린 민중의 역사를 재해석하고 그들의 목소리를 다시 발하도록 했는지를 주목한 바 있다.[66] 그는 무엇보다 이러한 마당극이 지닌 '샤머니즘적 의례'에 주목했는데 특히 이 마당극에서는 "과거의 시간, 공간, 등장인물들

도13 김봉준, <통일해원도>, 광목에 채색판화60x100cm 1985년

이 접신의 극적상황을 통해 현재의 그것과 자유로이 소통하고 상호교류할 수 있다"는 점을 강조했다. 나아가 마당극은 단순히 암시와 알레고리의 효과를 창출해 낼 뿐만 아니라 이러한 샤머니즘적 혹은 무속적 효과를 통해 각 역사의 다른 시기의 민중들을 조우하게 한다.[67] 이를테면 80년대 민중문화가 주목했던 마당극이 단순히 과거 민중들의 삶을 재조명하고 재현해내는 데에만 그 의의가 있다기보다는 마당극의 무속적인 힘들을 빌어와 과거와 현재의 민중이 일종의 주술적인 상황에서 다시 만나고 억눌린 목소리를 내며 일종의 해원의 의미를 지니고 있음을 뜻한다. 이러한 마당극이 지닌 주술적 성격은 나아가

65) 라원식, 「춤추는 호랑이와 함께, 도깨비 나라로」, 『오윤 전집』 현실문화연구, 2010, p. 424.

66) Chungmoo Choi, "The Discourse of Decolonization and Popular Memory: South Korea," *positions: East Asian Culture Critique,* No.1 1, 1993, p. 91.

67) Chungmoo Choi, 앞의 글, p. 93.

억눌린 목소리를 되찾아 재해석하고 목소리를 내게 할 뿐 아니라 일종의 '치유의 효과' 즉 상처를 어루만지고 원한을 푸는 효과까지 지향하고 있다고 설명한다.[68]

　민중 미술에서 치유와 샤먼으로서의 작가의 역할은 광자협에서 가장 두드러졌는데, 김종길의 지적과 같이 5·18이라는 직접적인 사건의 체험은 광자협으로 하여금 "미술-굿"의 기능을 자각하게 했다고 할 수 있다. 실제로 이들은 광주민주화 운동 직후 죽은 넋들을 달래기 위해 남평 드들강에서 80년 7월 20일 씻김굿을 실행한다.[69] 이러한 측면은 두렁의 많은 걸개그림에도 해당된다. 위에서 언급한 〈조선수난민중해원탱〉은 제목 그대로 민중이 고통받던 역사의 각 순간을 하나의 그림 속으로 불러내고 있다. 동학운동에 참여하고 처형됐던 많은 민중의 모습으로부터 여순항쟁과 광주 민주화 운동에서 학살됐던 수많은 이름 없는 민중들이 하나의 화면에서 마주하고 있다. 그렇지만 이 그림은 감로탱화의 형식을 빌려옴으로써 단순히 고통받는 민중들의 모습을 재현해내는 데에만 그 목적이 있다기보다는 이들의 영령에 제사를 지내는 나아가 내세에서 구제받도록 하는 일종의 치유와 무속적 의미를 지니고 있다. 따라서 그림의 상단에는 다함께 풍물과 더불어 화합하고 춤추며 '밥이 하늘이다'를 보여주며 모두가 평등한 세상을 시각화 했다고 할 수 있다.

　돌이켜보면 굿이나 무속은 정확한 사태를 파악하기보다는 다른 곳으로 문제의 원인을 돌리고 해결방식을 회피한다는 점에서 미신으로 치부되거나 부정적 측면이 강했다. 그러면서도 민주문화 운동 그리고 두렁이나 광자협 같은 그룹에서 무속적 측면을 적극 수용한 것은 샤먼이 민중의 살아가는 하나의 형식이기 때문이었다. 무속이나 굿이 단

---

68) Chungmoo Choi, 앞의 글, p. 95.
69) 김종길(2016), 앞의 글, p. 80; 라원식(1994), 앞의 글, p. 23.

순히 우리의 것이기 때문에 계승하고 부활한 것이 아니라, 죽은 자를 위로하고 미래를 염원하고 공통의 사건에 대해 함께 치유하며 민중공동체를 형성했다.

다른 한편에서는 이 시기 재발견되던 민중문화의 '보여주는 것'으로서의 극의 한계를 넘어서서 '연희자와 관중이 한 덩어리'가 되어 화합하고 총체화로서의 민속연희의 기능을 끌어들이자는 여러 논의가 있었는데, 두렁의 그림 형식자체가 이러한 당시 마당굿이 추구했던 열린 원형판으로서의 공동체를 시각화 하고 있다. 이에 대한 대표적 논의로는 채희완과 임진택이 공동저술한 「마당극에서 마당굿으로」를 들 수 있다.70) 이 글에서 채희완과 임진택은 80년대 민중문화 운동이 실천했던 마당극에는 굿, 풀이, 놀이 굿놀이 등의 용어가 사용되고 있음에 주목하며, 당시 재탄생된 민속연희에 있어서 굿이나 놀이적 성격이 다분함을 강조한다.71) 즉 "극에서 굿으로의 회귀"라는 경향은 "옛날 형태 그대로의 모방이나 답습이 아니라" "일상적인 생활과 놀이를 공유화하여 삶을 집합화하는 총체적인 예술운동이며" 이것이 사회운동으로서의 '마당굿'이라고 주장한다.72) 말하자면, 80년대의 마당극이 염원했던 것은 단순히 80년대 지식인들이 상정한 과거 전통 속의 유토피아적 민중공동체를 대중들에게 보여줄 뿐 아니라, 실제 굿판에서와 같이 관객과 공연자간의 구분 없이 함께 신명을 느끼고 같은 염원을 하는 공동체의 경험을 주장한 것이며, 두렁은 이를 그림으로 표상했다. 다시 말해 두렁이 차용한 탈춤, 불화, 동학 그리고 이들이 표상한 샤먼적인 특성은 원한을 풀어주는 제의적 공간일 뿐 아니라, 이 제의와 무속적 순간에 다 같이 경험하는 공동체의 순간 그 자체였다.

---

70) 채희완, 임진택, 「마당극에서 마당굿으로」『문화운동론』공동체, 1985, pp. 102-150.
71) 채희완, 임진택, 앞의 글, p. 115.
72) 채희완, 임진택, 앞의 글, p. 116.

5. 맺음말

이상으로 민중미술 중에서도 두렁에 나타난 전통과 민속, 그리고 설화적 요소들을 살펴보았다. 민중미술은 80년의 광주 민주화 운동을 비롯한 여러 사회·정치적 상황과 맞물려 전개된 미술이었다. 이남희가 지적한 것처럼 당대 학생운동은 우리 역사에서 우리 스스로가 역사의 주체이지 못했다는 주체성의 위기에 대한 자각에서 비롯된 만큼 반미감정 혹은 반외세라는 측면과도 밀접하게 전개됐으며 이는 민중미술에도 마찬가지였다. 그리고 당시 민중미술의 여러 갈래 중에서도 특히 두렁은 바로 이러한 반외세라는 입장에서 당시 학생운동과 민중문화 운동이 재발견하려 했던 탈춤, 마당극, 굿과 같은 전통과 민속에 밀접하게 관련된 그룹이었다. 그러면서 한편으로는 이들이 주장한 일과 놀이, 산미술처럼 민중의 삶과 이야기와 밀접하게 관련된 것이 민속과 전통예술이었다. 일하면서 혹은 마을의 안위를 걱정하거나 축하하면서 함께 즐겼던 행위들이 탈춤, 굿, 혹은 불화에 나타나 있으며 그러한 형식을 적극 수용한 것이 두렁이었다. "미술품이 한낱 고급 소비품에 불과하지 않고 그림 한 장, 조각품 하나가 만들어지더라도 고생을 이기며 살아가는 사람들의 삶 복판에 같이 있고 싶어서 입니다"[73] 라고 한 것처럼 전통과 민속의 형식을 빌어와 삶 한가운데로 뛰어든 것이 결국 두렁의 행보라고 할 수 있다.

---

73) 「미술동인 "두렁" 창립전: 나누어 누리는 미술」, 앞의 글. p. 107.

참고문헌

『경기천년 도큐페스타: 1980년대 소집단 미술운동 희귀자료 모음집』, 경기도미
　　술관, 2018.
김동일, 양정애,「감성투쟁으로서의 민중미술 - 80년대 민중미술 그룹 '두렁'의
　　활동을 중심으로」『감성연구』16, 2018.
김미정,「1960년대 민족·민중 문화운동과 오윤의 미술」『美術史論壇』40, 2015.
김봉준,『붓으로 그린 산그리메 물소리』강, 1997.
＿＿＿,「일의 미술의 위하어」『민중미술』, 민중미술편집회, 1985.
＿＿＿,『숲에서 찾은 오래된 미래: 김봉준 화백의 목판화 이야기』, 동아일보사,
　　2001.
김지하,『김지하 전집. 제3권, 미학사상: 문학·미학·예술』실천문학사, 2002.
김종길,「오윤의 민중의식과 민중미학」,『오윤 전집』, 현실문화연구, 2010.
＿＿＿,「샤먼리얼리즘의 민중미학」,「미술세계」, 2016년 6월.
＿＿＿,「1983년 애오개 소극장, 미술동인 두렁」,『미술세계』, 2018년 4월.
＿＿＿,「1985년, 민중미술의 미학」,『미술세계』, 2018년 10월.
김허경,「1980년대 광주민중미술의 전개양상에 나타난 신명(神明) 연구」『민주
　　주의와 인권』, 18, 2018.
두렁,『그림책 1집 산 그림』, 1983.
＿＿,『두렁 그림책 2집: 산 미술』, 1984.
라원식,「민족·민중미술의 창작을 위하여」,『민중미술 15년: 1980-1994』최열·
　　최태만 엮음, 삶과 꿈, 1994.
＿＿＿,「동학농민혁명과 미술」「미술세계」, 1994년 2월
＿＿＿,「밑으로부터의 미술문화운동」,『민중미술 15년』국립현대미술관 편저,
　　삶과꿈, 1994.
문호연,「연행예술의 전개」,『문화운동론』, 공동체, 1985.
박계리,「20세기 한국회화에서의 전통론」, 이화여자대학교 박사학위 청구논문,
　　2006.

박찬경,「백석과 오윤 그리고 레비스트로스」『만신 김금화 : 인간 세상에 핀 신의 꽃 비단꽃넘세 김금화 자서전』, 궁리출판, 2014.

박화진,「조선시대 민중의 이국관과 풍속상: 지옥계불화 감로탱화를 중심으로」『동북아 문화연구』 25, 2010.

시대정신 편집실,「미술동인 "두렁" 창립전: 나누어 누리는 미술」,『시대정신』 1권, 1984.

「오늘의 우리에게 굿은 무엇인가- 삶의 본질, 상상력의 원천으로서의 굿(좌담)」『오윤 전집』(현실문화연구, 2010), pp. 499-530.

오윤 전집 간행위원회 엮음,『오윤 전집:세상 사람, 동네 사람』, 현실문화연구, 2010.

원동석,「민족미술의 특질론」,『한국의 민속예술』 임재해 編, 文學과 知性社, 1988.

윤시향,「샤먼 문화의 색채관」『韓劇의 原形을 찾아서: 샤먼 문화』 한국공연예술원 엮음, 열화당, 2013.

이남희, 유리, 이경희 옮김.『민중 만들기: 한국의 민주화운동과 재현의 정치학』 후마니타스, 2015.

이명미 편저,『(구술로 만나는) 마당극 2』高麗大學校 民族文化硏究院, 2011.

전병윤,「오윤의 <마케팅>연작 연구」, 서울대학교 대학원 고고미술사학과 석사 학위논문, 2012.

「전통미술의 바른 이해 (좌담)」,『민중미술』(민중미술편집회), 1985.

정희섭,「민중문화와 민중문화운동」『민중문화론』 정지창 엮음, 영남대학교출판부, 1993.

주창윤,「1980년대 대학연행예술운동의 창의적 변용과정」『한국언론학회』 59, 2015.

채희완, 임진택 편저,『한국의 민중극: 마당굿 연희본 14편』, 創作과 批評社, 1985.

최석영.「일제의 대한제국 강점 전후(前後) 조선무속에 대한 시선 변화」,『한국무속학』 9, 2005.

최열,『한국현대미술운동사』 돌베개, 1991.

한자경,『한국철학의 맥』, 이화여자대학교출판부, 2008.

현실과 발언편집위원회 편저,『민중미술을 향하여: 현실과 발언 10년의 발자취』, 과학과 사상, 1990.

Choi, Chungmoo. "The Discourse of Decolonization and Popular Memory: South Korea," positions: East Asian Culture Critique, no.1 1 (1993),

동북아시아 '기로 설화'의 영화적 재현

〈고려장〉과 〈나라야마 부시코〉를 중심으로*

이윤종

1. 머리말: 한국과 일본의 '기로' 설화의 영화화

'노인을 버린다'는 뜻의 '기로棄老'는 아시아 각국의 문헌자료와 설화 속에서 고대에 존재했던 풍습이었던 것처럼 전해지고 있다.[1] 한반도에서는 고구려나 고려 시대에 70세 정도의 고령의 부모를 지게에 지고 가서 깊은 산중에 버리고 오는 풍습이 존재했던 것으로 여겨져 '고려식 장례'란 뜻의 '고려장高麗葬'이라는 명칭이 붙어 있다. 일본에서는 기로 설화가 '오바스테姨捨산의 전설'이라는 민담 형태로 나가노현 치쿠마시를 비롯해 "일본 전역에 고루 퍼져 있다"고 한다.[2] 이러한 기로 풍습은 먹을 것이 귀했던 고대에, 특히 산골의 빈민촌에서 식솔

** 본 논문은 〈이윤종, 「동북아시아 '기로(棄老) 설화'의 영화적 재현 : 〈고려장〉과 〈나라야마 부시코〉를 중심으로」, 『비교문화연구』 55권, 2019.6, 133-158쪽)에 수록된 내용을 수정·보완한 것임.

1) 1930년대 일제 강점기에 한국인으로서는 최초로 조선의 설화를 직접 채집해 문자로 기록한 손진태에 따르면 기로 설화는 고려 시대 불경 속에서 인도의 '기로국 설화'로 남아있는 것이 가장 오래된 기록이며 그것이 중국이나 일본에서도 설화의 형태로 기록되어 있다고 한다. 손진태, 『조선 설화집』, 최인학 역편, 민속원, 2009, 53쪽.
2) 모로 미야, 『전설 일본』, 김경아 역, 일빛, 2007, 101쪽.

을 한 명이라도 줄여보고자 행했던 풍습으로 간주된다.[3] 그러나 한국과 일본의 기로 설화의 이야기 구조에서 주목할 점은 두 나라의 설화 모두 공통적으로 기로라는 '악습'의 폐지로 내용이 귀결된다는 것이다. 한국의 '고려장 설화'를 자신만의 색채로 영화화한 김기영 감독의 〈고려장〉(1963)은 설화보다 훨씬 극적으로 고려장 풍습을 폐지하는 과정을 생생하게 영상화한다. 그러나 오바스테산의 전설을 윤색해 창작된 후카자와 시치로深沢七郎의 1956년 소설, 『나라야마 부시코楢山節考』를 영화화한 두 편의 동명 영화 텍스트들은 소설과 마찬가지로 마을의 안녕과 평온을 위해 기로 풍습을 행하는 모자(母子)의 모습을 그리고 있다. 따라서 이 글은 기로 설화를 영화적으로 재현하고 있는 한국 영화 〈고려장〉과 두 편의 일본 영화 〈나라야마 부시코〉(楢山節考, 1958& 1982)를 비교분석해 봄으로써 한국과 일본이라는 두 동북아시아 국가의 기로 설화의 문화적 변용에 대한 비교연구를 시도해 보고자 한다.

김기영(1919-1998) 감독의 〈고려장〉(1963)은 시기적으로 두 편의 〈나라야마 부시코〉의 중간지점에서 만들어진 작품이다. 첫 번째 〈나라야마 부시코〉는 후카자와의 소설 출간 직후인 1958년 기노시타 케이스케(木下惠介, 1912-1998) 감독이 동명의 영화로 연출한 후, 1982년 이마무라 쇼헤이(今村昌平, 1926-2006) 감독에 의해 다시 한 번 영화화되었다. 가부키극 스타일로 일본 전통의 연극적 무대와 전통 음악을 미학적으로 영상화한 기노시타의 영화와 대조적으로 이마무라의 영화는 사실주의적이다 못해 자연주의적이라고까지 할 수 있을 정도로 일본의 전근대 산골 마을과 마을 주민들의 생활을 생생하게 재현한다. 이마무라의

---

3) 물론 고려장이 한국 고유의 문화가 아니라 일본에서 유래한 풍습으로 한반도에는 실제로 존재하지 않았으나 일제 강점기에 동아시아의 공통적인 풍습으로 조작되었다는 반론도 심심치 않게 나오고 있다. 대표적으로 다음을 참조할 것. 김민한, 『한반도에 고려장은 없었다 : 고려장 설화의 오해』, 세종, 2009. 이에 대해서는 뒤의 최기숙의 연구와 함께 보다 더 자세히 언급할 것이다.

〈나라야마 부시코〉는 1983년 칸 영화제에서 황금종려상을 수상했기 때문에 특히 유명한데, 감독 본인은 당시에 서양인이 이해할 수 없는 내용을 영화화했다고 생각하여 수상을 전혀 기대하거나 예상하지 않았다고 한다. 이마무라의 예상과는 달리 전근대의 설화나 전설, 풍습을 시각화한 아시아 영화가 칸, 베를린, 베니스에서 열리는 유럽 3대 영화제에서 수상한 사례는 1950년 〈라쇼몽〉(羅生門, 1950, 구로사와 아키라 [黑澤明])의 베니스 영화제 황금사자상 수상 이래로 종종 있었던 일이기 때문에 실상 아주 놀라운 일은 아니다.[4]

그러나 현대 동북아시아 사회에서의 독특한 개인들의 공동체로부터의 일탈을 주로 그렸던 세 명의 거장 감독의 고려장이라는 풍습에 대한 영화적 접근은 문화적으로 대단히 흥미로운 지층을 형성하고 있기에 주목을 요한다.[5] 또한 김기영의 〈고려장〉과 기노시타 케이스케 및 이마무라 쇼헤이의 〈나라야마 부시코〉는 모두 기로 풍습을 거부하던, 효심이 깊은 아들이 마을 공동체에서 합의된 전통을 깨뜨릴 수 없기 때문에 노모를 산중에 내다버릴 수밖에 없는 과정과 그 결과를 중점적으로 그린다는 공통점을 가지고 있기도 하다. 이와 같은 기로 설화의 동북아시아에서의 영화적 재현과 더불어 그 풍습의 현대적 해석이 학문적 주목을 요하는 이유는, 고려장이 실제로 존재했는지 아닌지의 문제와는 별개로, 그것이 아시아에서 구전되어 온 아시아적 풍습으로 보이기 때문이다. 손진태는 한국의 다양한 고려장 설화 중 '불효자

---

4) 〈라쇼몽〉은 나라 시대를 배경으로 쓰여진 아쿠타가와 류노스케(川龍之介, 1892-1927)의 동명소설을 영화화했는데 〈나라야마 부시코〉와 마찬가지로 설화를 원전으로 삼아 소설가가 새롭게 각색한 서사를 영화화했다. 이외에도 설화를 영화화한 대표적인 작품으로 전국 시대에 여귀와 사랑에 빠지는 남성의 전설을 영화화한 미조구치 겐지(溝口健二, 1898-1956) 감독의 〈우게쓰 이야기〉(雨月物語, 1953)를 꼽을 수 있는데, 영화는 1953년에 베니스 영화제에서 은사자상을 수상했다.

5) 이에 대해서는 이 글의 3절에서 보다 자세히 설명할 것이다.

개심형'이 중국의『효자전』과 내용이 비슷할 뿐 아니라 불경의 '기로국연棄老國緣'이 인도설화에서 유래했음을 언급하는데, 이는 일본 뿐 아니라 중국이나 인도에도 고려장 풍습이 있었음을 시사하는 것이라 할 수 있다.[6] 게다가 한국과 일본에서 기로 설화가 역사학적으로 실증되지 않은 채 전설과 민담의 형태로만 남아있다면, 중국에서는 '기사요棄死窯'라 하여 고대에 만 60세가 된 노인들을 실질적으로 유기했었던 동굴들이 실제로 발견되어 2001년 이후로 학계의 이슈가 된 바 있다고 한다.[7] 앞서 이마무라가 자신의 〈나라야마 부시코〉가 서구인들에게 이해될 리 없으므로 칸 영화제에서 수상할 것을 전혀 기대하지 않았다고 언급한 바 있다. 기로 풍습의 동아시아적 맥락을 고려해 보면, 칸 영화제가 이마무라에게 최고상을 수여한 것은 감독의 연출력이나 작품의 우수성을 높이 사기도 했겠지만 영화의 이국성이나 서구에서 볼 수 없는 독특한 소재도 큰 몫을 차지했을 것으로 짐작된다. 기로 제도는 현대 동아시아인들에게도 섬뜩하고 충격적인 관습이니만치 서구 심사위원들에게는 보다 큰 충격으로 다가갔을 것이다.

기로 제도가 아시아의 특수한 전근대적 풍습이라는 점과 더불어 학문적 흥미를 유발하는 또 다른 이유는 그 제도의 해석을 둘러싸고 동북아시아 내부에서 다양한 갈등이 존재하기 때문이다. 고대의 풍습이었던 것으로 보이는 기로 제도가 한중일 삼국에서 유교가 국교화되었던 중세를 거치면서 그것이 유교의 핵심 사상 중의 하나인 '효孝'와 어긋나기 때문에 생기는 갈등에서 비롯되는 다양한 논의들이 지금까지도 지속적으로 생산되고 있다. 사실 고려장을 다루는 김기영, 기노시

---

6) 손진태,『한국민족설화의 연구 - 민족설화의 문화사적 연구』, 을유문화사, 1982, 173-178쪽. 손진태는 고려장을 '기로 전설'이라 명명하고 '불전(佛典)에서 나온 민족설화'로 구분해 이에 대해 설명하고 있다.

7) 두안샤오훙(단효홍, 段曉紅),「중국 및 한국의 기로 습속에 관한 고찰: 기사요와 고려장을 중심으로」,『한국노년학연구』27-2호, 2018, 85-97쪽.

타, 이마무라 감독의 세 편의 영화는 영화학자 이효인에 의해 이미 한 차례 비교, 분석된 바 있는데, 이효인은 '공동체'와 '효'의 관점에서 영화들을 해석하며 영화 속의 모자母子가 마을 공동체와 맺는 관계를 한국과 일본에서 영화가 만들어졌던 시대의 정치경제적 상황과 연결시켜 분석한다. 즉 이들 세 감독에게 '효'란 개인과 집단 사이에서 각각 상이하게 작용하는 공동체의 "정념"이자 "논리"로 자리잡고 있으며, 기노시타는 "전후질서 회복과 경제성장 그리고 가난 문제 등을 통하여 공동체 정신만이 참혹한 가난을 극복할 수 있는 것"으로, 이마무라는 "공동체를 '최소한의 역할만 해야 하는 복합적인 곳'"으로, 김기영은 "공동체란 '위협적이거나 극복해야 할 대상'"으로 영화 속에서 그린다는 것이다.[8] 이효인의 결론과는 다르지만, 한국에서의 고려장 설화에 대한 연구는 '효'를 통한 접근이라는 공통분모를 형성하여, 국문학자 최기숙이 지적하는 것처럼, "'고려장'이라는 화소 자체가 반인륜적이고, 이야기의 결말도 고려장을 폐지하는 쪽으로 정리된다는 점에서 … 전통적으로 한국에는 '고려장'이 없었을 뿐더러, 효 사상이 관철되어 왔다는 차원으로 귀결"되는 경우가 많다.[9]

이 글에서는 '효' 사상을 중심에 두고 영화 〈고려장〉이나 〈나라야마 부시코〉를 비교, 분석하기보다는 기로 설화의 영화적, 문화적 변용에 초점을 맞추고자 한다. 이효인은 주목하지 않았지만, 〈나라야마 부시

---

8) 이효인, 「〈고려장〉과 〈나라야마 부시코〉(1958, 1982)에 나타난 공동체 및 효(孝)에 대한 비교 분석」, 『영화연구』 37, 2008, 273-299쪽.
9) 최기숙, 「노화의 공포와 공생 지향의 상상력 - 구비설화 '고려장이 없어진 유래'(436-11 유형)를 중심으로」, 『여성문학연구』 29. 2013, 195-230쪽, 197-198쪽. 최기숙은 다음과 같은 연구를 대표적으로 인용하여 한국에서의 고려장 설화의 허구성을 강조하는 경향을 지적한다. 손진태, 『한국민족설화의 연구』. 지교헌, 『한민족의 정신사적 기초』, 정신문화연구원, 1988. 이수자, 「고려장 설화의 형성과 의미」, 『국어국문학』 98, 1987. 이우식, 「고려장 설화에 대하여」, 『얼과 문화』 18, 1990. 김민한, 「고려장 설화의 허구성에 관한 연구」, 『한국 사상과 문화』 5, 1999.

코)가 기로 풍습이라는 제도에 순응할 수밖에 없는 아들을 그리고 있는 데 비해, 〈고려장〉은 공동체의 논리에 떠밀려 어머니를 산중에 버리고 왔지만 그 제도를 끝내 폐지시키고야 마는 아들의 모습으로 귀결되기 때문이다. 영화 〈고려장〉은 한국의 다양한 고려장 설화 중에서도 최기숙이 분석하고 있는 『한국구비문학대계』의 436-11번 유형인 '고려장이 없어진 유래'에 해당되는 설화의 변형된 이야기라 할 수 있다. 일본의 기로 설화도 한국 설화와 유사한 결론을 보이고 있는데 이를 소설화한 후카자와를 비롯해 후카자와의 소설을 영화화한 두 편의 〈나라야마 부시코〉가 모두 제도에 순응하는 인간의 모습을 자연과 문화의 복잡다단한 관계 속에서 그려내고 있다. 따라서 본론에서는 설화와 영화의 관계에 보다 큰 방점을 두고 한국과 일본의 영화 속에서 기로 풍습이 다른 결말을 맞이하게 되는 지점의 차이를 중점적으로 분석해 볼 것이다. 다음 장에서 우선 한국과 일본에서의 기로 설화의 서사 구조가 어떠한지를 파악한 후, 그 다음 장에서 본격적으로 영화의 텍스트 분석을 시도할 것이다.

2. 설화의 영화화와 기로 설화

1895년 탄생한 영화가 20세기 초반에 '제 7의 예술'로 자리잡기까지 영화인들은 문학, 미술, 연극, 무용, 음악, 건축 등 기존 예술장르로부터 그 다양한 특질을 뽑아 영화에 적용시키며 영화만의 독특한 특질인 '움직임(movement)'을 편집이나 미장센(mise-en-scene) 등의 기술의 발전과 함께 확보할 수 있게 되었다. 그러나 '움직임'을 담보하는 '영상'이라는 시각적 특질 외에도 극 영화(feature film)에 있어서 큰 비중을 차지하며 관객을 끌어모으는 주 동력으로 작용하는 것이 '서사(narrative)'

라는 것은 부정할 수 없는 사실이다. 초기 영화의 분량이 수 분 단위에서 수십 분, 한 두 시간 단위로 길어지면서 서사의 원천은 자연스레 구전 설화를 비롯한 문학에서 찾게 되었는데, 한국 영화의 경우에도 초기 영화는 설화를 바탕으로 한 것이 많다.

2-1. 한국의 설화 원작 영화들:
〈춘향전〉, 〈심청전〉, 〈장화홍련전〉, 그리고 〈고려장〉

설화를 바탕으로 한 고전소설을 영화화한 한국 최초의 케이스는 〈춘향전〉이다. 한국 최초의 극영화인 〈월하의 맹서〉(1923, 윤백남)가 제작된 직후 아이러니하게도 한국인이 아닌 일본인, 하야카와 고슈부川孤舟에 의해 연출된 〈춘향전〉(1923)이 바로 그것이다.『춘향전』은 이후로도 한국영화의 중요한 순간들마다 영화화되어 최초의 유성영화 〈춘향전〉(1935, 이명우), 한국전쟁 직후 흥행에 성공한 〈춘향전〉(1955, 이규환), 최초의 컬러 영화 〈춘향전〉(1958, 안종화), 최초의 컬러 시네마스코프 영화 〈성춘향〉(1961, 신상옥), 같은 해에 제작되었으나 〈성춘향〉과의 경쟁에서 일방적으로 밀린 〈춘향전〉(1961, 홍성기), 문예영화로 유명한 김수용 감독이 연출한 〈춘향〉(1968, 김수용), 최초의 70mm 필름 제작 영화 〈춘향전〉(이성구, 1971) 등을 비롯하여 최근의 임권택 감독의 〈춘향뎐〉(2000)이나 변학도를 재해석한 가장 최근의 히트작 〈방자전〉(2010)에 이르기까지 수십 차례 영화화되었다.『장화홍련전』도 여러 차례 영화화되었는데, 1924년작 〈장화홍련전〉(박정현), 1936년작 〈장화홍련전〉(1936)을 비롯하여 1956년과 1962년, 1972년에도 제작되었고, 가장 최근에는 김지운 감독에 의해 공포 현대물 〈장화, 홍련〉(2003)으로 재탄생되기도 했다.10)『심청전』도 동명의 영화로 1925년(이경손)과 1937년

---

10) 조현설에 따르면『장화홍련전』은 2003년까지 6차례 영화화되었다고 하는데, 물론 필름이 남아있는 것은 김지운 감독의 〈장화, 홍련〉(2003)밖에 없다. 조현설,

(안석영)에 제작되었으며, 해방 후인 1956년에 무협영화로 유명한 정창화 감독의 연출로 만들어지기도 했다.

한국영화의 초기 역사부터『춘향전』이나『장화홍련전』, 『심청전』과 같은 '여인잔혹사'를 다룬 설화들은 여러 차례 영화화되었기에 이들 설화는 한국영화사와 함께 하고 있다고 해도 과언은 아닐 것이다. 이들 여성 수난 설화는 조선 시대부터 소설화되었고 현대에 이르러서도 그 이야기 구조가 굳건할 뿐 아니라 대단히 유명한 작품들이기 때문에 앞으로도 지속적으로 영화화될 것으로 보인다. 그러나 이들과 달리 설화의 이야기 구조가 상당히 다양한 고려장과 관련된 한국영화는 매우 드물다. 이는 고려장이라는 풍습에 대한 한국인들의 반감도 크게 작용한 탓일 것이다. 따라서 김기영 감독은 1963년에 영화〈고려장〉을 만들 때 1958년에 나온 기노시타 케이스케의〈나라야마 부시코〉와 그 원작인 후카자와의 소설을 어느 정도 참조해서 시나리오를 쓴 것으로 보인다. 김기영은 "나라야마 부시코란 원작은 민담을 소재로 쓴 후카자와 시치로의 소설이야. 우리에게는 고려장이라는 비슷한 풍습이 있지. 노인을 산에다 갖다 버린다는 건 같은 이야기지만 일본과 우리는 그 정서가 달라서 영화의 내용 역시 다르다고 생각하면 될 거야'라고 인터뷰에서 말 한 바 있다.[11] 그는 고려장을 고려 시대에 유래한 "비인간적 폐습"이라 부르면서 자신의 영화가 이러한 "가난과 배고픔에서 나오는 인습의 잘못된 풍습… 속에서도 인간의 휴머니즘을 표출하려는데 중점을 두었던 작품"이라 설명한다.[12]

한국의 고려장 설화는 대체로 "'고려장이 없어진 내력'을 알려주는

「고소설의 영화화 작업을 통해 본 고소설 연구의 과제 - 고소설〈장화홍련전〉과 영화〈장화, 홍련〉의 사례를 중심으로」, 『고소설연구』17, 2004년, 53-73쪽, 58쪽.

11) 유지형 대담, 『24년간의 대화』(김기영 감독과의 대담집), 선, 2006, 100쪽. 이효인, 앞의 글, 281쪽, 재인용.

12) 위의 글, 281쪽, 재인용.

이야기로 구비전승"되어왔다고 하는데, 이수자는 손진태의 설화 연구에 근거하여 이러한 설화의 유형을 크게 '지게형'과 '문제형'으로 구분한다.[13] 이수자는 '문제형'을 설명하기 위해 손진태가 고려장 설화의 원전으로 소개하는 고려의 불경,『잡보장경雜寶藏經』에서 소개하는 인도 기로국의 설화를 다음과 같이 정리한다.[14] 노인을 내다버리는 풍습이 있었던 인도의 기로국에서 늙은 아버지를 버릴 수 없었던 한 대신이 그를 집 안에 몰래 숨겨두고 있었는데, 어느 날 그가 지혜로운 아버지의 도움으로 천신(天神)이 왕에게 내 주고 간 문제를 풀게 되어 기쁨에 찬 왕이 노인을 버리는 풍습을 폐지했다는 것이다.[15] 이수자는 '노인을 버린다'는 뜻의 '기로棄老'를 나라의 이름으로 삼았던 국가는 하나의 가정에 의해 추상화되어 그 국명이 정해진 것이므로 기로국이 고려에 와서 고려로 바뀌었고 기로의 풍습도 '고려장'이라는 명칭을 얻었을 것으로 추측한다. 또한 고려 시대에도 대국이었던 중국의 횡포를 하늘에서 땅으로 내려와 수수께끼같은 문제를 내리며 인간을 괴롭히는 천신의 모습으로 알레고리화하여 고려장 설화가 한국에서 '문제형'으로 뿌리를 내리게 되었다고 해석한다. 따라서 '문제형'은 "국법을 어기면서도 노부老父의 생명을 지키고, 효를 다 하는 아들의 효성을 강조하는 이야기"이며, 석가모니도 불경에서 기로국의 설화를 통해 부모를 잘 공경할 것을 강조했다는 것이다.[16]

'지게형'은 중국의『효자전』에서 유래한 것으로 일본에도 비슷한

---

13) 이수자,「고려장 설화의 형성과 의미」,『국어국문학』98, 1987, 131-162쪽, 131쪽.
14) 손진태는 한자 원문 그대로『잡보장경』을 직접 인용하며, 고려장 설화는 존재하지만 기로의 풍속이 한국에 실제로 존재하지는 않았을 것이라 주장한다.『잡보장경』의 인용 부분은 다음을 참조할 것. 손진태,『한국민족설화의 연구』, 174-176쪽.
15) 손진태, 위의 글, 135-138쪽.
16) 앞의 글, 143쪽.

설화가 기록되어 있다고 하는데, 이러한 유형의 설화에서 지게는 '불효'를 상징하는 도구로 설정되어 있다. 손진태는 1921년 전북 전주군 와산정에서 유춘섭씨로부터 전해들은 '지게형' 기로 설화를 다음과 같이 소개하고 있다.

> 옛날에는 사람이 70(혹은 80으로도 알려져 있다)이 되면 산 속에 버림을 받았다.
> 그 때의 일이다. 어느 사람이 그의 아버지가 바로 70이 되었으므로 산에다 버리려고 아버지를 지게에 얹고 산으로 갔다. 그는 많은 음식을 아버지에게 주고 지게와 함께 아버지를 버리고 돌아가려고 했다. 그런데 그 때 따라온 그의 아들이 버린 지게를 가지고 돌아가려고 했다. 아버지는 화를 내고 "그런 것은 가지고 가는 게 아니야"하고 말했다. 그러자 아이는 "아버지, 아버지가 나이가 들면 내가 이 지게로 아버지를 버리려고 생각했어요"하고 말하므로 그는 아들의 말에 감탄을 하여 버린 아버지를 데리고 집으로 돌아왔다. 그로부터 노인을 버리는 악습이 없어졌다는 이야기다.[17]

이수자는 한국에서 '지게형'과 '문제형'이 뒤섞여 있으며, "이 두 유형 속에 나타난 고려장이란 이야기의 전승과정에서 허구적으로 꾸며진 것으로서, 역사적인 사실과는 무관한 것"이라는 결론을 내린다.[18] 최기숙은 손진태부터 시작하여 이수자의 연구를 전후하여 대다수의 고려장 설화 연구가 '효'의 관점에서 그 허구성을 강조하는 것과 『한국구비문학대계』에 수록된 고려장 설화 38편 중에서 '문제형'과 '지게형'에 속하지 않는 5편의 설화가 있음에 주목하여 해당 설화의 재해석을 시도한다. 즉, "고려장의 폐지를 다룬 해당 유형의 이야기들은 노인

---

17) 손진태,『조선 설화집』, 53-54쪽.
18) 이수자, 위의 글, 155쪽.

에게 가해지는 사회적 폭력성에 대한 일종의 대항 담론으로서, 노화와 노인에 대한 공포의 시선을 반영"한다는 것이다.[19] 이에 따라 최기숙은 '문제형'은 노인의 "경험과 지혜의 가치에 대한 사회적 설득과 승인"을, '지계형'은 "노화의 보편성에 대한 인식, 타자화된 노인의 재성찰"을 보여주고 있다며, 그 위에 "가족관계의 개선"을 희망하는 '자애형'과 노인이 스스로 고려장의 위기를 벗어나는 '자립형'을 덧붙인다.[20] 그리고 다음과 같은 결론을 내린다.

> 고려장의 폐지를 결정하는 요인으로 상상된 가장 유력한 요인은 노인의 쓸모를 사회적으로 입증하는 '문제형' 범주로 유형화되었다. 이와 달리 '지계형'은 노화의 문제를 타자로서가 아니라 자기문제로서 성찰함으로써 '공생의 논리'를 강조했다. '자애형'은 부모의 자애를 경험한 자녀가 스스로 불효를 반성하는 구조를 취했으며, '자립형'은 노인 스스로 사회적 외면과 무시로부터 자신을 보호하려면 경제적 자립이 중요하다는 판단을 보여주었다. … 해당 유형의 설화들은 자녀의 효도라는 윤리적이고 이념적인 측면을 강조하기보다는 노인(가족)과 공생해야 하는 현실적이고 합리적인 지점을 모색하려는 움직임을 보여주었다.[21]

그동안의 한국에서의 고려장 설화에 대한 연구는 효행 사상이나 가족 윤리에 방점이 찍혀 그 풍습의 실존 여부마저도 부정되는 경우가 대다수였는데, 평균 수명이 길어지면서 노인의 복지와 인권이 강조되는 21세기가 되면서부터 고려장 설화를 통해 '고령'과 '노화'의 문제를 읽으려는 시도까지 이어진 것이다. 김기영의 영화 〈고려장〉은 한국의 일반적인 고려장 설화들처럼 '고려장의 폐지'를 다루고 있기는 하

---

19) 최기숙, 위의 글, 203쪽.
20) 같은 글, 203-217쪽.
21) 같은 글, 225-226쪽.

지만, 이야기의 유형이 '문제형'이나 '지게형'은 물론 '자애형'과 '자립형'에도 해당되지 않는다. 오히려 후카자와의 소설이나 이를 영화화한 일본 텍스트들과 더 유사한 서사구조를 보인다. 본격적인 영화 분석으로 넘어가기 전에 다음 장에서는 우선 일본의 기로 설화와 이를 소설화한 후카자와의『나라야마 부시코』에 대해 살펴볼 것이다.

2-2. 일본의 기로 설화와 소설『나라야마 부시코』

앞서 서론에서 언급했듯, 일본에서는 설화를 원작으로 한 〈라쇼몽〉(1950, 구로사와 아키라)이나 〈우게쓰 이야기〉(1953, 미조구치 겐지)가 1950년대 초반에 베니스 영화제에서 수상한 바 있다. 이외에도 너구리 설화를 바탕으로 한 〈너구리 저택〉(狸御殿) 시리즈가 1940-50년대에 뮤지컬 영화시리즈로 큰 인기를 끌기도 했다고 한다. 작고한 스즈키 세이준鈴木清順 감독은 자신의 마지막 작품으로 〈너구리 저택〉 시리즈에 오마주를 바치는 〈오페레타 너구리 저택〉(オペレッタ狸御殿, 2005)을 연출해 칸 영화제에 초청되기도 했다. 후카자와 시치로의『나라야마 부시코』(1956)는 '나라야마의 노래'라는 뜻의 제목으로, 일본식 고려장 설화인 오바스테 전설을 취재하다가 그에 영감을 받은 작가가 설화를 소설로 재창조한 것이다. 후카자와의 소설은 서구 영화제에서 상을 받거나 초청받은 〈라쇼몽〉이나 〈우게쓰 이야기〉, 〈오페레타 너구리 저택〉처럼 일본의 설화를 재구성한 서사를 영화화하여 다시 한 번 서구영화제 수상작의 원천이 된 셈이다.

서론에서도 언급했지만, 후카자와의 소설은 오바스테 전설과 그 결말이 다르다. 모로 미야가『전설 일본』이라는 책에서 소개하고 있는 오바스테 전설은 한국의 고려장 설화 중 '문제형'과 유사하다. 현재의 나가노현이 신슈信州로 불리던 시절 오래 지속되는 전쟁으로 인해 무사들의 식량을 비축하기로 결심한 번주는 60세가 넘은 노인들을 산

속에 버리라고 명령한다. 신슈의 주민들은 그들이 땔감을 캐러 다니던 아름다운 산 속에 노쇠한 부모를 버리기 시작하고, '노인을 버린다'는 뜻의 '오바스테姨捨'라는 이름을 얻은 산은 죽음의 장소로 변질되기 시작한다. 그러던 중 가쿠타로라는 중년 남성이 노모를 업고 오바스테 산으로 갔으나 차마 어머니를 유기하지 못 하고 집에 데려와서 몰래 숨겨서 모시기 시작한다. 이 사실을 안 촌장이 관청에 보고를 했고, 번주는 가쿠타로를 불러 문제를 낼 테니 그 문제를 풀면 가쿠타로의 어머니와 가족 모두의 목숨을 살려주겠다고 약속한다. 번주는 도저히 풀 수 없는 어려운 문제들을 차례차례로 내기 시작하지만 세상의 지혜를 체득한 현명한 어머니는 가쿠타로가 모든 문제를 풀도록 도움을 준다. 마침내 이에 탄복한 번주는 '기로'의 포고령을 폐지한다. 오바스테 산의 정식 명칭은 "나가노현 나가노 분지의 서남쪽 끝자락[에 위치한] 해발 1,252미터의 가무리키산冠着山"으로, 그 산 아래에 지나가는 JR 동일본 신노노이센의 기차역 중 하나가 오바스테역姨捨驛이며 "바로 오바스테의 전설에서 이름을 딴 것"이라 한다.22) 오바스테 역의 모습은 기노시타 케이스케의 〈나라야마 부시코〉의 마지막 장면에 등장하기도 한다.

모로는 일본의 기로 설화가 일본의 고대 설화집인 『곤자쿠 모노가타리슈今昔物語集』의 제 5권 32화 「칠십여인유견타국구어七十女人流遣他國國語」에 등장할 정도로 역사가 유구하다며, 손진태와 마찬가지로 이 설화가 『잡보장경』 제 1권의 「기로국연」을 근거로 하고 있다고 전한다. 그리고 "『잡보장경』은 서기 472년에 중국 북위北魏의 사문(沙門: 출가하여 수행하는 자)인 길가야吉伽夜와 담요曇曜 두 사람이 천축(인도)에서 온 불경을 공동으로 번역한 것"이라 설명하고, 기로 설화가 "결코 일본만의 독특한 이야기가 아니며, 그 역사도 이미 상당히 유구하다는

---

22) 모로 미야, 앞의 책, 100쪽.

것을 알 수 있다"고 말한다.[23] 모로는 기로 설화가 10세기 중엽의 설화집인 『야마토 모노가타리大和物語』에도 등장한다고 언급하는데, 일본의 민속학자 야나기타 구니오柳田國男도 『야마토 모노가타리』의 기로 설화를 언급하며 오바스테산의 한자가 '노인을 버린다'는 뜻의 '姨捨'로 바뀐 것도 설화에 기인하고 있다고 설명한다.[24]

김용의는 야나기타의 연구를 인용해 일본에서의 기로 설화를 네 가지로 분류한다. 첫 번째 유형은 한국의 '지게형' 설화와 유사하며, 두 번째 유형은 모로가 설명하는 '오바스테 전설'처럼 한국의 '문제형' 설화와 유사한데 일본에서는 '난제형'이라 부른다고 한다. 세 번째 유형은 며느리가 남편을 부추겨 시어머니를 버리도록 하지만 시어머니가 부자가 되고, 며느리가 이를 따라하다가 죽고 만다는 이야기로 한국과는 전개가 조금 다른 유형으로 '노파치부형'이라 한다. 네 번째 유형은 어머니를 업고 산에 오르는 아들을 위해 나뭇가지를 꺾어 길을 만든 어머니의 마음씀씀이에 감동한 아들이 어머니를 다시 모시고 집으로 온다는 결말로 '나뭇가지 꺾어두기형'이다.[25] 결말은 다르지만 이마무라의 〈나라야마 부시코〉에도 나뭇가지로 길을 만들어주는 어머니의 모습이 나오므로 후카자와가 '난제형'인 '오바스테 전설'에 '나뭇가지 꺾어두기형' 설화를 자신의 『나라야마 부시코』에 가미한 것으로 보인다. 김용의는 일본의 기로 설화가 "부모에 대한 효행을 강조하는 주제 못지않게, 이야기 속에서 난제를 해결하는 모티브를 중요하게 여기고 있다"는 것이 한국의 고려장 설화와의 큰 차이점임을 강조한다.[26] 그는 또한 한국의 고려장 설화에서는 '노파치부형'도 찾아볼 수 없다는 차이가 있지만, 양국의 설화가 대체로 가족관계의 구성을 '할

23) 위의 책, 103쪽.
24) 柳田國男, 『村と學童』, 筑摩書房, 1974, 296.
25) 김용의, 「한일 기로 설화의 비교」, 『일본연구』 25집, 311-332쪽, 315쪽.
26) 위의 글, 319쪽.

아버지-아버지-아들'의 관계로 구성한다는 공통점이 있다는 결론을 내린다.

약간의 차이점은 있지만 한국과 일본의 기로 설화 모두 기로 제도의 폐지로 마무리되는 데다 아버지와 아들의 관계에 대체로 초점을 맞춘다는 공통점이 있다고 할 수 있다. 그러나 후카자와 시치로는 '난제형'인 오바스테 전설을 바탕으로 『나라야마 부시코』를 집필했음에도, 소설 속에 제도의 포고령이 내려지는 내용이나 번주가 문제를 내는 내용 등을 전혀 넣지 않고 있다. 또한 아버지와 아들의 관계를 다루기보다는 어머니와 아들의 관계를 중심으로 고령이지만 현명한 어머니에 보다 큰 초점을 맞추고 있다. 이는 소설을 영화화한 텍스트들에서도 마찬가지이다. 『나라야마 부시코』는 일본의 기로 설화 중에서 오히려 '나뭇가지 꺾어두기형'에 가까운 서사를 전개시키고 있지만, 결론적으로 아들은 마음속의 갈등에도 불구하고 제도를 충실히 지키는 쪽을 선택한다.

따라서 소설이 처음 발표되었을 때, 일본 내에서도 긍정적인 반향이 있었던 만큼 두 번이나 거장 감독들에 의해 영화화가 되었을 정도로 성공하기도 했지만, 부정적인 평가도 상당히 있었던 것으로 보인다. 야마다 아이의 『나라야마 부시코』에 대한 연구에 의하면, 야마모토 겐키치山本健吉나 요시다 겐이치吉田建一와 같은 비평가들은 "소설적인 허구를 다시 사실적인 기록 쪽에 밀어 되돌리는" 작품이라거나 "'노인 버리기의 습관이 오늘날에 행해지는 식으로 그리는 것'이 마치 과거에 있었던 것과도 같은 세계관을 만들어내며, '재료의 세계로 멈추고 있다' 또는 '보고서의 내용'에 불과하다는 지적"을 했다고 한다.27) 민속학자 혹은 문화인류학자라 할 수 있는 손진태를 비롯한 한

---

27) 야마다 아이, 『후카자와 시치로 『나라야마 부시코』론: 노인버리기 전설을 넘어서』, 건국대학교 대학원 석사논문, 2014, 7쪽.

국의 설화 연구자들과 야나기타 구니오를 위시한 일본의 민속학자나 설화 연구자들이 '기로' 풍속이 실제로 존재하지 않았을 것이라 반복적으로 결론을 내리려 시도하는 것처럼, 효행이나 인륜에 어긋나는 노인 유기의 풍습에 순응하는 소설 속 인물들을 사실적으로 묘사하는 작가에 대한 반감을 표하는 것이다.

소설『나라야마 부시코』의 내용은 시대를 정확히 알 수 없는 전근대 일본의 한 산골 마을에서 가난과 기근을 조금이나마 해결하기 위한 제도로서 70세가 된 노인을 자식이 산에 데려다 버리고 오는 기로 전통을 수행하는 모자, 오린과 타츠헤이의 이야기이다. 오린은 70세의 나이에도 33개의 건강한 치아를 유지할 정도로 대단히 강건한 여성이지만, 스스로 산에 가기로 결심하고 이를 거부하는 아들, 타츠헤이를 설득한다. 그녀는 산으로 떠나기 전에, 아직 십대인 손자 케사키치가 옆집 아가씨를 임신시켜 할머니 때문에 식량이 부족하다며 구박하는 것에도 굴하지 않고, 막내딸의 출산 중에 아내를 잃고 홀아비가 된 타츠헤이를 이웃 마을의 과부인 타마얀과 재혼시키고 새 며느리에게 식량을 잘 비축해 둘 수 있는 방법을 전수해 준다. 소설에서는 오바스테산이 아니라 나라야마산을 노인이 버려지는 장소로 설정하고 있고 나라야마에 노인이 홀로 남겨지는 날 눈이 내리면 마을은 축복을 받는 것으로 되어 있다. 어머니를 나라야마에 홀로 두고 내려가던 타츠헤이는 눈이 내리기 시작하자 다시 산으로 올라가 불경을 외우며 눈 속에 파묻혀서도 아들에게 빨리 내려가라고 재촉하는 어머니에게 그녀가 얼마나 복받은 사람인지를 일깨워주며 슬픔 속에 다시 하산한다. 또한 오린에게 눈이 온다는 것을 알리는 순간 그는 처음으로 오린을 '어머니'라고 부른다. 늘 오린을 '할마시'라고 지칭하던 그가 아들로서 어머니와 대면을 하며 "아무도 보지 않는 '나라야마' 즉 '공동체의 영향력이 미치지 않는 나라야마'이기 때문에 '개[인]' 대 '개[인]'의 관계" 즉,

순수한 어머니와 아들의 관계에서 서로를 바라볼 수 있게 된 것이다.[28)]

케이코 마츠이 깁슨은 후카자와의 소설이 고령의 노인의 권리와 존엄성이 박탈된 사회에서 담담하고 적극적으로 자신의 운명을 받아들이는 오린의 태도를 통해 역설적으로 인간의 존엄성에 대해 성찰하게 한다고 해석한다.[29)] 산 속에 유기되는 자신의 운명을 받아들이는 오린의 태도가 결코 나약하고 수동적이지 않기 때문에 오히려 당당하고 위엄있게 보일 수 있다는 것이다. 야마다 아이도 마찬가지로 소설이 "'생'과 '죽음'이 순환하여 인간을 존속시킬 때 '개[인]'보다 '공동체'가 중요하게 되는 자연계의 규칙을 다시 현대인에게 일깨워주는 강력한 메시지를 전하고 있"으며 이러한 공동체의 규칙을 따르는 오린이야말로 "명확한 목적의식을 지니며 삶을 보내는 주체성을 확립한 인간"이라고 해석한다.[30)]

기로 설화와 달리 기로 제도의 폐지로 결말을 맞지 않음에도 불구하고 소설 『나라야마 부시코』는 자연 속에서 생존해야만 하는 인간의 모습, 그리고 공동체의 생존을 위해 희생을 감수하는 인간의 모습을 통해 역으로 인간, 특히 노인의 존엄성에 대해 문제를 제기하는 작품으로 볼 수 있을 것이다. 이는 소설을 영화화한 두 편의 〈나라야마 부시코〉는 물론이며, 〈고려장〉의 경우도 마찬가지이다. 물론, 영화의 서사 전개나 스타일 면에 있어서는 세 편의 영화가 모두 판이하므로, 이는 별도의 분석이 필요하다. 다음 장에서는 이제 본격적으로 이 세 편의 기로 설화에 대한 영화들을 비교, 분석할 것이다.

---

28) 위의 글, 47쪽.
29) Keiko Matsui Gibson, "Re-examining Human Dignity in Literary Texts: In Seeking for a Continuous Dialogue Between the Conceptual and Empirical Approaches," Dialog: A Journal of Theology 56: 1, Spring 2017, pp. 53-60.
30) 야마다 아이, 앞의 논문, 20-21쪽.

3. 〈고려장〉과 〈나라야마 부시코〉
- 스스로 기로를 선택하는 강인한 여성상으로서의 노모

영화학자 폴 윌레멘Paul Willemen은 「비교 영화연구를 위하여」란 글에서 비교 문학연구처럼 다른 나라의 영화 텍스트들을 비교하는 방법론에 대한 단초를 제공한다. 그 방법론은 인류 공통의 경험에 기초하되 "자본주의적 생산양식의 다양한 발전사와 그 생산양식을 재구성하는 사회적, 문화적 관계 역학의 영향"에 대한 분석이 우선 전제되어야 한다고 그는 강조한다.[31] 생산 과정이나 생산 양식에 있어, 영화의 경우 문학보다 훨씬 더 자본의 투입과 산출의 과정은 물론 자본주의의 '발전' 정도와도 긴밀한 연관이 있으므로 자본주의 세계체제에 대한 이해가 전제되지 않을 경우 비교가 어려울 수밖에 없다는 것이다. 이러한 전제 하에서 윌레멘은 비교 영화연구의 방법론으로서 퍼스C. S. Peirce나 옐름슬레우Louis Hjelmslev, 야콥슨Roman Jacobson 등의 기호학적 연구 방식이나 프로이트Sigmund Freud의 '꿈'이나 '판타지' 연구 등의 정신분석학적 방식을 제안한다. 윌레멘의 자본주의 세계체제의 전제를 충실히 따를 경우, 김기영의 〈고려장〉과 기노시타 케이스케 및 이마무라 쇼헤이의 〈나라야마 부시코〉를 비교 연구할 때, 서론에서 언급했던 이효인의 선행 연구는 '효'와 '공동체'에 초점을 맞추기는 했어도, 영화가 제작될 당시 한국과 일본의 자본주의 발전 단계와의 연관성 하에서 각 영화의 공동체성에 대해 분석하므로 매우 타당성을 갖는다고 할 수 있다. 한국과 일본의 경우에도 자본주의 발전 단계의 격차가 존재하지 않는다고 할 수 없을 뿐더러 기노시타의 영화가 만들어진 1958년의 일본, 김기영의 영화가 만들어진 1963년의 한국, 이마무라의 영

---

31) Paul Willemen, "For a Comparative Film Studies," *Inter-Asia Cultural Studies* 6-1, 2005, pp. 98-112, p. 98.

화가 만들어진 1982년 일본의 자본주의 발전 정도는 매우 큰 차이를 보이고 있는 것이 사실이기 때문이다.

그러나 본 비교 연구에서 부각시키고자 하는 것은 〈고려장〉과 〈나라야마 부시코〉가, 지금도 인간이 자연을 정복했다고 하기는 어렵지만, 인간이 자연에 완전히 굴복해야만 했던 전자본주의(pre-capitalism) 시대, 즉 산업화 시대 이전에 대한 성찰을 각기 다른 영화 스타일로 보여준다는 점이다. 기노시타와 김기영, 이마무라가 기로 설화를 영화화하기로 결심한 시점의 경제사회적 공동체의 자본주의 발전단계와는 별개로, 각 영화가 재현하는 전근대 시대의 기아에 대한 생생한 묘사와 자본주의 이전 시대 인간의 생존본능, 그리고 이를 위해 자신의 생존 본능을 양보하는 강인한 여성상에 대한 매료가 세 편의 영화에서 공통적으로 발견되기 때문이다. 이마무라의 〈나라야마 부시코〉가 가장 민족지학(ethnography)적인 방식으로 전근대 일본의 산골 마을의 식량을 둘러싼 갈등을 사실주의적으로, 그리고 문화인류학적으로 그리고 있기는 하지만, 김기영과 기노시타도 다소 폐소공포증을 유발시키는 연극적인 세트 속에서 그 갈등을 깊이 증폭시키고 있다. 그리고 세 명의 감독은 기로 설화를 영화화하기 이전부터 이러한 거친 사회적 환경 속에서도 생존 본능을 발휘하는 강한 여성상에 대한 깊은 관심을 그들의 현대극 속에서 줄곧 표출해 왔다는 공통점이 있다.

이마무라는 현대 일본을 적나라하게 풍자하는 〈일본 곤충기〉(にっぽん昆蟲記, 1963)나 〈인류학 입문〉(エロ事師たちより人類學入門, 1966)과 같은 영화 속에서 삶에 대한 강한 집착을 보이는 하층민 여성들을 자주 그리곤 했다. 때문에 시대극에 두각을 나타낸 구로사와 아키라나 미조구치 겐지와 달리 파격적인 현대극이 장기인 이마무라가 기로 설화를 영화화한 〈나라야마 부시코〉를 연출한 것은 주목할 만한 행보라 할 수 있다. 이는 기노시타나 김기영의 경우에도 마찬가지이다. 기노시타도 전근대를 배경으로 한 시대극보다는 전후 일본사회에 희망을 던져주는 건전한 현대 사회물들, 예를 들어 〈24개의 눈동자〉(二十四の瞳, 1954)나 〈카르멘〉 시리즈(〈카르멘 고향에 돌아오다〉(カルメン故郷に帰る, 1951) & 〈카르멘 사랑에 빠지다〉(カルメン純情す, 1952)) 속에서 여교사와 카르멘이라는 여성 캐릭터를 통해 자신의 선택에 대해 강한 주관을 표출하는 의지의 여성들을 그린 바 있다. 따라서 기노시타가 가부키극 스타일로 시대극인 〈나라야마 부시코〉를 만든 것은 이마무라의 경우처럼 다소 예외적이라 할 수 있다. 김기영도 〈하녀〉(1960)나 〈화녀〉(1971, 1982), 〈충녀〉(1972), 〈수녀〉(1979) 등의 여성 시리즈와 〈이어도〉(1977), 〈육식동물〉(1982) 등 현대 한국을 배경으로 여성의 성적 욕망과 신분 상승 욕구를 그로테스크하게 접맥시킨 독특한 스타일의 영화들을 주로 만들었다. 김기영의 초기작에 속하는 〈고려장〉은 장르나 소재에 있어서나 연극적인 화면 연출에 있어서나 그의 필모그래피에서 대단히 특이한 위치를 점한다고 할 수 있다.

기노시타, 김기영, 이마무라가 기로 설화를 바탕으로 한 자신들의 영화 속에서 가장 크게 부각시키는 인물은 단연코 아들보다는 노모이다. 생전에 구로사와 아키라와 비견될 정도로 연출력을 인정받았던 기노시타 케이스케가 연출한 〈나라야마 부시코〉(1958)는 소설과 마찬가지로 70세가 되었음에도 치아가 건강한 오린이 나라야마에 가기 위해 일부러 돌절구에 치아를 부딪혀 깨려고 노력하는 장면으로 시작한다. 타츠헤이의 재혼 상대인 타마얀이 찾아오는 바람에 그녀의 시도는 좌절되지만 아들을 재혼시키고 손자인 케사키치의 아들인 증손자까지 보게 된 오린은 마침내 치아 부수기에 성공하고 나라야마에 데려다 달라고 타츠헤이를 재촉한다. 그리고 줄곧 이를 만류하는 아들을 설득시키는데 성공한다. 기노시타의 영화에서 오린을 연기한 다나카 키누요(田中絹代, 1909-1977)는 당대를 대표하는 스타 여배우로 영화 감독으로도 입봉해 5편의 영화를 연출했을 뿐 아니라 중년 이후에는 줄곧 인자한 어머니상을 연기했다. 〈나라야마 부시코〉에서의 오린은 다나카가 중노년 이후에 연기한 강인하지만 인자한 어머니상에 매우 부합하는 캐릭터였다고 할 수 있다.

기노시타의 오린이 버릇없는 손자 케사키치의 놀림과 구박에도 불구하고 시종일관 이에 대한 대꾸 한 번 없이 강건한 인자함을 고수하는 것과 달리, 이마무라의 오린은 보다 계획적이고 주도면밀하며 다소 간교하기까지 한 여성이다. 그녀는 자신의 33개의 건치健齒를 비웃고 깔보는 케사키치와 그가 임신시킨 옆집의 소녀가 끝없는 식탐으로 집안의 식량을 삽시간에 소진시키는 것을 보다 못해 소녀의 아버지가 이웃집의 식량을 훔치는 것을 고발해 아버지는 물론 소녀까지 생매장당하도록 만든다. 식량이 너무나 귀중한 산골 마을에서 타인의 식량을 훔치는 것은 가장 큰 중죄로 마을 주민 전체가 그들을 생매장하도록하는 강력한 처벌과 규제가 작동하는 것이다. 기노시타의 영화와 달리소설 속에서도 식량 도둑에 대한 강력한 처벌이 묘사되기는 하지만영화 속에서 처벌의 대상이 되는 이가 케사키치의 아이를 임신하고있는 소녀인 것은 소설과도 다른 설정이다.

이마무라의 〈나라야마 부시코〉는 기노시타의 영화와 같은 뼈대를가지고 있으나 후카자와의 다른 소설인『동북의 신무들東北の神武たち』의 내용을 혼합하여 기노시타의 영화와 서사 전개에 있어 약간의 차이가 나타나는데, 이로 인해 오린의 캐릭터는 후카자와의『나라야마부시코』와 다소 다른 여성으로 그려진다.『동북의 신무들』은 일본의또 다른 거장 감독인 이치카와 콘(市川崑)에 의해 1957년 동명의 영화로만들어지기도 했다. 이마무라의 영화에서는『동북의 신무들』이 그리는 것처럼 마을의 지독한 빈곤과 기아, 기근을 설명하기 위해 갓난장이 사내 아기는 거름이 되도록 논바닥에 버려지고 여자 아기는 소금

과 교환되기도 하는 풍경을 담아낸다. 또한 인간의 성적 욕망을 집요하게 추적하는 이마무라 특유의 스타일로 영화 중간중간에 강렬한 성애 장면이 포함되어, 이웃집 노총각은 형과 형수의 섹스 장면을 보고 자극 받아 개를 수간하기도 한다. 또한 만삭의 아내를 잃은 케사키치는 금세 다른 소녀를 찾아 그녀를 임신시키고 재혼한다.

이마무라의 오린을 연기한 사카모토 스미코(坂本スミ子, 1936-)는 다나카 키누요 정도의 대스타는 아니지만, 오린이 스스로의 치아를 깨뜨리는 장면에서 자신의 실제 치아를 훼손하는 연기 열정을 과시하기도 하였다. 이마무라는 영화를 초사실주의적으로 찍기 위해 배우들 및 제작진과 함께 산속에서 3년간 살기도 했다고 하는데, 사카모토도 그러한 와중에 스스로를 완전히 오린으로 녹여낼 수 있었고, 그러했기에 멀쩡한 치아까지 실제로 부술 수 있었던 것으로 보인다. 제한된 공간인 연극적인 세트 속에서 나라야마 마을, 그 중에서도 오린의 집과 이웃집을 주무대로 삼는 기노시타의 〈나라야마 부시코〉와 달리 이마무라의 영화는 산 중의 다양한 동식물들의 생태를 중간중간 다큐멘터리 영화의 장면들처럼 삽입한다. 영화 속에서 보여지는 뱀과 곤충의 교미 장면은 인간의 성애 장면이나 논두렁에 버려진 아기의 모습과 교차편집되어, 산업화 이전 시대에 자연에 완전히 기대어 사는 인간이란 존재가 과연 그러한 비인간종 동물과 한 치라도 다른가 하는 의문을 관객들이 품게 만든다. 즉, 농경제 제도의 시작과 함께 촌락을 형성해 다른 동물과 다른 인간만의 '문화'를 만들어 공동체를 유지해 살아가는 인간이라 할지라도, 자연이라는 환경 조건이 충분한 식량이나 편의를 제공해 주지 못할 경우, 생존과 생식의 능력이 가장 낮다고 판단되는 영유아나 노인은 공동체에 의해 버림을 받고 유기된 채 자연에 의해 죽임을 당할 수밖에 없는 것이다. 이는 효와 인덕이 중시되었던 중세 동아시아 농경제 사회나 인간의 권리와 존엄성에 대한 기대치가 높은

현대 자본주의 사회와 달리, 인간이 자연의 일부로서 살아야만 했던 고대 사회에서 생존 본능이 최우선적으로 고려될 수밖에 없는 사회의 현실을 있는 그대로 보여주는 것이라 할 수 있다. 아마도 이러한 극한의 조건에 처한 인간의 발가벗은 모습이 기로 풍습에 그대로 표출되기 때문에 후카자와나 기노시타, 이마무라 모두가 기로 제도를 소재로 하는 설화에 매료될 수밖에 없었던 것으로 보인다.

기로 풍습이 드러내는, 날 것으로서의 인간의 생존 본능에 대한 매료는 굳이 세계대전 이후의 일본 사회, 즉 세계 제 2위의 산업대국으로 성장해가던, 경제적으로 풍요로운 자본주의 사회에서만 가능했던 것으로 보이지는 않는다. 김기영도 한국이 한참 산업화에 박차를 가하고 있던 차라 아직 경제적으로 윤택하지 않았던 1963년에, 기로 풍습이 실시될 수밖에 없었던 고대 한국의 화전민 마을을 배경으로 영화 〈고려장〉을 연출했기 때문이다. 앞서 김기영의 인터뷰 내용을 잠깐 소개했듯, 그는 〈고려장〉을 연출하던 당시 이미 후카자와의 소설이나 기노시타의 영화에 대해 인지하고 있었고 한국과 일본의 차이를 다소 염두에 두고 영화의 각본을 썼다. 흥미로운 점은 기노시타와 이마무라처럼 김기영도 아들보다 노모에 초점을 맞춰 영화의 내용을 전개시키는데, 김기영 영화 속의 어머니는 〈고려장〉보다 5년 정도 먼저 만들어진 기노시타의 〈나라야마 부시코〉보다 20년 정도 이후에 제작된 이마무라의 1983년 영화의 오린과 더 닮아 있다는 것이다. 〈고려장〉의 어머니는 이마무라의 오린처럼 손자나 이웃집의 다른 누구보다도 자신의 외아들에 대한 사랑이 더 절절한 여성이다. 그녀는 아들을 살리기 위해서는 수단과 방법을 가리지 않는 여장부로, 자신의 지혜와 능력을 총동원해 아들이 굶어죽지 않고 살아갈 수 있도록 모든 경제적 여건을 마련해 주고 자신을 고려장해 줄 것을 요구한다.

당대의 스타였던 주증녀가 연기한 〈고려장〉의 어머니는 고려 시대의 가난한 화전민 마을에서 어린 아들, 구룡(김진규 분)을 데리고 먹고 살기 위해 아들 10형제를 홀로 키우는 홀아비와 재혼한다. 마을은 여성 만신에 의해 지배되는 곳으로 무당은 구룡이 10형제를 모조리 죽일 것이라 예언하고 이에 겁먹은 형제들은 틈만 나면 구룡을 죽이려 한다. 그러던 중 10형제의 계략으로 독사에게 물린 구룡은 간신히 목숨은 부지하지만 절름발이가 되고, 이를 보다 못한 어머니는 남편에게 작은 밭 한 뙈기를 받고 구룡을 데리고 10형제의 집을 떠난다. 20년 후 구룡이 성장하자 어머니는 그를 다른 마을의 벙어리 처녀와 결혼시키지만, 먹고 살기가 어려워 결혼이 불가능한 10형제는 구룡의 아내를 겁탈해 자살하게 만든다. 이후로 다시 시간이 흘러 노모는 70세가 되고 마을의 가뭄과 기아가 점점 더 심각해지자 구룡에게 자신을 산중에 버려달라고 간청하지만 구룡은 이를 거부한다. 그러던 중 구룡의 첫사랑인 간난이가 결혼해서 7남매를 데리고 마을로 돌아오고, 병든 간난의 남편은 간난에게 자신이 마을을 떠날 테니 구룡과 재혼해서 아이들과 잘 살아줄 것을 부탁한다. 그러나 10형제는 마을을 떠난 간난의 남편을 죽이고 그 범인으로 구룡을 지목해 그가 살인의 죗값을 치루도록 하기 위해 간난을 마을의 고목에 묶어놓고 구룡에게 노모를 산중에 버리고 올 것을 종용한다. 노모는 구룡이 간난과 재혼해서 행복하게 살기를 희망하며 자발적으로 고려장에 임한다. 구룡은 찢어지는 가슴을 안고 노모를 버리고 마을로 돌아오지만 10형제는 이미 간난을 죽인 이후이다. 분노한 구룡은 10형제를 차례차례 죽이기 시작한다. 그러나 자신들이 피는 안 섞였어도 형제임을 강조한 남은 형제들의 말에 이성을 찾은 그는 이 모든 것이 무당의 예언으로 인한 것이라 판단하고 마을의 미신을 타파하기 위해 마을의 터주대감인 고목을 베어버리고 이를 막으려던 만신이 고목나무에 깔려 죽게 만든다. 그리고 고려장 제도가 없어져야 하고 없어졌음을 선포한다.

김기영의 〈고려장〉은 두 편의 〈나라야마 부시코〉처럼 아들이 어머니를 이미 산중에 버리고 올 수밖에 없는 상황을 그리지만, 그 이후 분노한 아들이 고려장 제도를 미신으로 간주해 이를 타파하고 마을의 절대 권력이라 할 수 있는 무당을 제거하는 혁명적 인간으로 변화된다는 점에서 세 편의 영화 중 가장 극적이라 할 수 있는 결말을 선사한다. 한국과 일본의 기로 설화가 모두 노인 유기 풍습을 폐기하게 되는 과정을 서사화하고 있는 것처럼, 〈고려장〉은 〈나라야마 부시코〉와 달리 설화의 결말에 다소 충실한 편이다. 그러나 이효인이 지적하는 것처럼 두 편의 〈나라야마 부시코〉와 〈고려장〉에서 가장 강조되는 장면은 모두 아들이 노모를 업거나 지게에 지고 산을 올라 산중에 버리고 오는 시퀀스이다. 타츠헤이가 오린을 지고 나라야마에 가는 장면은 기노시타의 영화에서는 전체 러닝타임의 1/4의 비중을 차지하고 있고, 이마무라의 영화에서도 130분 영화 중의 거의 1/3 정도인 40분이 이에 할당된다. 러닝타임 90분의 김기영의 〈고려장〉에서도 아들이 노모를 산 중에 버리러 가는 장면의 비중이 전체의 1/5을 차지할 정도로 크다. 세 명의 감독이 모두 기로 풍습이 폐지되는 과정이나 결말보다는 그 제도를 영화적으로 재현하는 데에 방점을 두고 있음을 단적으로 드러내는 것이라 할 수 있겠다.

시간적으로 기노시타와 이마무라의 영화의 중간지점에서 연출된 김기영의 〈고려장〉은 연극적인 공간 세트나 산의 구조의 재현에 있어 기노시타 영화의 영향을 어느 정도 받은 것으로 보이지만, 마지막 시퀀스에서 커다란 새에게 어머니가 쪼이기 시작하는 장면을 보여준다는 점에서는 다소 독보적이다. 이마무라의 영화에서도 〈고려장〉처럼 산 속에 흩어져 있는 동물 뼈나 사람의 해골, 사체를 파먹고 있는 새 떼를 보여주기는 하지만, 의사 출신인 김기영은 이마무라의 카메라가 뼈와 살점이 남아있는 미이라화된 사체들을 보여주는 것과 달리 손수 제작한 가짜 백골들을 산중의 움푹 파인 지점에 대량으로 쌓아놓음으로써 흑백 화면 속에서 하얗게 부각되는 뼈들을 통해 죽음의 이미지를 보다 상징적으로 극대화한다. 칼라 영화인 두 편의 〈나라야마 부시코〉가 마지막 장면에서 하얀 눈을 강조하는 것과 달리, 새하얀 백골들과 아직 살아있는 어머니를 공격하기 시작하는 커다란 검은 새의 대조를 통해 흑백영화인 〈고려장〉은 흑백의 명암을 강렬하게 포착하며 삶과 죽음의 경계선을 극명하게 표현하는 것이다.

기노시타의 영화에서는 나라야마가 죽음의 공간이기보다는 신성한 장소로 재현되어 하얀 눈밭에서 홀로 기도를 하고 있는 오린의 모습은 성스럽기 이를 데 없다. 그러나 이마무라의 〈나라야마 부시코〉는 원작 소설과 유사하게 곳곳에 흩어진 수많은 사체와 까마귀 떼들을 사실적으로 그림으로써 나라야마를 죽음의 공간으로 묘사한다. 그러나 이마무라도 기노시타처럼 하얀 눈밭에 홀로 앉아 염주를 돌리며 불경을 외는 오린의 성스러운 모습에 까마귀가 쉬이 다가가지는 않도록 한 데다 그녀의 주변에 흰 눈이 소복이 쌓여 그 성스러움이 극대화하도록 한다. 이와 달리 흑백의 화면 속에서 음산한 산중에 홀로 놓인 〈고려장〉의 노모는 구룡이 산을 내려가자마자 바로 커다란 새에게 쪼이기 시작해 김기영의 관객들은 충격과 공포에 사로잡히게 된다. 김기영은 고려장을 당한 인간을 산 채로 쪼아먹기 시작하는 새의 모습을 통해 인간의 삶과 죽음의 갈림길을 결정하는 자연에게 있어 성스러움이나 인정이란 존재하지 않음을 보여주고 싶었던 것인지도 모른다. 산을 내려간 구룡의 분노에 의해 고려장 제도와 만신의 지배는 폐지되지만 노모는 결국 고려장에 의해 잔인하게 죽음을 맞이하는 것이다.

그러나 노모가 죽음을 맞이하는 모습이 영화상에서 직접적으로 재현되건 그렇지 않건 간에 죽음에 임하는 세 영화의 어머니들은 모두 의연하고 결연하다. 그들은 아들과 다음 세대를 위해 자신이 불필요하게 소비하게 될지도 모를 식량을 양보하기 위해 자신의 의지로 죽음에 임한다. 세 편의 영화에서 노모 캐릭터와 대조적으로 그려지는, 기로 풍습을 거부하는 이웃집의 노부와는 완전히 다른 자세이다. 이웃집 노인은 아들의 강요에도 불구하고 숨어서 목숨을 부지하려 하다가 억지로 떠밀려서 산 속에 가게 되고 기노시타의 〈나라야마 부시코〉와 〈고려장〉에서 그들은 절벽 위에서 아들에게 저항하다 아들마저 죽음에 이르게 만든다. 이마무라의 영화에서만 아들이 아버지를 절벽 밑으로 내팽개치고 홀로 살아서 산을 내려간다. 이들의 모습은 시종일관 애틋하게 서로를 챙기는 주인공 모자와는 매우 대조적이다.

식량의 제한 속에서 후손을 살리기 위해 자연사를 거부하고 결연한 자세로 스스로 생을 중단하기를 선택하는 강인한 세 영화 속 노모의 모습은, '존엄사'의 가치가 나날이 부각되는 21세기 고령화 사회에 개인의 죽음의 선택에 대해 보다 큰 반향을 일으키는 텍스트들이라 할 수 있다. 그 때문인지 가장 사실주의적인 이마무라의 영화를 제외하고는, 기노시타와 김기영의 영화는 기로 제도가 실행되는 과거를 20세기의 현대와 대조시키는 장면을 영화의 오프닝과 클로징 시퀀스에 배치한다. 기노시타의 영화는 1950년대 당시의 오바스테 역을 지나는 기차의 모습과 함께 종결된다. 김기영의 영화는 라디오 공개홀에서 인구조절과 고려장 제도에 대해 토론하는 지식인들과 이에 대한 청중의 반응을 함께 보여주며 다소 유쾌하게 시작된다. 그러나 죽은 간난이 남긴 7남매의 손을 잡고 "(농작물의) 씨를 뿌리러 가자"며 고목나무에 깔려죽은 무당을 지나쳐 마을을 내려가는 구룡의 모습은 노모의 희생 위에서 삶의 의지를 다지는 젊은 세대의 결연 모습을 보여주며 현대 한국의 희망찬 미래에 대해 이야기하는 것 같은 인상을 주기도 한다. 기로 설화를 바탕으로 만들어진 한국과 일본의 세 편의 영화 모두 존재 여부가 증명되지 않은, 고대의 노인 유기의 풍습을 다양한 방식으로 영화적으로 재현하고 있지만, 이 고래의 제도를 통해 현대 사회에서의 삶의 의미와 방식에 대해 반추하게 한다는 점에서 의미가 깊은 텍스트라 할 수 있다.

4. 맺음말

이 글에서는 한국과 일본의 기로 설화의 다양한 서사 양상과 이를 둘러싼 선행 연구를 살펴보고, 기로 설화를 바탕으로 쓰여진 일본 소설 『나라야마 부시코』(후카자와 시치로 작, 1956) 및 그 이후 제작된 양국의 영화 텍스트인 기노시타 케이스케의 〈나라야마 부시코〉(1958), 김기영의 〈고려장〉(1963), 이마무라 쇼헤이의 〈나라야마 부시코〉(1982)를 비교 분석해 보았다. 기존의 설화 연구나 영화 연구가 '효' 사상이나 '공동체'에 중점을 두고 기로 제도의 존재 여부나 그것을 둘러싼 교훈, 공동체의 유지를 위한 개인의 선택 등에 대한 논의가 주로 이루어져왔던 것과 달리, 이 글은 기로 설화와 그 영화적 재현의 관계에 보다 더 중점을 두었다. 세 편의 영화는 기로제도가 폐지되는 과정을 설명하는 설화의 내용과는 다소 달리, 원시 공동체 사회에서 기로 제도가 수행될 수밖에 없는 척박한 자연환경과 그 속에서 살아남아야 하는 인간의 생존본능에 대해 여성 캐릭터를 중심으로 탐구하고 있다. 아들이 살아남아 대대손손 후손을 유지하도록 하기 위해 70세가 된 영화 속 어머니들은 자발적으로 산 속에 유기되는 쪽을 선택하고, 산 속으로 떠나기 전에 아들이 먹고살 수 있는 모든 방편을 마련해 둔다. 세 명의 감독이 모두 현대 여성의 강인한 생존 본능을 영화 속에서 주로 묘파하던 전력이 있었던 만큼, 이들은 현명하고도 강건한 노모를 통해 삶과 죽음의 의미, 윤리라는 관점의 위에서 작동하는 인간의 생존본능에 대해 고찰한다.

그러나 기로 설화를 영화화한 세 편의 영화감독이 모두 한국과 일본을 대표하는 거장 감독들임에도 불구하고, 세 편의 영화를 동시에 분석한 연구가 이제까지 이효인에 의해서만 수행된 것은 영화 연구자인 필자에게는 다소 놀랍지 않을 수 없었다. 물론 감독 개개인에 대한 연구나, 각각의 영화에 대한 연구는 미흡하게나마 찾아볼 수 있었다. 그러나 같은 소재를 다루고 있는 세 편의 영화가 유기적으로 연구되기 위해서는 두 편의 〈나라야마 부시코〉와 〈고려장〉을 한 자리에서 분석하는 연구가 보다 더 많이 수행되어야 할 필요가 있어 보인다. 본 연구는 세 편의 영화가 공통적으로 다루는 기로 설화와 그것의 영화적 재현의 관계에 비중을 두었으나, 지면 관계상 개개 영화의 스타일이나 감독의 세계관에 대해 크게 논의하지는 못 했다. 차후에 다른 관점에서 세 편의 영화에 대한 보다 새로운 비교 연구가 폭넓게 시도되었으면 하는 바람과 함께 글을 마치고자 한다.

참고문헌

김민한, 『한반도에 고려장은 없었다 : 고려장 설화의 오해』, 세종, 2009.

김용의, 「한일 기로 설화의 비교」, 『일본연구』 25집, 2008, 311-332쪽.

두안샤오홍(단효홍, 段曉紅), 「중국 및 한국의 기로 습속에 관한 고찰: 기사요와 고려장을 중심으로」, 『한국노년학연구』 27-2호, 2018, 85-97쪽.

손진태, 『한국민족설화의 연구 - 민족설화의 문화사적 연구』, 을유문화사, 1982.

손진태, 『조선 설화집』, 민속원, 최인학 역편, 2009.

야마다 아이, 『후카자와 시치로 『나라야마 부시코』론: 노인버리기 전설을 넘어서』, 건국대학교 대학원 석사논문, 2014.

유지형 대담, 『24년간의 대화』(김기영 감독과의 대담집), 선, 2006.

이수자, 「고려장 설화의 형성과 의미」, 『국어국문학』 98, 1987, 131-162쪽, 131쪽.

이효인, 「〈고려장〉과 〈나라야마 부시코〉(1958, 1982)에 나타난 공동체 및 효(孝)에 대한 비교 분석」, 『영화연구』 37, 2008, 273-299쪽.

조현설, 「고소설의 영화화 작업을 통해 본 고소설 연구의 과제 - 고소설 〈장화홍련전〉과 영화 〈장화, 홍련〉의 사례를 중심으로」, 『고소설연구』 17, 2004년, 53-73쪽.

최기숙, 「노화의 공포와 공생 지향의 상상력 - 구비설화 '고려장이 없어진 유래'(436-11 유형)를 중심으로」, 『여성문학연구』 29. 2013, 195-230쪽, 197-198쪽.

모로 미야, 『전설 일본』, 김경아 역, 일빛, 2007.

Gibson, Keiko Matsui, "Re-examining Human Dignity in Literary Texts: In Seeking for a Continuous Dialogue Between the Conceptual and Empirical Approaches," Dialog: A Journal of Theology 56: 1, Spring 2017, pp. 53-60.

Paul Willemen, Paul, "For a Comparative Film Studies," Inter-Asia Cultural Studies 6-1, 2005, pp. 98-112.

柳田國男, 『村と學童』, 筑摩書房, 1974.

동북아 설화 담론과 문화적 현장

설화·상상력·연대
- 동북아시아 설화를 둘러싼 좌담회

하신애(편)

참가자: 조현설(서울대 국어국문학과 교수, 좌장)
　　　　김종길(경기도미술관 학예연구관)
　　　　이윤종(원광대 한중관계연구원 동북아시아인문사회연구소 HK+교수)
　　　　이병한(원광대 한중관계연구원 동북아시아인문사회연구소 HK+연구교수)

조현설 이번 학술대회 대주제인 '동북아시아의 설화적 상상력과 문화 연대의 구축'과 관련하여, 다음과 같은 키워드들을 떠올리게 되었습니다. 자연과 문화, 민족과 제국 등이 그것입니다. 우선 첫 번째 발표와 관련하여 말씀 드리겠습니다. 〈나라야마 부시코〉라는 영화는 제가 과거 강의 자료로 활용한 바 있기에 내용을 생생하게 기억하고 있습니다. 〈나라야마 부시코〉는 자연 자체를 다루고 있지요. 그래서 평론가들이 '문화인류학적 관점의 영화적 재현'이라는 의견을 제시하기도 했습니다. 자연이라는 조건 속에서 인간의 문화라는 것이 어떻게 불가피하게 형성되는가 하는 문제를 이 영화가 다루고 있다면, 고려장 설화의 경우 자연보다는 '문화'에 좀 더 방점이 찍혀 있다고 볼 수 있겠습니다. 이러한 차이들이 어디서 발생하는지, 설화적 전통을 문화적으로 번역하는 과정에서 발생한 것인지 등을 보다 심도 깊게 논의할 필요가 있다고 생각합니다.

이윤종 네 상당히 중요한 말씀을 해 주셨습니다. 감독들이 하나의 원

原 소재를 가지고 그것을 어떻게 변주하는지를 좀 더 세세하게 살펴보는 것이 필요하다고 생각합니다. 제 발표의 경우, 두 영화가 선보인 관점 간의 간극이 단순히 한일 간의 차이에 의거한 것이라고 파악하고 싶지는 않습니다. 가령 일본 영화의 경우 체제나 자연에 대해 순응적인 면모를 보이는 반면, 한국 영화의 경우 이와 반대의 면모를 보인다고 파악하는 것은 너무 단순화된 분석이라고 생각합니다만, 이와 달리 입체적인 분석을 시도하기 위해서는 어떤 방법을 취해야 할지가 향후 연구자가 풀어야 할 문제라고 생각합니다.

조현설 논의 과정에서 한국의 고려장 설화와 관련된 연구물들을 참조하시면서 영화와의 연관성을 분석하셨는데, 그러한 맥락이라면 〈나라야마 부시코〉에 대한 논의 역시 일본 설화 및 관련 연구물과의 연관성 하에 분석하시는 것도 가능하겠지요.

이윤종 네 감사합니다.

조현설 다음으로, 80년대 민중미술과 관련하여 김봉준 작가가 특히 중심적인 역할을 했던 것으로 기억합니다. 제가 김봉준 작가의 작품을 소장하고 있습니다. 김봉준 작가의 자택에 방문하여 직접 그림을 사 오기도 했는데요. 김봉준 작가는 동북아시아 신화에 관심을 많이 가지고, 이를 그림으로 재현하다 보니 신화학자인 저와 연이 닿게 되었습니다. 김봉준 작가는 80년대 민중 미술의 관점을 취한 이후 샤머니즘에 깊게 경도된 측면이 있고, 그러다보니 한편으로 이러한 샤머니즘적 관점이 80년대 민중 미술 운동의 관점에 비해 퇴보된 움직임이 아닌가 하는 의문을 지니게 되기도 합니다. 김봉준 작가는 '우리 민족의 시원'을 찾겠다는 목표를 세우고 바이칼 호수를 탐방하거나 이를 바탕으로 그림도 그리고 시도 쓰고 했습니다만, 저는 한편으로 이 지점에서, 세 번째 발표 주제인 최남선이 호명되는 측면이 있다고 생각합니다. 1920년대에 최남선이 실제로 그러했거든요. 민족의 위대함의 기원을 '불함문화'에서 찾거나, 그 연장선상에서 만몽문화론으로 나아가게 되는 등의 움직임을 볼 수 있습니다. 이러한 '시원'에 대한 논의는 강한 민족주의에 대한 경도로 귀착되는 지점들을 보여 줍니다. 이러한 민족주의에 대한 경도라는 측면에서, 다섯 번째 발표의 시대적 배경인 1940년대 전시체제 하의 엄혹한 분위기 속에서, 야담이라는 담론을 통해서 '말하지 않는 방식으로 말을 하려고 하는' 논의들과의 접점을 찾을 수도 있겠습니다.

사실 김봉준 화가도 그렇고, 역사가이자 논설가였던 최남선도 그렇고, 과거 및 현재의 지식인들이 민족주의와 관련된 대목을 심각하게 고민하게 되는 지점들이 있는데, 역사적 변화 속에서 자신의 스탠스를 어떻게 취할 것인가 하는 것은 대단히 중요한 화두라고 할 수 있겠습니다. 그런데 지식인들은 자기합리화에 능하기도 합니다. 1930년대 말에서 1940년대의 최남선의 만몽문화론은 일종의 자기정당성을 내적으로 담지하고 있었다고 생각합니다. 최남선이 항상 했던 얘기 중에, 자기는 만주건국대학에서 강의할 때 늘 한복을 입었다는 언급이 있습니다. 아울러 학생들과의 강의를 통해 자신이 정말로 민족에 대한 의식을 고취시켰다, 이러한 얘기를 해방 후에 했습니다. 최남선의 경우 해방 이후에 대일 협력에 대한 반성문을 썼습니다만, 반성문의 논리 속에서도 자신의 진실이나 진정성에 대한 강한 호소를 엿볼 수 있습니다. 최남선은 현재의 객관적 시각에서 봤을 때 '민족을 논하면서 제국으로 투항해 들어갔다', 이렇게 비판적으로 볼 수 있지만, 최남선 자신은 '제국 내에서 나는 끊임없이 민족을 얘기했다'라고 하는 자기 논리가 있었다고 보입니다. 만몽문화라는 것도 최남선의 구도에 비추어 보자면 불함문화라는 거대한 그림이 있으며, 그 불함문화에 속하는 여러 민족들이 역사적인 부침을 거듭하는데 어떤 시기에는 단군 조선이, 어떤 시기에는 원나라나 청나라가, 그리고 식민지 시기 당시에는 일본이 문화의 주도권을 잡게 되었는 바, 역사란 끊임없이 순환하는 것이기 때문에 다음 시기에는 또 누가 주도권을 잡을지 알 수가 없다. 따라서 누가 주도권을 잡더라도 그것이 불함문화의 일부이기 때문에 그것은 거대한 고조선에서 비롯된 불함문화의 영토 내에 있는 것이 아닌가 하는 생각을 최남선은 끊임없이 견지하고 있었다고 생각합니다. 그것이 최남선에게 있어서 자기정당화의 기제로 활용되었다고 생각합니다. 그래서 최남선은 일본까지 건너가서 전쟁에 나가라는 연설을 하고 다녔지만, 그 속에서도 위와 같은 논리가 있었기 때문에 불가피한 상황 하에서가 아니라 자신감을 가지고 연설에 임한 측면 또한 있다고 생각합니다. 이런 것들을 통해 민족과 제국의 문제에 대해 좀 더 깊이 있게 천착해 볼 수 있겠습니다.

이병한 김봉준 화백과 최남선 간의 연결 지점에서 제 머릿속에서 빅뱅이 일어났는데요. 동북아시아에서 유라시아로 가는 궤적이라든지, 바이칼로 달려가는 상상력 등은 민중 미술을 했던 김봉준 작가뿐만 아니라 민족문학의 대표 주자였던 황석영 작가를 통해서도 엿볼 수 있습니다. 황석영 작가는 알타이 연합 등을 거론하기도 했는데, 그 분이 최근에 집필하시는 작품 또한 유라시아 대륙철도에 관한 것이라고 들었습니다. 한국 지식인들의 이러한 경향을 어떻게 해석해야 할지요? 아울러 금융위원회 원장을 역임하셨던 김석동 선생 또한 최근에 『김석동의 한민족 DNA를 찾아서』라는 책을 내셨습니다. 이분들의 내면을 들여다보면, 오늘 기조강연을 맡으셨던 정재서 선생님의 신화론과 결부되는 측면이 있습니다. 즉 한국 문화의 출로를 중국의 중원中原과는 다른 동북·북방에서 찾아가고자 하는 문화적인 욕망 및 경제적 출구의 모색이라는 방면을 떠올려 볼 수 있겠고, 이러한 맥락에서 신화적인 설화적인 상상력이 물질성을 획득해간다고 해석할 수도 있겠습니다. 그렇다면 한국문학에 기초를 두고 설화를 연구하시는 조현설 선생님은 90년대 이후 동아시아 담론의 한 축을 차지했던 정재서 교수님의 도교/산해경 등의 중국적인 신화 해석을 어떻게 평가하실지, 그것이 매우 궁금합니다.

조현설 정재서 교수님의 관점은 이미 널리 알려져 있습니다. 정재서 교수님은 기본적으로 유로센트리즘이나 시노센트리즘에 대한 비판적 사유의 바탕 위에서 '차이의 신화'를 강조하신 바 있습니다. 그간 우리의 신화 이해가 서구 중심적 시각에 경도되어 있었는데, 그로부터 벗어나서 우리 나름의 다른 관점으로 신화를 보자는 것이었지요. 그런 작업을 〈산해경〉 번역을 필두로 하여 〈앙티오이디프스의 신화학〉으로 이어가면서 지속적으로 전개한 바 있습니다. 그런 학문적 도정에서 중국 신화학의 중화주의적 기획에 대한 비판적 발언을 중국 쪽에서 문제 삼으면서 홍역을 치른 일도 있는 것으로 알고 있어요. 정재서 교수는 중국고전학, 중국신화학에 학문적 토양을 두면서도 서구 이론을 예민하게 수용하여 보편적 언어로 동아시아 담론을 전개해 왔는데 이는 크게 평가 받을 부분이라고 생각합니다. 더구나 <산해경>을 매개로 하여 고구려 신화 등 한국 신화에 대한 관심과 논의도 펴고 있는데 이는 균형 잡힌 시각을 견지하려는 학문적 노력이라고 생각되기도 합니다. 다만 한국신화나 중국 내외부의 소수민족들의 구전신화에 더 관심을 가지고 있는 제 입장에서 보자면 아쉬운 점이 없지는 않습니다. 학문하는 사람은 누구나 그렇겠지만 자신의 주전공 쪽으로 수렴되니까요. 정재서 교수의 수렴점은 문헌 중심의 중국신화학입니다. 중국학 내부에서 인파이팅을 하고 있는 셈이죠. 제 생각으로는, 제 공부가 그러해서 겠지만 중국 내 소수민족이나 몽골·만주·중앙아시아 지역 등의 신화를 포함한 설화 텍스트를 바탕으로 시노센트리즘과 싸우는 전략, 아웃파이팅 전략이 더 효과적이지 않을까 하는 생각을 하곤 합니다. 정재서 교수의 인파이팅이 아웃파이팅과 연대할 때 더 창의적인 담론을 구축할 수 있지 않을까 하는 기대가 있는 것이지요. 정교수님의 작업을 지적 토양으로 삼아 그런 쪽으로 가야한다고 생각합니다. 이 학술 모임의 주제가 동북아의 설화적 상상력과 문화연대 아닌가요?

이병한 그렇다면 그러한 맥락에서, 문학자나 예술가 분들이 북방 루트를 지향하는 경향에 대해서는 어떻게 생각하시는지요? 중원을 피해서 바이칼로 달려가는 것 말입니다.

조현설 저는 바이칼에 가 보지는 못했습니다. 바이칼 호수에 있는 한섬이 우리 민족의 시원이라는 주장도 있기는 했습니다만. 저는 그러한 무의식적 기제와 관련하여, 신채호 선생이 언급한 바 있는 대고구려주의와 같은 제국에 대한 욕망이 내부적으로 없지 않을 것이라고 생각합니다. 중국이나 서구가 아닌 제3의 루트를 찾고자 하는 시도를 나무랄 필요는 없겠지만 이러한 시도를 통해 무엇을 할 것인가가 중요하겠지요. 상당수의 기업가들 중에도 그런 민족주의적 관심을 가지고 금전적인 지원을 하는 경우가 있는데, 이는 재팬

파운데이션의 지원을 통해 친일적 담론을 만들어내는 경우와 크게 다르지 않을 수 있다는 우려가 듭니다. 그럼에도 불구하고, 그동안 주변화되어서 중심부에 가려져 있었던 것들을 다시 찾아서 가시화하고 의미를 찾아내는 것은 일종의 문화운동이나 학술운동으로서 의의를 지닌다고 생각합니다. 다만 우려를 넘어서기 위해서는 주변부의 상상력, 비판적 상상력이 중요하다고 봅니다. 바이칼이 민족의 시원이다 이런 식의 담론이 아니라 몽골이나 중앙아시아 신화와 중원의 신화는 어떤 긴장관계를 가지고 있는가, 바이칼에서 중국을, 아시아의 평화를 바라본다는 것은 어떤 의미가 있는가, 이런 질문을 던지는 것이 더 중요하다고 보는 것이지요.

김종길 저는 미술계에만 있었기 때문에 이와 같이 다양한 주제들이 한 군데 모여 논의되는 것을 보며 학제 간 연구의 실상을 느낄 수 있어 흥미로웠습니다. 제 주요 연구 주제 중의 하나가 80년대 민중미술인데, 미술사라고 하지만 그 때가 문화운동과 정치운동 등이 동시다발적으로 일어났던 시점이다 보니 라틴 아메리카의 해방신학에서 민중신학에 이르기까지 폭넓게 공부해야 하는 시대적 특성을 담지하기도 했습니다. 앞서 조현설 교수님께서 김봉준 작가를 언급하셨는데, 저 역시 현재의 김봉준을 20대의 김봉준과 착시하게 되는 문제점을 거론하고 싶습니다. 2019년 현재의 김봉준에만 초점을 맞추는 것은 문제가 있지요. 80년대 당시 민족해방이나 민중해방이라는 말은 한반도에 국한된 해방을 얘기하는 것만은 아니었어요. 당시에는 억압받는 제3세계 모든 민중들의 해방을 부르짖었단 말이죠. 이것이 편협한 민족주의에 경도되는 경향으로 인해, 모두가 바이칼, 시베리아로 달려가게 되는 것은 문제적이라고 생각합니다. 우리 모두가 북방계일 수는 없습니다. 가령 제주도에 1만 8천여

신화가 있는데 이러한 남방계 신화에 대해서는 별다른 주목이 없습니다. 이것이 오키나와나 베트남 쪽과 어떻게 연결이 되는지, 이런 것들도 중요한 지점인데 딱히 관심을 모은 바 없습니다. 따라서 현재에는 편협한 민족주의, 하나의 동일성 체계에 경도되기보다는 80년대, 20대였던 김봉준의 제3세계 전반을 아우르는 담론들을 소환하는 것이 중요하다고 생각합니다.

한편으로, 말 속에 함의되어 있는 상상력의 알고리즘이나 문화적 상징체계는 여전히 촘촘하게 남아 있을 것입니다. 여기에는 중국이나 한족들의 상상력, 그리고 상징체계와 차이가 나는 부분이 있고, 또 몽골 등의 상상력과 상징체계가 중첩되는 부분도 있을 테니, 국문학이나 미술 등의 경계를 넘어 이런 것들을 전반적으로 포괄하는 작업이 수행될 필요가 있다고 생각합니다.

이윤종 알고리즘이나 상징체계를 분석하다 보면, 서양 이론에 종속되는 경우도 종종 발생합니다. 따라서 동양/한국의 정체성을 유지하면서 어떻게 설화에 접근할 것인가 하는 문제도 고려할 필요가 있겠습니다.

조현설 설화를 주축에 놓고 생각을 할 때, 한국 설화가 지니는 정체성이 어떤 것인가 하는 질문을 해볼 필요가 있겠습니다. 기본적으로 몇 가지 축이 있다고 생각을 하는데, 하나는 유라시아라고 하는 보편성이에요. 유럽-아시아 지역이 지역적 문화적 공통성을 갖고 있는 부분이 있고, 특히 민담 같은 경우에 그러한 보편성이 두루 확인되고 있습니다. 아시다시피 널리 알려진 콩쥐 팥쥐 이야기는 신데렐라 이야기의 한국식 변주이기도 하고요. 그런 유라시아 대륙이라는 보편성이 하나의 전제로 작용한다면, 그 중에서 동북아시아라는 지역은 문화적으로 어떠한 특수성을 지니고 있는가 하는 논의 또한 필요합니다. 나아가 동북아시아 지역 중에서도 한국은 동북아시아 전반과 어떠한 차이나 공통점을 지니는가 하는 논의도 빼놓을 수 없습니다. 아시다시피 한국문화를 바라보는 관점은 20세기 초반 일본 학자들에 의해 처음 제기되었습니다. 소위 말하는 남방, 북방계라는 기준에 의거하여 문화 및 설화를 해석한 연구사들이 존재하고 있습니다. 그 이후에는 일본 학자들의 그러한 관점을 넘어서기 위해서 60~70년대의 학자들이 고군분투하기도 했습니다. 이러한 60~70년대의 연구사에서 부각되었던 것이 북방사였고요. 이 과정에서 남방계 설화에 대한 연구들은 상당 부분 일본 학자들이 제기한 것이었다는 측면에서 도외시되었습니다. 이 부분이 아쉬운 대목입니다. 가령 최근에는 샤머니즘과 관련하여 연구가 많이 진행되었는데, 동북아의 관점에서 샤머니즘을 살펴보자면 설명이 되지 않는 지점들이 많이 있습니다. 동북아 샤먼들의 경우 '혼이 빠져 나가서 이계 여행을 하고 돌아오는' 식의 서사를 많이 구사합니다만, 한국 샤먼들의 경우 '혼이 밖에서 들어오는' 서사를 구사합니다. 이런 것들은 남쪽/해양 지역 샤먼들의 특성과 상통한다는 시각이 최근 주요한 논제가 되고 있습니다. 따라서 현 시점에서 연구사 초기에 제기되었던 남방, 북방계라는 아이디어를 소환하여, 이를 다시 한 번 검토하는 과정을 거쳐 그 실상을 좀 더 정치하게 가시화할 필요가 있다고 생각합니다. 이를 통해 한국-동북아시아-유라시아 간의 관계성이 보다 구체적으로 드러날 수 있을 것입니다.

이윤종 좋은 말씀들에 대해 감사드립니다. 좌장을 맡아 주신 조현설 교수님의 말씀 덕분에, 특히 동북아시아 설화를 둘러싼 많은 맥락

들이 정리·해명되었다고 생각합니다. 그럼 차후의 연구성과들을
기대하겠습니다. 감사합니다.

동북아 설화의 문화적 현장을 찾다
 - 경기도미술관 김종길 선생님과의 인터뷰 &
   민중미술아카이브 탐방

강인혜(편)

이번 원광대학교 동북아인문사회연구소의 학술총서의 일환으로 민중미술과 설화 혹은 이야기의 문제에 지속적인 관심을 가져온 경기도미술관의 수석학예연구관 김종길 선생님과의 인터뷰 자리를 마련했다. 인터뷰를 통해 그의 민중미술아카이브를 들여다보고 자세한 설명을 듣는 기회를 가졌다.

인터뷰 일시: 2019년 5월 16일
참가자: 강인혜, 이윤종, 이병한
장소: 경기도미술관 내 교육실

김종길 선생님의 민중미술 아카이브 중 일부
(임술년 창립전 포스터, 현실과 발언 기획전 포스터)

김종길 선생님의 민중미술 아카이브 중 일부 (1)

김종길 수석학예연구관

1968년 전남 김안 증도에서 태어났다. 군 제대 후에 「숲」이란 희곡으로 대학연극제 본선에 올랐고, 이는 국립극장에서 공연되었다. 김정숙을 만나 형形을 배우고 홍명섭을 만나 미학의 우물을 배우고, 근대 첫 조각가이자 평론가였던 김복진을 만나 육화제자가 되기를 자청했다. 서구와 유라시아 전체를 관통하는 통섭적 학문체계 속에서 당대 한국 미술의 실체를 밝히기 위해 공부 중이며, 한국평론가협회 신인평론상, 이동석 전시기획상, 월간미술 대상 전시기획부문 장려상, 올해의 큐레이터상, 자연미술이론상, 감복진미술이론상을 수상했다. 모란미술관, 경기문화재단을 거쳐 경기도미술관 수석 학예연구관으로 재직중이다.

- 『포스트 민중미술 샤먼/리얼리즘』(삶창, 2013) 중 자기소개 부분 발췌.

김종길 수석 학예연구관
(경기도미술관 교육실)

Q 이번 학술총서의 취지가 동아시아 설화를 통해서 동북아 문화권에서의 공동체나 연대를 모색해 보는 것이기도 한데요. 선생님께서는 동서양 전반에 걸친 철학과 미학 등에 관심이 많으신 편인데, 혹시 이처럼 동아시아 전반에 걸쳐 공통적으로 나타나는 시각미술의 경향(특성)이 있다면 말씀해 주실 수 있을까요? 그리고 혹시 중국이나 일본에도 현실주의적 경향의 미술에서 전통이나 민담에 기반한 비슷한 미술그룹 등이 있을까요? 혹은 동북아 미술의 연대/공동체에 대해서 혹시 개인적인 의견이나 관심 사항 등이 있으시면 부탁드리겠습니다.

A 저는 개인적으로 유라시아적 성장력에 관심이 많고 미술계의 흐름도 유라시아 쪽으로 가야 한다고 생각합니다. 한반도는 반세기 이상 반도가 아닌 섬으로 머물러 있었다는 점에서 유라시아쪽까지 연계시키는 노력이 필요하다고 생각합니다. 1차적으로는 북한을 뛰어넘고 또 서로 만나야하지 않을까 생각하기도 했고, 그런 점에서 저는 30대 초반 무렵 "몽골 현대미술전"을 기획한 적도 있습니다. 몽골 현지를 방문하고 작가들을 만나기도 했는데, 직접 만나보니까 마치 정말 편안하고 서로 연결됐다는 느낌을 받았습니다. 울란바토르에서 서쪽으로 가보니까 인종이나 민족이 마치 그라데이션처럼 연결되어, 유럽과 동양이 섞인 듯한 사람들도 보고 느끼면서 문화가 우리나라 같은 경우는 고여있지만 사실 혈류처럼 흘러다니는구나 하는 느낌을 받았습니다.

그러한 경험을 거쳐서 자연스럽게 동양과 동북아시아 역사, 사상, 문화에 대한 책들을 많이 접하게 됐습니다. 특히 박용숙 선생님의 책들은 샤머니즘의 관점에서 동북아 문명을 연결하기도 했는데 흥미로운 측면이라고 생각합니다.

이런 식으로 중국, 베트남, 오키나와 등을 찾아가 만나면서 서로 경계를 넘어서고 연계성이 필요하다고 생각하게 됐습니다. 특히 일본 같은 경우는 식민지에 얽힌 역사 때문에 아직도 장벽을 넘어서지 못했지만, 오키나와 등을 방문하면서 동아시아 전반에 더 폭넓은 관심을 갖게 됐습니다. 또 어떻게 보면, 일본에 대해서도 교토학파 관련 책 등은 이미 80년대부터 상당히 번역되기 시작했는데요, 일례로 『동아시아와 사상』이라는 시리즈로 열화당에서 출간되기도 했는데, 최근에 그러한 책들을 다시 찾아서 읽어 보고 있습니다.

동아시아 관련해서는 일본뿐 아니라, 대만 쪽에서도 오랫동안 주목하고 많은 책들이 출간된 바 있는데요, 그런 점에서 북한 자체를 부정할 수는 없지만, 상상적으로나마 북쪽을 넘어서 중국, 일본, 대만까지 서로 연결해서 생각해야 한다고 봅니다. 저의 경우, 직접적으로 학술적 연결까지는 아니더라도 직접 만나 논의하고 함께 전시를 기획해보는 것이 중요하다고 생각합니다.

사실 올해 초에 한국과 일본에서 흥미로운 전시가 두 개 있었습니다. 하나는 국립현대미술관에서 있었던 "세상에 눈뜨다: 아시아 미술과 사회 1960년대~1990년대"라는 전시였고, 다른 하나는 후쿠오카 미술관에서 구로다 라이지가 기획한 "아시아 목판화 전시(Woodcut Movements in Asia 1930s ~ 2010s)" 였습니다. 여기에서 흥미로왔던 점은 한국적 민중미술 혹은 사회비판적 미술이 굉장히 한국만의 특수한 경향으로 알려져 있는데 이 두 전시가 이러한 사회비판적 미술이 한국에만 있었던 것이 아니라는 것을 보여주는 좋은 참조점이 되었다는 것입니다. 개인적으로 "세상에 눈뜨다" 전시와 연계된 세미나에도 참여했었는데요, 이 세미나 등에 참여한 작가들을 통해 당시 필리핀에도 한국 민중미술과 유사한 사회 비판적 작업들이 있었음을 알게되어 흥미로왔습니다. 이러한 동아시아에서의 사회비판적 미술들을 연계해서 같이 볼 수 있다는 점이 중요하다고 생각합니다. 중국 같은 경우에도 천안문 사태 이후 냉소적 리얼리즘이 등장하여 유사한 경향이 펼쳐진 바 있습니다.

일본의 경우는, 68, 69년 이후 전공투 투쟁이 실패하여 사회비판적 예술이 크게 전개되지 못했는데, 그럼에도 불구하고 일본은 오키나와의 사례를 통해 주목할 필요가 있습니다. 오키나와에 주목하는 이유는 19세기 류큐 제국 이후 식민지화 됐다가 전후 기나긴 미군정기의 역사를 가지게 됐고, 다시 72년 국민투표 이후 일본으로 귀속하게 됐는데요. 문제는 오키나와에도 한국의 동두천 등에서 있었던 미군 주둔지역에서와 똑같은 문제들이 발생했다는 거죠. 전공투 멤버 중에 오키나와 출신도 많았고, 따라서 오카나와 후텐마 미군기지의 토지 일부를 되찾아서 세운 사키마 미술관이 이후 저항의 상징으로 등장하게 되죠. 이런 점에서 근래 들어서, 오키나와, 대만, 필리핀, 중국 89년 이후 등장한 미술 운동까지 연계하여 한국의 민중운동을 동아시아에서의 저항, 참여 비판 등의 미술운동 혹은 시각문화로 바라보는 것은 흥미롭다고 생각합니다.

이들 동아시아 비판적 미술간의 상호연계 되는 특징이 있다면, 저항적 미술운동의 형식에 있어서, 근대미술과 문학 형식(혹은 근대미술과 문학의 개념)이 일본 메이지 시기를 통해 유입됐다는 점으로 인해서인지, 동아시아 근대 특유의 저항의 형식이랄까, 사회비판적 미술의 형식이 약간 유사한 점을 보인다고 생각합니다. 이들은 형식적으로는 사회주의 리얼리즘의 영향을 받았고 목판화 운동에 주목하는 점은 서구 리얼리즘과 비슷한 것도 사실입니다. 그렇지만 또 한편으로는 사실 케테 콜비츠 등의 목판화는 80년대 중반 이후에서야 유입됐고, 오윤, 홍성담 등의 초기 목판화나 다른 동아시아 지역의 목판화는 서구 목판화로부터의 직접적인 영향 없이 독자적으로 발전한 형태이며, 동아시아 사회비판적 미술만의 서로 연계된 특수한 형식은 존재한다고 생각합니다.

Q 사실 두렁에는 동학뿐 아니라 기독교의 영향도 있고 불교의 영향도 존재하는 등 다양한 종교적 영향이 섞여있다고 할 수 있는데요. 지난번 학술대회 때도 이와 관련된 질문들이 있었는데 혹시 민중미술에서 종교의 역할은 어떤 것일까요? 종교성과 민중의 혁명적 측면이 같이 나타나게 되면 서로 부딪치는 측면도 있을 텐데, 혹시 이에 대한 의견 있으시면 알려주세요.

A 두렁의 경우 창립 자체가 동학 90주년 시기에 이루어졌고 동학의 영향을 드러낸 그림이 많은 것도 사실입니다. 두렁과 많이 교류했던 오윤의 그림에도 수운 최제우가 칼춤을 추면서 부른 검의 노래인 검결을 소재로 한 그림도 있고, 〈조선민중수난해원탱〉이라는 걸개그림도 동학의 영향 하에 있지요. 이렇게 봤을 때 동학의 영향을 직접 받기도 했지만 무엇보다 동학에 대해서는 이론적 영향이 큽니다. 종교인으로서 영향 받기보다는 사상적 영향을 많이 받았습니다. 두렁작가들은 동학교도도 있지만 가톨릭신자도 많았고, 또 봉원사에서 탱화 기법을 사사받기도 했다는 점에서 종교라기보다는 사상적으로 동학에 주로 접근했습니다.

특히 동학과 관련한 이론 중에서 『산그림』, 『산미술』이라는 팜플렛이 83년과 84년에 출간되는데 이때부터 '공동체 신명론'이라는 개념이 등장합니다. 민중이 누구냐에 대한 여러 논의와 관련됐다고 할 수 있지요. 무엇보다 이러한 민중에 대한 개념과 동학이론에 가장 많은 영향을 주셨던 분은 영화 〈꼬방동네 사람들〉의 실제 모델이 됐던 허병섭 목사입니다. 이분이 사실 민중교육론자이고 민중교육을 주창한 분이신데 민중신학자이면서 김봉준이나 다른 멤버들도 다같이 친분이 있었죠. 두렁은 이분의 민중 신앙으로부터 크게 영향 받았다고 할 수 있습니다.

말하자면 바로 민중이란 누구인가의 문제와 대면하게 되는데, 즉, 민중은 가난한자, 소외 받은 자, 혹은 단순 소외 대상이나 구원의 대상이 아니라, 미학적으로 어떻게 우리가 그들과 함께 살아가면 서 따뜻한 삶을 만들어 갈 것인가의 문제에 집중하게 되고 이로부터 공동체 신명론이 등장하게 됩니다. 바로 이 따뜻함이라는 것으로부터 신명론의 밝을 명, 즉 밝은 인간이라는 개념과 관련짓게 되지요. 여기서 신명은 단순한 흥이나 신바람의 개념이 아니라 밝고 따뜻함이면서 모두 함께 나누는 미술, 이를테면 공동체 창작론과 관계된 따뜻한 사회를 의미하지요.

이러한 점을 두렁과 함께 한 것이 '광주자유미술협회(이하 광자협)' 이었다가 광자협은 중간에 전투적 신명론으로 입장을 바꾸게 됩니다. 즉 똑같이 공동체 신명론을 주장한 것이 두렁과 광자협이지만 광자협은 80년대 후반 사회운동과 만나서 전투적 신명론으로 입장을 바꾸게 됩니다. 억압받은 모든 민중이 사회적 신명을 하려면 공동체 신명에서 전투적 신명이 되어 싸우는 민중이 되어야 한다는 방향으로 바뀌게 되죠.

Q 민중미술은 한국현대 미술의 흐름에서 70년대 주류를 이뤘던 소위 모더니즘 미술 혹은 추상/단색화 경향을 벗어나 서사의 기능을 회복했다고 평가 받는데요, 그런 점에서 이번 원광대학교 동북아인 문사회연구소 총서의 취지인 동북아시아의 설화적 상상력과 문화 연대라는 주제와 가장 밀접한 미술사조라고 할 수 있을 것입니다. 미술에서 이야기/서사의 기능 혹은 이를 회복시켰다는 점이 어떤 의미가 있다고 생각하시는지요. 현대미술에서 서사의 기능에 대한

의견을 말씀해주실 수 있으신지요.

A 사실, 민중미술 중에서도 '현실과 발언(이하 현발)'이라는 그룹에서
는 서사 개념이 그렇게 중요하게 생각되지는 않았죠. 오윤을 제외
하고는 현발에서는 서사를 드러내려는 작품은 그리 많지 않았고
두렁과 광자협에서만 두드러지는 경향이었죠.
또 한편으로 서사와 관련해서, 80년대 이후 후배들이 미학적으로
채용했으면 좋겠다고 생각하는 작품 형식이 있습니다. 즉 이는 두
루마리형 걸개 그림으로, 좀더 정확히 말하면 서사적 형식을 따르
는 방식의 그림을 말합니다.

오윤, 〈원귀도〉, 1984. 캔버스에 유채, 69×462cm

말하자면 그림의 종이를 이런 식으로 두루마리로 말았다가 펴는
방식으로 대표적인 예로 오윤의 그림 중에서 〈원귀도〉를 예로 들
수 있습니다. 이 그림은 6·25 시기부터 시작하여 원한과 억울하게
죽은 영혼을 달래는 그림이라 할 수 있습니다. 이처럼 그림을 길게
펼쳐서 장면을 따라가면서 사건과 이야기가 전개되는 방식의 그림
을 말하는 것으로 이는 이미지와 이야기가 결합된 방식이라고 할
수 있지요. 이에 대하여서는 이미 김지하가 작성한 「현실동인 제1
선언」1)에서 '몽타주 이론'이라는 명칭으로 논의됩니다. 이 이론은

---

1) 1969년 박정희의 장기집권 음모에 대한 격렬한 투쟁이 한창일 무렵 진보적 운동

고구려 벽화를 해석하면서 나온 것으로, 고구려 수렵도의 예를 들자면, 며칠동안 호랑이 잡으러 수렵을 나갔다가 누가 활을 쏘고, 사슴을 보고 하는 식으로 특정장면만을 모아서 이야기하고 이를 바탕으로 그린 것이 고구려 벽화의 수렵도라고 할 수 있습니다. 고구려 벽화는 이를테면 특정한 장면과 특정한 사건만을 모아서 구성한 그림으로 시간이 분절적으로 이루어짐을 알 수 있는데 이것이 바로 김지하가 언급한 '몽타주 이론'이고 이야기 그림 방식이라고 할 수 있습니다.

이러한 기법이 맨 처음 적용된 것이 "현실동인 제 1회 전시회"에 전시하려 했던 오윤의 〈1969년 가〉입니다. 이 그림은 멕시코 벽화의 영향을 받았다고 알려져 있는데, 벽화 형식을 빌려서 4·19의 각 장면을 밀도 있게 그린 것입니다. 즉 하나의 화면에 10개의 장면성을 이야기 그림 방식으로 이어 붙여서 그린 그림입니다.

오윤, 〈1960년 가〉, 1969. 캔버스에 유채, 260×130cm. 소실.

가였던 김지하는 자신의 대학 후배 오윤과 임세택, 오경환, 강명회 등과 함께 사실주의적 경향의 작품 제작을 위주로 하는 단체를 조직하게 되는데, 이것이 바로 '현실' 동인이다. 이들의 첫 번째 전시회는 1969년 10월 25일부터 31일까지 일주일간으로 계획됐으며, 그 제1선언은 김지하에 의해 작성됐으나, 이 전시회는 미술대학 교수들과 학부모들의 완강한 저지로 무산됐다. 최열, 『한국현대미술운동사』, 돌베개, 1991, pp.148~149 참고.

홍성담, 〈세월오월〉 걸개그림

홍성담의 〈세월오월〉 역시도 몇 개의 장면성을 하나의 화면에 가로로 죽 펼쳐서 그린 그림이라고 할 수 있으며, 이런 점에서 80년대 민중미술에서 중요한 점은 서사적 회화라는 특징입니다. 그리고 이 형식이 집중적으로 나타난 것이 〈민족해방 운동사〉 연작의 대형걸개 그림으로, 이 그림은 89년 임수경을 통해 평양축전에 전달되기도 했고 또 만수대 창작단에 의해 재현되기도 했습니다. 또한 나중에 80년대 후반 대학 운동권 벽화 그림으로 등장하기도 하는데 이러한 걸개그림의 연장선상이라고 봐야합니다.

정리하자면, 여러 장면을 하나의 화면에 가져오는, 서사를 역사적으로 집결시키는 방식이 민중미술에 나타난 독특한 방법 중의 하나라고 할 수 있습니다. 서사가 두루마리 형태의 그림으로 펼쳐지면서 이야기가 진행되는 형식이라고 할 수 있습니다.

Q 민중미술의 여러 소그룹 중에서도 두렁은 '광자협'과 함께 전통에 대한 관심을 부활시켰다고 평가받는데요, 두렁이 추구하는 이 '전통'은 어떤 의미가 있을까요?

A 두렁에서 전통은 단순히 과거의 것, 전통의 단순 부활을 의미하는 것은 아닙니다. 예를 들어 민화의 경우, 반복적으로 과거 민화를 재생산해내는 것이 아니라, 우리몸으로 육화시키고 체득한 후 만들어내는 방식이라 할 수 있습니다. 또한, 전통의 맥락이 한국이라

는 국가적 틀 내에서의 전통은 아니며, 보다 근본적 맥락, 혹은 동북아적인 더 큰 맥락에서 다시 생각해보는 것이라고 할 수 있습니다. 동학도 서구에 반대되는 것으로서 서구에 대항적인 관점이라기보다는 유라시아에서 흘러 온 다양한 사상으로서의 유불선이 응집된 사상이라는 맥락에서 다시 본다고 할 수 있습니다.

그런 점에서 두렁의 전통은 훨씬 더 저 너머로 나아가기 위한 것이라고 할 수 있습니다. 동학의 영향이 다시 과거로 가기 위한 것이 아니라 다시 혁명하기 위한 동학이라고 할 수 있습니다. 80년대 당시 서구 미술이 물밀듯이 밀려와 장악하던 상태에서 동학의 발견은 작가들 나름의 최대한의 노력이라고 할 수 있습니다. 또한 내용적으로 전통을 들깨우기 위한 동학이나 다시 재생산하기 위한 것이 아니라 혁명을 일으키기 위한 동학의 재발견이라고 할 수 있습니다.

당시 70년대에는 무형문화재라는 문화재법이 제정되면서, 예를 들어 샤먼의 경우 한 명의 샤먼만이 전통으로 인정되고 나머지는 모두 사이비화하는 식으로 전통과 문화를 국가가 지정해버리는 방식을 취했지요. 이는 사실 매우 폭력적인 방식으로, 전통을 살리는 방편이라기보다는 오히려 억압하는 것이라고 할 수 있습니다. 바로 이러한 억압된 전통을 들깨워서 한국사회의 새로운 전통을 재탄생시켜보자는 생각이 이들 두렁의 전통에 대한 생각이었지요. 그래서 동학까지 가보게 된 것이고요. 동학의 배경에는 19세기 민족사상이 들고 나온 쇄국적 관점도 있었지만 다른 한편으로는 종교적 영성 안에서 정치적 맥락들을 초월하는 부분이 있다고 생각합니다. 말하자면 완전히 확장된 시선에서 볼 때 여기에서 말하는 민중은 조선민중만이 아니라는 거죠. 즉 두렁에서 보는 전통이나 관점은 민족을 넘어서는 제3세계까지의 민중의 해방이라는 측면에서 이루어져 왔다고 할 수 있습니다. 물론 민중해방이냐 민족해방이냐에 대한 논쟁이 있어왔지만 두렁은 여전히 민중해방을 추구한다는 입장입니다. 즉 분단모순이나 민족해방보다는 전세계 모든 민중해방이라는 점에서 바라보고, 그런 점에서 전통을 끌어올 때도 제3세계 전통을 가져오는 것도 꺼려하지 않았죠.

Q 위의 질문의 연장선상에서 그렇다면 대중/민중 간의 어떠한 구분이 있을까요? '민중'에 대해 어떻게 정의 내려야 할까요? 물론 시대에 따라 담론이 바뀌기도 하지만, 전반적인 의견을 묻고 싶습니다.

A 민중의 정의는 저 개인적으로는 동학적 관점에서 얘기를 하자면, 함석헌 선생이 말했던 "깨어있는 민중"이라는 말을 빌려서 논하고 싶습니다. 즉 민중의 관점은 가난하고 소외 받은 자이기도 하지만 저에게 있어서 민중이라는 주체는 계급적 관점 자체를 아예 부정, 무시할 수는 없지만 또 한편으로는 깨어있는 주체로 보고 싶습니다. 자본주의 사회가 극대화되면서, 이 사회에 대한 깨어있는 주체, 혹은 모순을 발견하고 변혁시키고자 하는 주체들이 있는데 이들이 바로 민중이고 또한 억압되어 있거나 현실적으로 자기 몫의 결핍이 있는 주체들을 민중이라고 봅니다.

근래의 촛불운동도 그런 의미가 있다고 봅니다. 그렇다면, 왜 촛불인가? 불 자체의 명확한 상징성 때문이라고 생각하는데요, 동학에도 횃불이 등장하죠. 불은 깨어있는 얼빛, 혹은 시천주사상에서 볼 때 큰 얼빛을 상징한다고 할 수 있습니다. 그리고 그 빛으로 사회를 변화시키는 상징성을 나타내고, 불을 드는 행위 자체가 들깨움으로 일어서는 주체라고 할 수 있습니다.

Q 두렁 멤버들 다수가 탈춤반 출신이고 김봉준 화백 같은 경우는 직
접 〈동일방직문제를 해결하라!〉와 같은 마당극을 직접 연출하기도
했다고 알려졌는데, 혹시 이러한 탈춤이나 마당극 활동이 두렁의
작품에 어떠한 영향을 주었다고 생각하시는지요.

A 두렁은 미술패뿐 아니라 놀이패, 풍물패 터울림 등의 전통연미패
등과 애오개 소극장에서 함께 활동하면서 그러한 상호작용 하에서
전개됐다고 할 수 있습니다. 이 애오개 소극장은 1983년 2월부터
1985년 2월까지 두렁뿐 아니라, 놀이패 '한두레', 노래패 '새벽' 그
리고 풍물패 '터울림' 등이 활동했던 민중문화의 산실이었죠.[2) 이
곳에는 평론가 임정희, 작가 정현, 이기연 등이 합세했고 아울러
탈춤반과 민화반(이억배 참여) 등이 함께 추동됐습니다. 이러한 다양
한 문화운동이 함께 펼쳐지던 애오개 소극장이라는 공간을 통해
두렁은 이 시기 활발하게 진행되던 탈춤, 풍물, 판소리 등의 연행
예술 실천으로부터 상당한 영향을 받았다고 할 수 있습니다. 이곳
에는 채희완, 이영미 교수, 연극인 박인배 등도 참여했다는 점에서
실로 다양한 문화운동이 펼쳐졌던 곳이지요.
이러한 애오개 소극장의 영향을 받은 진정한 의미의 민중문화운동
은 광자협과 두렁뿐이라 할 수 있습니다. 이후에 현발이나 임술년
등의 다른 민중미술 그룹들이 2000년대 이후 문화연대들을 형성하
기는 했지만 애오개 소극장에서 펼쳐졌던 것 같은 문화운동은 두
렁과 광자협뿐이라고 할 수 있습니다.

Q: 두렁에 있어서 광자협과 함께 또 하나 특징적인 점이 무속 혹은
샤머니즘과의 관련성이라고 생각합니다. 창립전에서 열림굿을 하기
도 하고 광자협도 살풀이 등을 한 바 있는데요. 샤머니즘과의 관련

---

2) 김종길, 「1983년 애오개 소극장, 미술동인 두렁」, 『미술세계』 (2018년 4월) 참고.

에 대해서 더 설명해 주실 수 있을까요? 김종길 선생님은 『포스트 민중미술 샤먼 리얼리즘』이라는 책도 출판하신 걸로 아는데 현대미술과 샤머니즘에 대한 개인적인 의견 부탁드리겠습니다.

A 샤머니즘 혹은, 샤먼리얼리즘은 주로 현장미술을 중심으로 이루어지고, 일례로 용산참사 등의 사건이 있거나 할 때 많은 작가들이 달려들어 샤머니즘적 작업에 참여하기도 하지요. 이러한 현장미술 중심으로 기록한 것이 제 책이기도 하구요. 그렇지만 샤머니즘은 동학, 강증산 등과는 구분할 필요는 있습니다. 그리고 한국 현대미술에서 샤머니즘의 내용 등을 투영시킨 작가는 상당히 많이 있습니다. 현발 작가인 강요배 같은 경우를 보자면 그의 아버님이 제주도에서 지관을 하셨던 분으로 아마도 강요배 작가는 그러한 영향을 받은 듯합니다. 그의 작품에는 초기부터 샤머니즘이 녹아든 작품도 많습니다.

그리고 직접적으로 굿과 연관된 맥락으로는 두렁의 경우 진혼굿이나 열림굿을 직접 시연한 바 있습니다. 5월의 영령들을 대상으로 한 진혼굿, 열림굿이였죠. 이외에도 굿이라는 굿적 퍼포먼스나 굿적 행위예술이 깃들어진 예술은 많았습니다. 광자협은 광주민주화운동 직후 죽은 넋들을 달래기 위해 남평 드들강에서 병정놀이라는 행위를 하기도 했습니다. 드들강변에서 병정으로 변장하고, 죽은 시민들을 땅에서 묻고 죽이는 퍼포먼스를 함으로써 죽은 영령을 달래는 일종의 씻김굿을 한거죠. 이러한 굿적 퍼포먼스나 행위들에 샤머니즘적 요소가 많이 투영됐다고 할 수 있지요.

두렁의 경우 창립전 때 실제로 직접 굿을 실행하기도 했고 일부 작품에 샤머니즘적 요소들이 많이 들어가 있습니다. 그밖에도 예를 들어, 여성미술운동 중에서도 이애주 서울대 명예교수 같은 경우도 있지요. 그는 서울대에서 열린 이한열 열사 영결식이나 추모제

때 춤 퍼포먼스를 벌인 바 있고, 이 이미지가 작가들에 의해 많이 인용됩니다. 당시 죽은 자를 위로한다는 점에서 이는 거의 굿적 행위에 가까운 퍼포먼스지요. 민중미술에서 샤머니즘적 요소는 직접적으로는 광자협이나 두렁 등에 나타나지만 다른 많은 작가들도 이런 행위를 채용했는데 모두 영령을 달래거나 씻김굿의 형태로 이루어졌다고 할 수 있지요.

▌ 정재서

신화학자, 중문학자, 문학평론가. 현재 이화여대 명예교수. 서울대학교 중어중문학과에서 석사, 박사 학위를 취득한 후, 미국의 하버드-옌칭 연구소와 일본의 국제일본문화연구센터에서 연구생활을 하였다. 계간 《상상》, 《비평》 등의 동인으로 활동하였으며 신화학, 도교학 등을 바탕으로 주변문화론, 제3의 동양학, 反오이디푸스의 신화학 등을 제창한 바 있다. 중국어문학회 회장, 비교문학회 회장, 인문콘텐츠학회 부회장 등을 역임하였다. 단독 저서로는 《不死의 신화와 사상》(1994), 《동양적인 것의 슬픔》(1996), 《도교와 문학 그리고 상상력》(2000), 《정재서 교수의 이야기 동양신화》(2004), 《한국도교의 기원과 역사》(2006), 《사라진 신들과의 교신을 위하여》(2007), 《앙띠 오이디푸스의 신화학》(2010), 《제3의 동양학을 위하여》(2010), 《중국신화의 세계》(2011), 《동아시아 상상력과 민족서사》(2014), 《중국 고전서사의 문화지형과 현대 의의》(2015), 《산해경과 한국문화》(2019) 등이, 번역으로는 《산해경 역주》(1985), 《邊城》(2009), 《夷夏東西說》(2011), 《안씨가훈》(공역, 2012) 등 및 다수의 공저, 편저와 논문들이 있다. 한국출판문화상 저작상(1994), 비교문학상(2008), 우호학술상(2008), 이화학술상(2015) 등을 수상한 바 있다.

▌ 이윤종

영화학자, 문화연구자. 미국 University of California, Irvine에서 1980년대 한국영화 연구로 박사학위를 받은 후, 동아대 석당학술원 조교수를 거쳐 현재 원광대 한중관계연구원 동북아시아 인문사회연구소의 HK교수로 재직 중이다. 계간지 《문화/과학》과 연구재단 등재지 《대중서사연구》와 《사이間SAI》의 편집위원을 맡고 있다. 공저로 《누가 문화자본을 지배하는가?》(2015), 《1990년대의 증상들》(2017), 《글로컬 시대의 한국영화와 도시공간 2》(2018) 및 《Revisiting Minjung: New Perspectives on the Cultural History of 1980s South Korea》(2019)를 출간했다. 〈Woman in Ethnocultural Perils: South Korean Nationalist Erotic Films of the 1980s〉와 〈말괄량이가 아닌 야수 길들이기: 한국영화 속 동물조련의 젠더 역학〉, 〈좀비는 정동될 수 있는가?: 〈부산행〉에 나타난 신자유주의 시대의 정동과 여성 생존자의 미래〉, 〈우울과 죽음의 센티멘

털리즘 - 곽지균의 멜로드라마 영화와 뉴 센티멘털리즘, 그리고 〈두 여자의 집〉〉 외에 다수의 논문을 집필했다.

▌문준일

한국외국어대학교 노어과를 졸업하고, 모스크바국립대학에서 러시아문학으로 박사학위를 받았다. 경상대학교 인문학연구소 연구교수를 거쳐 현재 원광대 동북아시아인문사회연구소 HK교수로 재직 중이다. 공저로《붉은 광장의 아이스링크》(2008), 《민족의 모자이크, 유라시아》(2016),《유토피아의 귀환: 폐허의 시대, 희망의 흔적을 찾아서》(2017) 등이 있고, 이반 곤차로프의《전함 팔라다》(2014), 아나톨리 쿠진의《사할린 한인사》(2014)를 번역했다. 주요 논문으로는 〈러시아의 극동지역 인식과 아르세니예프의 탐사〉, 〈시베리아 에벤족 설화에 나타난 새들의 신화적 형상〉, 〈시베리아 에벤족의 풍어제 "첫 물고기 축제"〉 등이 있다. 초기 한·러 관계사에 대한 인문학적 접근과 시베리아지역 설화 연구가 요즘 연구주제들 중의 하나이다.

▌문신

전북대학교에서 문학교육을 공부하고 박사학위를 받았다. 2004년 세계일보 신춘문예(시)와 2016년 동아일보 신춘문예(문학평론)로 등단하여 활동하면서 두 권의 시집을 냈고, 원광대 동북아시아인문사회연구소 HK+ 연구교수를 거쳐 현재는 우석대학교 문예창작학과 조교수로 재직 중이다. 1980년대 한국 현대시의 운동성을 관심 있게 살펴보고 있으며, 2010년부터 본격화된 청소년시의 장르적 특성을 탐색하면서 청소년시의 다양한 가능성에 주목하고 있다. 연구논문 및 저서로는 〈백석 시에 나타난 시어 '어늬' 연구〉, 〈시 창작 교육의 새로운 방향: 표현론에서 심미적 인식론으로〉, 〈청소년시의 가능성 연구〉, 〈청소년담론의 시적 형상화 전략: 발화 주체를 중심으로〉, 〈청소년시의 문학교육적 가치〉,《현대시의 창작방법과 교육》(2017) 등이 있다.

▌강인혜

한국외국어대학교 불어과를 졸업하고, 홍익대학교 미술사학과에서 석사학위를, 맥길대학교(McGill University) 미술사학과에서 박사학위를 취득했다. 캐나다 토론토대학과 일본 도시샤 대학에서 각각 Korea Foundation postdoctoral fellow와 객원연구원으로 재직했으며, 홍익대 세종캠퍼스 겸임교수를 거쳐 현재 원광대 동북아시아인문사회연구소에서 객원연구원로 재직 중이다. 주요 논문으로는 "Visual Technologies of Imperial Anthropology: Tsuboi Shōgorō and Multiethnic Japanese Empire", 〈인종을 표본화하기- 일본 근대 인류학에서의 합성사진실험과 표본 이미지 탄생〉, 〈호리노 마사오(堀野正雄)의 신흥사진(新興寫眞)과 조선〉, 〈파노라마 시각과 현대미술〉 등이 있다.

▌하신애

연세대학교 국어국문학과를 졸업하고 같은 대학 국문과 대학원에서 석사학위와 박사학위를 받았다. 연세대 국학연구원 비교사회문화연구소 전문연구원, 인하대 한국학연구소 박사후연구원, 명지대 방목기초교육대학 객원 조교수를 거쳐 현재 원광대 동북아시아인문사회연구소 HK+ 연구교수로 재직 중이다. 식민주의·젠더·문화지리학에 초점을 맞춰 동아시아 문학·사상·문화를 연구하고 있다. 연구 논문 및 저서로는 〈일제 말기 프로파간다 영화에 나타난 수행적 의례와 신체의 구성〉, 〈금홍과 정희: 이상 문학의 여성 표상과 재현의 정치학〉, 〈한설야 소설의 경성/만주 표상과 비결정성의 문화지리〉, 〈바다와 고향: 연대의 공간, 혈연의 장소〉, 〈아나키스트의 눈과 탈식민적 국제 연대의 상상〉, 〈제국의 법역(法域)으로서의 대동아와 식민지 조선인의 모빌리티(mobility)〉, 〈제국의 국민, 유럽의 난민-식민지 말기 해외 지식인들의 귀환 담론과 아시아/세계 인식의 불화〉, 《아시아 트러블 : 아시아 지역/정체성 상상과 탈식민의 문화지리학》(2018) 등이 있다.

동북아 다이멘션 연구총서 2

동북아시아의 설화적 상상력과 문화 연대

초판 인쇄 | 2019년 12월 23일
초판 발행 | 2019년 12월 30일

지 은 이   원광대학교 한중관계연구원 동북아시아인문사회연구소 편
발 행 인   한정희
발 행 처   경인문화사
편   집   김지선 한명진 유지혜 박지현 한주연
마 케 팅   전병관 하재일 유인순
출판번호   406-1973-000003호
주   소   파주시 회동길 445-1 경인빌딩 B동 4층
전   화   031-955-9300 팩 스   031-955-9310
홈페이지   www.kyunginp.co.kr
이 메 일   kyungin@kyunginp.co.kr

ISBN 978-89-499-4846-1 94910
ISBN 978-89-499-4821-8 (세트)
값 25,000원